조물주에게
묻노라

조물주에게
묻노라

이규보 씀
김상훈, 류희정 옮김

보리

겨레고전문학선집을 펴내며

우리 겨레가 갈라진 지 반백년이 넘어서고 있습니다. 그러나 함께 산 세월은 수천, 수만년입니다. 겨레가 다시 함께 살 그날을 위해, 우리가 함께 한 세월을 기억해야 합니다.

옛부터 우리 겨레가 즐겨 온 노래와 시, 일기, 문집 들은 지난 삶의 알맹이들이 잘 갈무리된 보물단지입니다.

그동안 남과 북 양쪽에서 고전 문학을 되살리려고 줄곧 애써 왔으나, 이제껏 북녘 성과들은 남녘에서 좀처럼 보기 어려웠습니다.

북녘에서는 오래 전부터 우리 고전에 깊은 관심과 사랑을 보여 왔고 연구와 출판도 활발히 해 오고 있습니다. 그 가운데 〈조선고전문학선집〉은 북녘이 이루어 놓은 학문 연구와 출판의 큰 성과입니다. 〈조선고전문학선집〉은 가요, 가사, 한시, 패설, 소설, 기행문, 민간극, 개인 문집 들을 100권으로 묶어 내어, 고전을 연구하는 사람들과 일반 대중 모두 보게 한 뜻깊은 책들입니다. 한문으로 된 원문을 현대문으로 옮기거나 옛글을 오늘의 것으로 바꾼 성과도 놀랍고 작품을 고른 눈도 참 좋습니다. 〈조선고전문학선집〉은 남녘에도 잘 알려진 홍기문, 리상호, 김하명, 김찬순, 오희복, 김상훈, 권택무 같은 뛰어난 학자분들이 머리를 맞대고 연구한 성과를 1983년부터 펴내기 시작하여 지금도 이어 가고 있습니다.

보리 출판사는, 조선민주주의인민공화국 문예 출판사가 펴낸 〈조선고전문학선집〉을 〈겨레고전문학선집〉이란 이름으로 다시 펴내면서, 북녘 학자와 편집진의 뜻을 존중하여 크게 고치지 않고 그대로 내는 것을 원칙으로 삼았습니다. 다만, 남과 북의 표기법이 얼마쯤 차이가 있어 남녘 사람들이 읽기 쉽게 조금씩 손질했습니다.

이 선집이, 겨레가 하나 되는 밑거름이 되고, 우리 후손들이 민족 문화유산의 알맹이인 고전 문학이 지니고 있는 아름다움을 제대로 맛보고 이어받는 징검다리가 되기 바랍니다. 아울러 남과 북의 학자들이 자유롭게 오고 가면서 남북 학문 공동체가 이루어지는 날이 하루라도 앞당겨지기 바랍니다. 그리고 이 자리를 빌려 어려운 처지에서도 이 선집을 펴내 왔고 지금도 그 작업에 몰두하고 있는 북녘의 학자와 출판 관계자들에게 고마운 마음을 전합니다.

2004년 11월 15일
보리 출판사 대표 정낙묵

차례

이규보 작품집 2
조물주에게 묻노라

■ 겨레고전문학선집을 펴내며 4

꿈속에서 또 꿈을 꾸노라

규정閨情 22
미인의 원한〔美人怨〕 24
미인을 이별하는 사람의 노래〔代別美人〕 27
칠석날 내리는 비를 두고〔七夕詠雨〕 28
사평 나루를 건너면서〔渡沙平有作〕 30
전주 효자리 비석을 보고〔題全州孝子里立石〕 31
길가에 버린 아이를 두고〔路上棄兒〕 33
천수사 문밖에서〔天壽寺門外吟〕 35
상마목相磨木 37
화로 곁에서〔擁爐有感〕 40
거문고〔素琴〕 42
병풍〔素屛〕 44
꽃을 시샘하는 바람〔妬花風〕 46
벗이여 두 가지를 경계하게〔二誡詩贈友人〕 48

자기를 돌아봄이 어렵도다〔反觀難〕 50
정월 초이렛날 녹을 받고〔正月七日受祿〕 52
태수가 부로에게〔太守示父老〕 54
부로가 태수에게〔父老答太守〕 56
고을을 떠나며〔發州有作示餞客〕 58
양식이 자주 떨어져〔近有屢空之歎 因賦之〕 60
의복을 전당 잡히고〔典衣有感 示崔君宗藩〕 61
스스로 대답하노라〔代人答〕 66
궁한 재상〔窮宰相〕 67
왼쪽 귀가 차차 들리지 않아〔左耳稍聾〕 68
집이 거칠어져〔屋蕪〕 69
침실 곁에 돌벼가 나서〔見穭稻生寢房南軒之旁 有作〕 71
화로를 끼고 앉아〔擁爐〕 73
추위를 못 이겨〔苦寒〕 75
집에서 바다를 바라보며〔登家園望海有作〕 77
부질없이 읊노라〔漫成〕 79
마음대로 안 되는 것〔違心詩 戲作〕 80
느낀 바 있어〔偶吟二首有感〕 82
천룡사에 붙어살며〔寓居天龍寺有作〕 84
한가한 날에〔辛酉五月草堂端居無事~〕 85
또다시 읊노니〔又次絶句六首韻〕 90
신묘년 칠월에 서울로 돌아와서〔辛卯七月復京後有題〕 93
병신년 정월 초하루〔丙申元日〕 94
우물에 얼굴 비추며〔炤井戲作〕 96

동산을 거닐며〔行園中有感〕 97
서울 큰 거리에 있는 묘 정자의 대은루를 두고
 〔次韻陳翰林題苗正字大隱樓在市邊〕 99
북악에 올라 서울 성안을 바라보며〔登北岳望都城〕 101
수재 김회영의 운에 맞추어〔次韻金秀才懷英〕 103
소를 때리지 말라〔莫笞牛行〕 104
이 도사를 조롱하여〔嘲李道士〕 106
과거의 방이 나붙음을 듣고〔聞東堂放牓〕 107
을유년 과거장에서 글을 고열하며〔乙酉年監試考閱次有作〕 108
동당 시원東堂試院 109
금롱 속 귀뚜라미〔金籠蟋蟀〕 110
추위〔苦寒吟〕 111
저문 봄 병석에서 일어나〔暮春病起〕 112
고향 황려현을 향하면서〔執徐歲五月日 將遊黃驪~〕 114
쌍령에서 묵으며〔宿雙嶺〕 116
처음으로 황려 고을에 들어가〔初入黃驪〕 117
앵계 초당에서〔鸎溪草堂偶題〕 119
서쪽 벌 초당에서〔遊家君別業西郊草堂〕 120
다시 서쪽 벌 초당에서〔復遊西郊草堂〕 123
처음으로 상주에 들어가서〔六月十四日初入尙州〕 125
작은 배를 띄우고〔泛小船〕 127
우연히 산중에서 노닐다 벼랑에 쓰노라〔偶遊山中 書壁上〕 129
임진강을 건너며〔渡臨津〕 132
사평진에서 묵으며〔宿沙平津〕 133

배를 띄우고〔泛舟〕 134
영통사에서〔遊靈通寺〕 135
낙동강을 지나며〔行過洛東江〕 136
역원에서 묵으며〔和塊居空舘〕 137
여사에서〔旅舍有感 次古人韻〕 138
배를 타고〔舟行〕 139
밤에 배에서 자다가〔明日放舟不棹 順流東下 ~〕 141
시후관에서 쉬면서〔憩施厚舘〕 144
개국사 연못가에서〔開國寺池上作〕 146
강 언덕에서〔江上偶吟〕 148
옛 서울을 생각하여〔憶舊京三詠〕 150
오덕전을 생각하며〔憶吳德全〕 153
늦은 봄철 강에서 님을 보내고〔暮春江上 送人後有感〕 154
잊음의 노래〔詠忘〕 156
호숫가에서 손님을 보내며〔和送客湖上〕 157
비가 와서 벗을 찾지 못하고〔十月十九日有所訪 以雨未果 偶成〕 158
집 안에 있는 우물〔五月二十三日題家泉〕 160
비 오는데 초당에서 낮잠을 자고〔草堂雨中睡〕 162
마음에 들면〔適意〕 164
봄 아침의 취한 잠〔次韻尹學錄春曉醉眠〕 165
하염없이 읊은 노래〔偶吟〕 167
가야금을 타며〔八月十五日彈琴有作〕 168
찢어진 창문 앞에서〔漏窓寒坐〕 169
바람결에 우는 가야금〔加耶琴因風自鳴〕 171

구들이 더워 오기에〔暖堗〕 173

치통〔又齒痛〕 175

병석에서 파리를 미워하며〔又病中疾蠅〕 177

겨울밤 절간에서 술을 마시며〔冬夜山寺小酌〕 178

설날 조회에서 물러나와〔元日朝會 退來有感〕 179

늙은이의 생계〔次韻白樂天老來生計詩〕 181

스스로 조롱하노라〔自嘲〕 182

남헌에서〔三月二十日南軒偶吟〕 183

병중에 쓰노라〔病中三絶〕 185

잠깨어 술 마시며〔睡起酌酒〕 188

새벽에 온 손에게〔曉贈來客〕 189

백낙천의 시에 화답하고서〔旣和樂天十五首詩 因書集背〕 190

거울 속의 모습〔鏡中鑑影〕 191

병중에 쓰노라〔病中有作〕 192

객사의 행랑을 빌려 살며〔寓河陰客舍西廊有作〕 194

사람들을 깨우쳐 주는 시〔諷百詩〕 196

북산에 다시 오르며〔重遊北山〕 199

옛일에 부쳐서〔寓古〕 201

공을 두고〔偶見氣毬 因寓意〕 203

술 마시며〔飮酒有作示坐客〕 204

두려움에 대하여〔畏賦〕 205

시 짓는 병

시에 대하여〔論詩〕 222
시 읊는 소리〔詩樂〕 225
시 짓는 병〔詩癖〕 226
시고를 불사르고〔焚藁〕 228
시 짓는 병을 다시 걱정하며〔復自傷詩癖〕 230
세 가지 마〔予年老久已除色慾 猶未去詩酒 ~〕 232
마음이 울적하여〔鬱懷有作〕 235
오뚝하게 앉아서〔兀坐自狀〕 236
이태백의 시를 읽으며〔讀李白詩〕 238
이미수에게 주는 적선에 대한 노래〔問謫仙行 ~〕 241
도연명의 시를 읽으며〔讀陶潛詩〕 245
임춘의 시를 읽으며〔讀林椿詩〕 247
나를 적선이라 부른 친구에게〔次韻尹國博威見予詩文 ~〕 248
이 시랑의 시에 화답하여〔次韻李侍郞需 復和鬱懷詩〕 249
전이지와 안화사에서 놀며〔次韻全履之遊安和寺〕 251
김 학사에게〔寄金學士敞〕 252
글을 읽으며〔讀書〕 255
솔을 그린 병풍을 두고〔璨首座方丈所蓄畵老松屛風 使予賦之〕 256
살아 있는 물고기〔淵首座方丈觀鄭得恭所畵魚簇子〕 258
쌍마도〔閔常侍令賦雙馬圖〕 260
양연사를 방문하고 백학도를 노래하노라〔訪養淵師 賦所蓄白鶴圖〕 264
쌍로도를 노래하노라〔朴君玄球家 賦雙鷺圖〕 266

그림을 청하며〔又以長篇二首求墨竹與寫眞〕 269
벗이 화답한 시에 다시 차운하노라〔友人見和復次韻〕 275
숯과 음식을 보내와서〔明日偶題〕 276
응벽지凝碧池 277
붓대〔詠筆管〕 279
연지〔硯池詩〕 280
벼루가 깨져서〔硯破〕 283

지혜 밝은 군자를 기다리며

백운소설白雲小說 287
시를 평론하는 이야기〔論詩說〕 293
시 구상의 미묘함을 간단히 논평한다〔論詩中微旨略言〕 295
나 홀로 말과 뜻을 아울러 창조하였으니〔答全履之論文書〕 299
시 귀신을 몰아내는 글〔驅詩魔文〕 305
이산보 시에 대하여〔李山甫詩議〕 310
왕 문공의 국화 시에 대하여〔王文公菊詩議〕 312
오덕전의 극암시 끝에 쓴 글〔吳德全戟巖詩跋尾〕 314
술 마시고 시 짓는 내기를 하는 것은〔論走筆事略言〕 316
거짓을 이음에 대하여〔承誤事議〕 318
그대가 보낸 계사에 아직 답하지 못한 까닭은〔與金秀才懷英書〕 319
백낙천을 흠모는 자는 다 백낙천을 모르는 것이니〔書白樂天集後〕 323
《산해경》에 대한 의문〔山海經疑詰〕 324

'한신전'을 반박한다〔韓信傳駁〕 327
'위앙전'을 평한다〔衛鞅傳論〕 330
《당서》'두보전'의 사신 평에 대하여〔唐書杜甫傳史臣贊議〕 332
당나라에서 간하는 신하를 죽인 것에 대하여〔唐史殺諫臣論〕 334
동각 오세문의 조수 논문에 대한 편지〔寄吳東閣世文論潮水書〕 336
조조의 억울한 죄를 씻는다〔爲鼂錯雪冤論〕 341
'두목전'의 시루 터진 이야기를 반박한다〔杜牧傳甑裂事駁〕 344
한유의 구름과 용을 내용으로 한 '잡설' 끝에 쓴다
 〔書韓愈論雲龍雜說後〕 346

조물주에게 묻노라

국선생전麴先生傳 351
노극청전盧克淸傳 357
돌의 질문에 대답하노라〔答石問〕 359
조물주에게 묻노라〔問造物〕 361
토령에게 묻노라〔問土靈〕 364
반오에게 명하노라〔命斑獒文〕 367
쥐를 저주하노라〔呪鼠文〕 370
이상한 관상쟁이의 대답〔異相者對〕 372
어느 쪽이 진정 미쳤는가〔狂辨〕 376
게으름 병을 조롱한다〔慵諷〕 378
천명과 사람이 서로 이기는 이야기〔天人相勝說〕 381

거울 이야기〔鏡說〕 383
우레 이야기〔雷說〕 385
뇌물 주고 배를 타는 이야기〔舟賂說〕 387
집수리한 이야기〔理屋說〕 388
칠현 이야기〔七賢說〕 389
술잔으로 탐오한 자를 친 이야기〔塊擊貪臣說〕 391
일엄의 사실을 논평한다〔論日嚴事〕 393
명예를 꺼리는 이야기〔忌名說〕 395
초당의 작은 정원을 정리하고〔草堂理小園記〕 396
과수 접붙인 이야기〔接菓記〕 398
소금 뒷등에 쓴다〔素琴刻背志〕 400
백운거사라는 호에 대해〔白雲居士語錄〕 401

큰 가난뱅이가 작은 가난뱅이에게

남행월일기〔南行月日記〕 407
계양에서 바다를 바라본다〔桂陽望海志〕 417
나 홀로 즐거운 집〔桂陽自娛堂記〕 419
그쳐야 할 데 그치는 것은〔止止軒記〕 421
사물에 통달하여 구애되는 바가 없고자 하나〔通齋記〕 424
만물이 태평하니 마음 또한 평안하다〔泰齋記〕 427
아름다운 손님 있으니〔朴樞府有嘉堂記〕 430
산수도 뜻이 있거든〔赫上人凌波亭記〕 433

먼 길 가는 사람을 위해 지은 집〔懸鐘院重創記〕　436
큰 가난뱅이가 작은 가난뱅이에게〔與同年盧生手簡〕　439
농장으로 돌아가는 동년 노생을 전송하며〔送同年盧生還田居序〕　440
시의 잘못을 말해 주는 것은 부모 은혜와 같으니〔與兪侍郞升旦手簡〕　442
남산의 참대를 베어 붓을 만든다 해도〔與朴侍御犀書〕　443
거제로 고을살이 가는 이 사관을 전송하며〔送李史館赴官巨濟序〕　445
산 하나 물 하나를 만날 때마다〔送全右軍奉使關東序〕　447
바람처럼 평안히 다녀오시게〔送宗上人南遊序〕　449
그대 재주를 시험관이 알아보지 못했으니〔送崔先輩下第西遊序〕　451
본절로 돌아가는 찬 수좌를 전송하며〔送璨首座還本寺序〕　453

홀로 맑게 살다 간 이여

백성 위해 오셨다가 어찌 그리 빨리 가셨는가〔趙公誄書〕　457
그대 총명과 재간으로 수명이 이에 그치다니
　〔京山府副使禮部員外郞白公墓誌銘〕　464
공이 끼친 사랑 백성 마음에 남았으니〔尹公墓誌銘〕　467
금속활자로 인쇄한 《상정예문》을 보내노라〔新序詳定禮文跋尾〕　472
《어의촬요방》을 새로 묶고〔新集御醫撮要方序〕　474
옛사람은 전쟁에 임해서도 시를 노래하였느니
　〔全州牧新雕東坡文集跋尾〕　476
까닭 없이 자리에 머물러 있는 부끄러움〔二度乞退表〕　478
떠도는 백성들을 편히 살게 할 방법〔甲午年禮部試策問〕　480

스스로 기른 범에게 물리겠습니까〔答東眞別紙〕   482

- 이규보 연보   486
- 이규보 작품에 대하여─김하명   495
- 원문   517
- 원래 제목으로 찾아보기   569

원문 차례

白雲小說　519
論詩說　520
論詩中微旨略言　520
答全履之論文書　521
驅詩魔文 效退之送窮文　523
李山甫詩議　524
王文公菊詩議　524
吳德全戟巖詩跋尾　525
論走筆事略言　525
承誤事議　526
與金季才懷英書　526
書白樂天集後　527
山海經疑詰　527
韓信傳駁　528
衛鞅傳論　529
唐書杜甫傳史臣贊議　529
唐史殺諫臣論　530
寄吳東閣世文論潮水書　531
爲鼂錯雪冤論　532
杜牧傳甑裂事駁　533
書韓愈論雲龍雜說後　533
麴先生傳　534

盧克淸傳　535
答石問　536
問造物　536
問土靈　537
命斑獒文　537
呪鼠文　538
異相者對　539
狂辨　540
慵諷　540
天人相勝說　541
鏡說　541
雷說　542
舟賂說　542
理屋說　543
七賢說　543
䵝擊貪臣說　543
論日嚴事　544
忌名說　544
草堂理小園記　545
接菓記　545
素琴刻背志　546
白雲居士語錄　546

南行月日記　547
桂陽望海志　550
桂陽自娛堂記　551
止止軒記　551
通齋記　552
泰齋記　553
朴樞府有嘉堂記　554
赫上人凌波亭記　555
懸鐘院重創記　556
與同年盧生手簡　557
送同年盧生還田居序　557
與兪侍郎升旦手簡　558
與朴侍御犀書　558
送李史館赴官巨濟序　559
送全右軍奉使關東序　559
送宗上人南遊序　560
送崔先輩下第西遊序　560

送璨首座還本寺序　561
金紫光祿大夫守大尉門下侍郎同中書門下平章事上將軍修文殿大學士 修國史判禮部事趙公誄書　561
京山府副使禮部員外郎白公墓誌銘　563
登仕郎檢校尙書戶部侍郎行尙書都官員外郎賜紫金魚袋尹公墓誌銘　563
新序詳定禮文跋尾　565
新集御醫撮要方序　565
全州牧新雕東坡文集跋尾　566
二度乞退表　566
甲午年禮部試策問　567
答東眞別紙　568

이규보 작품집 1
동명왕의 노래

아직도 붉은 마음 살아 있으니

동명왕의 노래〔東明王篇〕 외 21편

날카로운 큰 칼을 들고

명성 낚음을 풍자하노라〔釣名諷〕 외 46편

하늘이여 우리 백성 소중하거든

농사꾼의 노래〔代農夫吟〕 외 18편

꽃과 마주 앉아 술 한잔

정월 초하룻날〔元日戲作〕 외 101편

향기로운 술 그대 먼저 가져오니

참다운 벗〔謝元興倉通判金君携粮酒見訪〕 외 49편

온 천하를 부채질하리

단옷날 그네뛰기〔端午見鞦韆女戲〕 외 16편

■ 일러두기

1. 《동명왕의 노래》와 《조물주에게 묻노라》는 북의 문예 출판사에서 1990년에 펴낸 《리규보 작품집 1》과 《리규보 작품집 2》를 보리 출판사가 다시 펴내는 것이다.
    보리 출판사에서 시와 산문을 다시 갈래지어서 편집했다. 제목을 새로 단 작품이 여럿 있다.
    《동명왕의 노래》에는, 조국을 사랑하는 마음을 담은 시, 사회의 모순을 비판하는 시, 농민을 생각하는 시, 자연을 노래한 시 들을 담았다.
    《조물주에게 묻노라》에는, 시인의 일상을 노래한 시, 문예 평론적 시들과, '시 귀신을 몰아내는 글', '조물주에게 묻노라', '국선생전', '남행월일기' 같은 산문들을 담았다.

2. 옮긴이와 북 문예 출판사 편집진의 뜻을 존중하는 것을 큰 원칙으로 했으나, 한자와 옛날 말투들은 지금 독자들이 알아듣기 쉽도록 풀어 썼다.
    예 : 기수→홀수, 멧돌→멧돼지, 춤→침, 우수→짝수, 우인→벗

3. 맞춤법과 띄어쓰기는 '한글 맞춤법'을 따랐다.
    ㄱ. 한자어들은 두음법칙을 적용했고, 모음과 ㄴ 받침 뒤에 오는 한자 '렬'은 '열'로 '률'은 '율'로 고쳤다. 단모음으로 적은 '계'나 '폐' 자를 '한글 맞춤법' 대로 했다.
        예 : 리익→이익, 규률→규율, 피폐하다→피페하다
    ㄴ. 'ㅣ' 모음동화, 사이시옷, 된소리 따위의 표기도 '한글 맞춤법' 대로 했다.
        예 : 되였다→되었다, 헤염→헤엄, 마루대→마룻대, 잠간→잠깐

4. 남에서는 흔히 쓰지 않는 표현이지만, 북에서 흔히 쓰는 입말들은 다 살려 두어 우리 말의 풍부한 모습을 살필 수 있게 했다.
    예 : 개호주, 앙감질, 어데, 영각, 저저마다

5. 《동국이상국집》에 본디부터 있던 주석은 '■' 한 가지로 표시했고, 문예 출판사가 달아 놓은 주석은 번호 순서를 주었다.

꿈속에서
또 꿈을 꾸노라

술을 사서
한 병 기울이니
가슴에 다시
잔 사정이 없어라
비스듬히 앞마루에
누웠노라니
온 수풀이 연기 속에
저물어 오네

규정

외로워라 텅 빈 방 안
비단 이불은 뉘를 위해 펼칠꼬.
깊은 밤에 님 그리는 이 맘이야
오직 저 등불만이 알리.

*

눈물이야 마음속에서 나오는 게지
어찌 눈에서 나오는 거랴.
무정할손 저 찬 샘물이
스스로 흐름과는 다르리.

閨情 二首

寂寂空閨裏　錦衾披向誰
想思深夜恨　唯有一燈知
*

淚從心底出　豈與眼相謀
不似寒泉水　無情亦自流

미인의 원한 회문[1]

애를 끊는
봄날에 꾀꼬리 울고
떨어지는 꽃은
땅을 붉게 물들이는데
향기롭기만 한 이불엔
베개 하나 외롭게 놓였느니
옥 같은 얼굴을 적시며
두 줄기 눈물 흐르네.
낭군 소식은
구름처럼 덧없어
가엾은 첩의 정은
물결처럼 흔들거리네.
길고 긴 그날그날을
같이 지낼 사람 없어
주름살 잡히는

---

1) 회문廻文은 원시를 마지막 글귀부터 거꾸로 붙여도 시가 된다는 것이니, 이 '미인의 원한'도 그렇게 거꾸로 붙여 번역했다.

눈시울엔 수심만 어리네.

*

수심만 어리는 눈시울엔
주름살이 잡히는데
같이 지낼 사람 없어
해는 너무나 길고 길다네.
흔들거리는 물결처럼
첩의 정은 가엾어라
구름처럼 덧없는
낭군 소식
흐르는 눈물 두 줄기는
옥 같은 얼굴을 적시니
외로운 베개 하나 놓인
이불은 향기롭기만 하네.
꽃은 떨어져
붉게 땅을 물들이는데
꾀꼬리 우는 봄날
애를 끊누나.

美人怨 廻文

腸斷啼鸎春　落花紅蔟地
香衾曉枕孤　玉臉雙流淚
郎信薄如雲　妾情搖似水
長日度與誰　皺却愁眉翠

미인을 이별하는 사람의 노래

그 얼마나 있다가 돌아올지
그런 것은 묻지 말렴.
옷소매 잡고 이렇게
안타까워도 하지 말아 주렴.

천 가닥 그 눈물 아껴 두었다가
자주 궂은비 되어
꿈결에나 들어오렴.

代別美人

不問儂歸幾日廻　謾牽衫袖重徘徊
千行玉淚休多費　作雨時時入夢來

칠석날 내리는 비를 두고

칠석엔 흔히 비가 내리니
그 연유 알 길 없어라.

견우직녀 즐겁게 만남을
어느 용왕이 시새우는지.
오작교 이을 까치들이
비에 젖어 잠기게 함이런가.

설령 다리를 이루지 못해
은하수 쉽사리 못 건넌다 해도
이 밤 어이 헛되이 보낼거나.
헤엄을 쳐서라도 건너고야 말리.

내년에 또 비가 온다면
쌓인 회포 그 어찌하리.

七夕詠雨

七夕少不雨　予莫知其故
靈匹將成歡　雨師應自妬
欲敎烏鵲侶　霈重落中路
假令橋未成　河水不可渡
寧且泳而歸　此夕難虛度
明年若復雨　忍可長懷慕

사평 나루를 건너면서

오랫동안 늙은 부모 못 뵈오니
눈물은 옷자락을 적시고
고운 님 떠나온 지 하 오래니
나날이 허리띠만 줄어드누나.

이제 서울 향해 떠나는 이 몸
행여나 빈손이라 웃지를 마소.
내 다만 오만 가지 근심걱정만
배로 하나 가득 싣고 돌아가노라.

渡沙平有作

久違鶴髮淚沾衣　自別蛾眉帶減圍
莫笑向京無一物　滿船猶載百愁歸

전주 효자리 비석을 보고

비석을 세워 효자라 일렀으되
그 이름 밝히지 아니했으니
과연 어느 때 사람인지도
어떤 효행 있는지도 알 길 없구나.

그 옛날 노나라 증삼은
승모리에 들어섬도 저어했으니[1]
만약 이 비석을 보았더라면
이웃에서 살기를 고대했으리라.

題全州孝子里立石

立石標孝子　不曾鑴姓氏
不知何代人　孝行復何似

---

1) 증삼은 공자 제자인데 효자로 이름이 높았다. 승모리勝母里는 마을 이름인데, 어머니를 이긴다는 뜻이므로 증삼은 이를 꺼려 이 마을에는 발길을 들여놓지 않았다고 한다.

伊昔魯曾參　不入勝母里
脫令見此石　絶欲卜隣寄

길가에 버린 아이를 두고

범이나 승냥이도
제 새끼는 아니 무는데
어떤 여자가 이렇게
아이를 길거리에 버렸나.

올해는 흉년이 아니라
먹일 것도 아직은 있을 텐데
혹 새로 시집가서
새 남편과 잘 살려고 이랬는지.

정말로 벌써부터
굶주려서 이랬다면
갓난애가 먹는단들
몇 숟갈이나 먹겠느냐.

어머니와 아이가
하루아침에 원수가 되다니
세상인심 이다지도

야박하고 사나운고.

路上棄兒

虎狼雖虐不傷雛　何嫗將兒棄道途
今歲稍穰非乏食　也應新嫁媚於夫
若日今年稍歉飢　提孩能喫幾多匙
母兒一旦成讐敵　世薄民漓已可知

천수사 문밖에서

삼월이라 늦은 봄바람에
곳곳마다 슬플손 이별 잔치
누구는 남으로 누구는 북으로
헤어지고 또 이별하는 마음들.

지는 꽃은 차마 볼 수 없고
꽃다운 풀은 또한 한이 깊어
해마다 버들가지 다 꺾어도
또다시 천만 가지 늘어지누나.
묻노니 저 가지에 앉은 새야
양관곡[1]을 몇 번이나 들었는고.

우연히 여기를 지나건만
정든 이 보낼 적과 마찬가지라
아 슬프다 내 심정
차라리 아니 지남만 못하여라.

---

1) 양관곡陽關曲은 당나라 왕유王維의 이별시로 이별하는 자리에서 많이 노래했다.

天壽寺門外吟

三月春風晚　處處祖筵悲
南北復南北　別離還別離
落花不忍見　芳草恨無涯
年年折盡柳　還復萬條垂
爲問枝上鳥　幾聽陽關詞
自然經此地　猶似送人時
惻惻傷我抱　不如不來玆

상마목*

내 옛사람께 들었네
벗들 사이 귀한 건 격려하는 일
도덕을 서로 갈고 또 갊은
옥의 티를 없앰과 같다고.

슬프다 너는 이와 달라
서로 갈면 도리어 살을 상케 하누나.

남산의 교나무와 가래나무[1]
굽어보고 쳐다봄이 부자와도 같다는데
또 들으니 교양나무[2]는
동쪽 가지와 서쪽 가지가 서로 사양한다고.

너는 다행히 한 뿌리에서 태어났는데

---

* 상마목相磨木은 일명 마우목磨友木이라고 한다.
1) 중국에서 교나무는 아버지의 도리를, 가래나무는 아들의 도리를 상징한다.
2) 교양나무는 한 해는 동쪽 가지가 왕성하고 다음해는 서쪽 가지가 왕성하다 하여 겸허한 태도를 상징하는 나무다.

무슨 탓에 서로 원수가 되었느냐.
밤낮으로 부딪쳐 싸워
껍질이 다 상해 없어졌구나.

소리 또한 불평을 토해 내는 듯
스산한 바람을 일으키는 듯

이 나무에 좋은 열매 있다지만
나는 먹기를 바라지 않노니
종을 불러 당장 찍어
땔나무 보태려 하노라.

벗의 도리 사라진 지 이미 오래나
이 어찌 좋은 경계가 되지 않으랴.

相磨木

吾聞於古人　朋友貴切偲
道德以磨礱　如去玉之疵
嗟爾異於此　相磨反傷肌
南山有橋梓　俯仰父子儀
又聞交讓樹　東枝避西枝
爾幸同根生　何遽相讎爲

日夜振且鬪　仰視無完皮
聲亦聽不平　赤憎鼓揚颸
此木有佳實　我不願食之
呼奴卽斫去　囑以充晨炊
友道喪已久　此足爲箴規

화로 곁에서

음양 이치를 거스를 수 없으니
하늘과 땅이 마련한 대로 되는가.
어떤 사람 천하고 가난하게 살며
어떤 사람 부귀를 누리나니
이 또한 조물주가 한 일이라
원망커나 기뻐함도 소용없다네.

이 불은 돌에서 생겼고
이 화로는 쇠로 만들었도다.
불이 꺼지면 몸은 움츠러들고
불이 피어나면 몸이 다시 펴지나니
내 몸 움츠리고 펴는 것도
불이 있거나 없음에 달렸음이라.

이것이 모두 이른바 천명이런가
운명대로 살라고 하지만
이렇게 모든 것이 정해진 대로라면
이 몸 소중타 할 게 무어랴.

물에도 안 젖고 불에도 안 타는
그런 힘 있어야 참다운 사람이리.

擁爐有感

人莫逃陰陽　天地所役使
或令賤且窮　或使富而貴
旣關造物手　無怨亦無喜
此火石所化　此爐鐵所遂
火滅則縮身　火炎身復伸
區區火有無　縮伸不由人
旣莫避天數　甘作天之民
又爲物所制　此身安可珍
水火不焦濡　然後身迺眞

거문고

하늘이사 본래 고요하지만
바람이 일면 온 세상이 다 울리네.
오동도 본래는 고요하지만
거문고 만들면 슬기둥 울리네.

내 예부터 거문고를 사랑하여
물같이 맑은 곡조를 올렸노라.
어려운 곡조 들을 줄 아는
그런 사람만 있어야 하랴.
수수한 마을 농부들
와서 듣는 것을 더욱 좋아했네.

내 마음 곡조로 만들어
흥겨워 한두 번 타 본 다음
가만히 밀쳐 두면 다시 고요해지는
고상한 맛 한이 없어라.

素琴[1]

天籟初無聲　散作萬竅鳴
孤桐本自靜　假物成瑽琤
我愛素琴上　一曲流水淸
不要知音聞　不忌俗耳聽
只爲寫我情　聊弄一再行
曲終又靜默　復與古意冥

---

[1] 이 시는《동국이상국집》권3에 있는 '초당 삼영草堂三詠' 가운데 한 수다. 다음에 나오는 '병풍〔素屛〕' 시도 같다.

병풍

왕공 귀족의 집에는
황금이 쌓이고 쌓였다네.
벽에는 울긋불긋 단청하고
흙과 나무에도 비단을 발랐고
휘황찬란한 병풍을 둘러쳐
신선과 귀신이 오가는 듯하다.

얼고 추운 날씨 걱정을 하랴
제 잘사는 것만 자랑한다네.
그러나 저이들도 한번 죽으면
북망산의 한 줌 흙이라.

내게도 한 폭 병풍이 있어
소박하나마 침실을 가려 주며
밝은 달은 나를 비추고
구름도 내 머리를 스쳐 간다네.

생각하면 하늘과 땅 사이에

이 몸도 빌려서 받은 것
참을 구해도 끝내 참은 없으니
한 물건도 내 것은 아니로구나.

素屛

吾看五侯家　黃金柱北斗
墻壁煥丹靑　土木衣錦繡
坐張百寶屛　仙鬼互馳驟
那憂氷谷寒　只詑銅山富
百年歸山丘　等是一丘土
我有一素屛　展作寢前友
素月炤我容　白雲落我首
翻思天地間　此身亦假受
求眞了無眞　一物非我有

꽃을 시샘하는 바람

꽃 필 때는 세찬 바람도 많아
사람들은 꽃을 시새는 바람이라고 한다.
조물주가 각양각색 꽃 피우니
고운 비단 오려 놓은 듯해라.
이처럼 공력을 많이 들였거든
아끼는 마음도 이만저만이 아니리라.
그런데 어찌 그 아리따움 시샘하여
모진 바람을 보냈다고 하랴.
바람이 절기를 고치려 든다면야
하늘이 어찌 그냥 두랴.
이 이치가 반드시 그런 것이 아니니
나는 사람들과 달리 생각하노라.

고무하는 것은 바람이 맡은 소임이라
어떤 사물이라고 사사로움이 있겠는가.
꽃을 아껴 바람 불기를 그친다면
그 꽃은 도리어 제 구실을 못 하리니
꽃 핀 것이 매우 아름답지만

꽃이 진다고 무엇을 슬퍼하랴.
피나 지나 모두가 자연의 일이거니
반드시 꽃을 이어 열매가 있는지라
그대여 하늘의 기밀 묻지 말고
술잔이나 들고 소리 높이 노래나 부르세.

妬花風

花時多顚風　人道是妬花
天工放紅紫　如剪綺與羅
旣自費功力　愛惜固應多
豈反妬其艶　而遣顚風加
風若矯天令　天豈不罪耶
此理必不爾　我道人言訛
鼓舞風所職　被物無私阿
惜花若停簸　其奈生長何
花開雖可賞　花落亦何嗟
開落摠自然　有實必代華
莫問天機密　把杯且高歌

벗이여 두 가지를 경계하게

내 앞가림도 못하면서
그대에게 충고를 보내니
사람을 썩게 하는 건 색에 빠짐이요
사람에게 가장 독을 끼치는 건 술이라
대장부는 제 몸을 잘 건사해야 하나니
자네는 이제부터 주색을 끊게나.

아니야 자네 말이
내 마음에 조금도 들지 않네.
아무 멋도 없이 쓸쓸히 살기란
차라리 빨리 죽느니만 못하지.
인생이 언제든 한 번은 죽을 텐데
조금 먼저 죽고 나중 죽는 것뿐이라
사는 것이 즐겁지 않다면
죽는 것이 차라리 낫지 않으랴.
사는 것이 그리 괴로우면
편히 죽는 것도 할 만한 일이지
구태여 그렇게 억지로 살면서

한 몸이 알뜰히도 메말라 가겠나.

자네 말은 아주 옳지 않네
뉘 말이 옳은지는 두고 보세.
주색은 누구나 좋아하는 것이라
그래서 내 말을 그르다고 하네그려.

二誡詩贈友人

予以燕伐燕　酒色誠親友
蠱人莫若色　毒人莫如酒
丈夫貴嗇身　子可割斷不
答云君之言　百不中吾意
與其薄味生　孰若快意死
人生要有死　但存先後耳
母謂生可娛　焉知死亦如
苟謂生甚勞　死逸酒良圖
何必要其生　枯槁守一軀
子言與吾左　孰得孰失歟
酒色人所嗜　必以我言迂

자기를 돌아봄이 어렵도다

세상에 자기 보기를 남 보듯 하여 잘못을 반성하는 자 드물다. 이 말은 자기 잘못 살피기를 남의 잘못을 보듯 하라는 뜻이다. 이렇게 해도 옛날 보살들처럼 자기 몸으로 뭇사람들의 고난을 대신하는 것과는 거리가 멀다. 그러나 마음을 다하여 끊임없이 행하면 보살의 경지엔들 이르지 못한다고 누가 말하랴. 이에 시를 써 사람을 깨우치고 또 나를 돌아보려 하노라.

어렵도다 자기를 돌아봄이 어렵도다.
성인군자가 아니면 하기 어려우리.

자기 몸 보기를 남의 몸 보듯
행동거지를 하나하나 살피라.
자기라고 조금도 아끼지 말아야
자기를 돌아본다는 말 참뜻을 알리.

비유하여 내 얼굴이
거울 속에 있을 때는 남의 얼굴 같나니
남의 얼굴을 보고야
밉고 고움 모른다 할 사람 있으랴.

그것마저 알지 못한다면
눈 뜬 장님이나 다름없지.

수많은 선비들 마음속에 새겨 두게
자기를 돌아보는 건 소중한 것 자기를 돌아보게.

反觀難

凡世人能反其己如他身 而省其非者鮮矣 此意但能省其非 如觀人之非耳 非至如諸菩薩能以己代衆生受苦之意也 然行之不已 亦焉知不至佛菩薩之境界耶 聊以驚人亦自省而已

反觀難反觀難　非聖非賢誰會此
必當反己作他身　如見其人動靜與行止
不自私其身　然後能行二字義
譬如吾面形於鏡　卽與他面似
孰有觀人面　竟莫知醜美
然猶未得知　何異盲瞽類
凡百士子銘於心　貴能反觀因省已

정월 초이렛날 녹을 받고

내 조정에서 벼슬할 땐
큰일 그르칠까 두려워하면서
평생에 아무것도 이룬 공 없이
나라의 녹을 그 얼마나 받았던가.

만백성의 기름을 빨아먹고
이제는 돌아와 집에 누웠거늘
이 늙은 것을 저버리지 않고
아직도 이렇게 많은 쌀을 주시다니.

예보다 절반을 받아도
이것은 너무도 많은 것
뱁새는 낟알 몇 개면
벌써 배가 부르지 않느냐.

늙은 안해에게 말하노니
옛날의 안목은 아예 버리고
이 녹을 한없이 소중하게 여기며

몸과 마음을 청렴하게 가지시오.
내 숨결이 멎지 않는 동안
해마다 나라에서 이 쌀을 주시리니
모든 쓰임새 살림살이에 알맞으면
양식 걱정은 하지 않으리다.

오직 한 가지 근심이 있다면
술두루미가 자주 빌 것만 같구나.

正月七日受祿

曩者居鼎司　猶懼覆公餗
平生無片功　受祿歲幾斛
口費萬民膏　身還一室伏
舊物尙不遺　給此千春玉
半俸自有餘　鶵鷃數粒足
爲言老山妻　莫以舊眼矚
用之無敢輕　手必向天束
餘喘苟或存　年年儘相續
凡事稱有無　愼勿憂口腹
唯有一段愁　未繼樽中綠

태수가 부로에게

나는 하찮은 늙은 선비
스스로 태수로 여기지 않노라.
내 다만 고을 사람들께 바라노니
나도 예사 늙은이로 보아 달라.

할 말이 있거들랑 아무 때고 찾아오라
마치 어린애가 어머니 젖을 찾듯이.
오래 가물어 비 아니 내림도
그 또한 내 탓이로다.

부로 앞에 내 잘못 삼가 아뢰고
하루 속히 퇴직함이 더 좋을까 하노라.
내 물러가면 그대들 편해지려니
이 못난 늙은이 어데 쓸모 있으랴.

太守示父老

我是老書生　不自稱太守
寄語州中人　視我如野耈
有蘊卽來訴　如兒索母乳
久旱天不雨　是亦予之咎
殷勤謝父老　不如速解綬
我去爾卽安　何須此老醜

부로가 태수에게

태수는 우리들이 역겨워
퇴직하려 함이로다.

우리 고을 척박하되
그 지세 매우 헌앙하여[1]
누구나 한번 여기 태수로 오면
몇 달 만에 승진하나니
원컨대 공도 좀더 참고
여기에 머무름이 어떠하리오.

이제 구천 사자[2] 나타나
그대를 자미당[3]에 맞으리.

---

1) 풍수설에서 지세가 좋다는 말.
2) 구천 사자九天使者는 하늘, 즉 임금의 심부름꾼.
3) 자미당紫微堂은 당시 가장 높은 벼슬인 평장사平章事를 일컫는데, 이규보는 뒤에 평장사로 승진하였다.

父老答太守

太守厭吾儕　意欲解腰章
吾州雖瘠薄　地勢龍軒昂
於玆剖符者　不月被徵黃
願公忍須臾　乍復舍甘棠
當有九天使　邀入紫微堂

고을을 떠나며[1]

고을에 내 처음 부임할 때
늙은이들 길이 비좁게 나와 맞았네.
그중에는 부녀자들도 섞여 있어
머리 모으고 울타리로 엿보았네.

내 얼굴이 그리 보고 싶었음이랴
백성을 돌보아 주었으면 함이라.
고을 다스리길 모질게 하였더라면
그때 바라보던 눈을 씻고 싶어 하리.

내 원 노릇 함이 보잘것없어
떠날 때 돌멩이나 맞지 않을까 하였더니
왜 이리들 길을 막으며
수레바퀴 앞에 누워서 만류하나.

---

1) 이규보가 전주 목사로 갔다가 당시 통판랑通判郞의 모함으로 파직당하고 오면서 지은 시인 듯하다.

어서들 돌아가게 따라오지 말고.
내 재빨리 가야겠네.
그대네 고을에서 두 해 동안을
백년 맞잡이로 나도 고생하였네.

發州有作示餞客

太守初來時　父老夾道邊
其間婦與女　騈首窺籬偏
非欲苟觀貌　庶幾沐恩憐
到郡若酷暴　其眼願洗湔
我今理無狀　欲去畏懷甎
胡爲尙遮擁　似欲臥轍前
好去莫遠來　我行疾奔川
爾邑誠困我　二年如百年

양식이 자주 떨어져

우리 나라 재상이 몇몇이나 되는가.
나도 일찍이 재상의 몸이었건만
나 혼자만 청렴해서 이런 것이랴
왜 이리도 한평생 가난을 못 면할까.

近有屢空之歎 因賦之

三韓宰相幾多人　我亦曾叨宰相身
不是自淸他不爾　如何獨未免憂貧

의복을 전당 잡히고

— 느낀 바 있어 읊어 최종번에게 보이노라.

삼월 열하룻날
부엌엔 아침 끓일 양식이 없어
내 털옷을 전당 잡히려는
안해를 꾸짖어 말렸노라.
겨울 다 간 걸 평계할진대
사는 이는 털옷을 무얼 할지며
추위가 다시 올 걸 생각한다면
오는 겨울에는 무엇을 입을 텐가.

안해가 도리어 성내는 말이
어찌 그리 당신은 미련하시오.
털옷이 비록 아름답지 못하나
내 솜씨로 만든 것이라
나도 아깝기는 곱절이나 하지만
먹을 게 없는 걸 어찌하겠소.
하루에 두 때를 먹지 못하면
옛사람도 주린다 일러 왔거든
주리면 머지않아 죽을 것이니

어찌 오는 겨울을 기약하겠소.

동자를 불러 팔러 보내며
며칠은 견디리라 생각했더니
받은 값이 너무도 어처구니없어
동자 놈이 협잡했나 의심도 했다.

동자는 얼굴에 노기를 띠고
사는 사람의 말로 대답하누나.
봄이 다 가고 여름철인데
지금이 어찌 털옷을 팔 때인가.
일찍이 겨울을 준비하자면
남은 돈이나 있어야 할 터인데
지금 남은 돈이 돌지 못하니
조 한 말밖에는 더 줄 수 없다.

이 말을 들은 나는 부끄럽기 짝이 없어
눈물만 부질없이 턱을 적셨다.
한겨울 공들여 만든 털옷을
하루아침 헛되이 내버리고도
오히려 부족함을 채우지 못해
수다한 자식들이 배고파 하누나.

돌이켜 지난날을 생각하면

세상일은 전혀 알지 못하고
애오라지 수천 권의 책을 읽어서
수염 뽑듯이 과거도 했다.

틀지게 앉아 항상 자부심 갖고
높은 벼슬도 쉬운 거라 일러 왔거늘
어찌 이렇듯 운수 기막혀
궁한 살림을 설워하게 되었는가.

단정히 한 몸을 반성한다면
어찌 허물이 없다 하리오.
술을 즐겨 스스로 억제 못 하여
마시면 문득 천 잔을 기울이고
평소 가슴속 먹은 마음을
술이 취하면 부지하지 못하여
기탄없이 불평을 토해 놓고는
참소와 비방이 따름을 몰랐노라.

처신이 이러하매
궁하여 주림도 또한 마땅하거니
아래로 사람들이 좋아 안 하고
위로 하늘이 돕지 않아라.
부딪쳐 보면 허물뿐이요
일마다 어긋날 뿐이라

모든 것이 내 스스로 한 일이거니
슬프다 누구를 원망하리오.

손을 꼽아 스스로 잘못을 세며
채찍 들어 두세 번 때리노니
지난 일을 뉘우친들 어이 미치랴
앞으로 오는 일을 경계하리라.

典衣有感 示崔君宗藩

季春十一日　廚竈無晨炊
妻將典衣裘　我初訶止之
若言寒已退　人亦奚此爲
若言寒復至　來冬我何資
妻却恚而言　子何一至癡
裘雖未鮮麗　是妾手中絲
愛惜固倍子　口腹急於斯
一日不再食　古人謂之飢
飢則旦暮死　寧有來冬期
呼僮卽遣售　謂可數日支
所得不相直　疑僮或容私
僮顔有憤色　告以買者辭
殘春已侵夏　此豈賣裘時

早爲禦寒計　緣我有餘貲
如非有餘者　斗粟不汝貽
我聞慙且惡　有淚空沾頤
三冬織紝功　一旦棄如遺
尙未救大歉　立竹羅飢兒
反思少壯日　世事百不知
讀書數千卷　科第若摘髭
居然常自負　好爵謂易縻
胡爲賦命薄　抱此窮途悲
端心反省己　亦豈無瑕疵
嗜酒不自檢　飮輒傾千巵
平日心所蓄　及醉不能持
盡吐而後已　不知讒謗隨
行身一如此　窮餓亮其宜
下不爲人喜　上不爲天毗
觸地皆玷纇　無事不參差
是我所自取　嗟哉又怨誰
屈指自數罪　擧鞭而三笞
旣往悔何及　來者儻可追

스스로 대답하노라

네 비록 이 나라의 재상이었지만
아무것도 한 일 없이 녹 받아 부끄럽지.
나라가 가난하니 너 못사는 게 마땅하다.
네가 바로 저지르고 네가 받은 값이란다.

代人答

渠是三韓宰相官　從前尸祿尙何顏
公難潤國私宜涸　以道觀之是好還

궁한 재상

한낮에 횃불을 켜고 보게
가난뱅이 재상은 찾기 힘들리.
그러나 여기 찾아와 보게나
바로 내가 그 사람일세.

窮宰相

午天然大火　難覓宰相窮
曷不來相見　於斯有一翁

왼쪽 귀가 차차 들리지 않아

해마다 귀밑머리 서리가 쌓이더니
귀가 또 어두워서 들리지 않누나.
근심스럽지만 기쁘기도 하구나
세상의 옳찮은 소리 듣지 않게 되었으니.

左耳稍聾

年來已分鬢霜盈　耳復將聾聽未明
無限愁中還有喜　不聞人世是非聲

집이 거칠어져

하인은 게을러 집 꾸릴 줄 모르고
나도 게을러 내버려 두었더니
온 집안이 때투성이 먼지투성이
물 뿌리고 쓸려 해도 엄두가 나지 않네.

손자에게 부탁하였더니
마당을 말끔히 쓸어 놓고는
뜰 위까지 무성하게 자란
잡초마저 모조리 뽑아 버렸네.

집 안이 깨끗하니 마음도 깨끗해라.
효성이 딴 것이랴 내게는 끔찍해라.

屋蕪

慵奴不理家　我亦慵不訶
塵穢盈其前　略不容灑掃
今朝命兒孫　掃地勤不少
雖至於庭階　刈去旅生草
地淸心亦淸　於我可謂孝

침실 곁에 돌벼가 나서

사람들 모두 밭을 갈아
가을마다 몇 섬씩 낟알을 거두는데
우리 집은 농사를 짓지 않기에
하늘이 미워해서 돌벼를 보냈는가.

뜰 앞에 나도 좀 낫겠는데
바로 침실 구석에 났단 말인가.
정말로 논에서 자란 벼처럼
두어 개 파란 이삭마저 났구나.

내 병들어 잡초를 못 뽑고
종은 밉살스레 놀고만 있으니
두어두고 꾸짖지도 않노라
쓴웃음 지으며 노려만 볼 뿐.

너무도 오래도록 집을 꾸리지 않았거니
돌벼 난 것만 야단치면 무엇 하랴.

見穭稻生寢房南軒之旁 有作

人皆務耕田　歲入幾許斛
我家無是事　天遣生穭穀
庭階生亦可　胡奈寢房曲
亦復效田禾　擢穗數莖綠
我病憊不芟　憎哉游手僕
置之百不訶　默笑但瞪目
業已不理屋　何獨於此督

화로를 끼고 앉아

내 본디 가난한 선비로
인연이 있어 재상까지 되었으나
늙어 벼슬을 그만두었으니
재상인 체하여 볼 까닭이 있으랴.

머슴들과 섭슬려 잡일을 한들
그 누가 나를 괴이타 하는가.
더구나 이 작은 방에서
내 시중들 사람 어디 있으랴.

화로 곁에 숯을 두고
술 있으면 손수 데우나니
빨갛게 숯불이 이글거리면
밤을 구운들 무에 나쁘랴.

내 이미 보통 사람 되었으니
옛날의 재상으론 보지 말게.
허허 이 한 몸이

어느 결에 잘도 변하지.
높아졌다 낮아졌다 오르내림도
이 또한 변화의 이치라
내 죽어 하늘에 오르면
다시 신선의 벗이나 되려나.

擁爐

伊昔一布衣　貪緣作邦宰
宰相已退老　寧復宰相態
傭保與雜作　人亦何必怪
況此一房壺　自奉所可辦
擁爐自添炭　有酒手自煖
方其火熾時　煨栗自不憚
已許爲常人　休作宰官看
可笑一箇身　須臾多貿換
陟降與乘除　天道好往返
若復昇天歸　又作仙人伴

추위를 못 이겨

내 천 권 나마 책을 읽었고
벼슬도 정승에 올랐으나
귀는 하였지만 부는 못했으니
이 또한 기구한 운수로다.

일마다 내 뜻과 어긋나
평생을 조촐하고 가난하게 살았노라.
딴 집 방바닥은 손을 델 지경인데
우리 집은 살점을 에듯 춥구나.

겨울 추위도 막지 못하거든
다른 일이야 말해 무엇 하랴.
내 여생이 얼마나 남았는가
단 한 달도 유족하게 못 살아 보네.

苦寒

讀書千卷强　位至登黃閣
能貴不能富　賦分何雜駁
是亦與事迂　營生信淡薄
他門手可炙　我屋冷如剝
禦寒猶未備　餘事亦可酌
殘生能幾存　一月鮮歡樂

집에서 바다를 바라보며

푸른 바다 아득도 한데
외론 배 둥둥 어데로 가나.

나도야 저 배 타고서
봉래산이나 찾아갈거나.

차라리 바라지도 말아야지
내 마음 쓸쓸만 하구나.

신선이 되어 하늘로 오른다면
이 세상이 또 그리워지리.

아아 내 여기에 머물러
어데로 가야 할지 아득하구나.

登家園望海有作

滄海杳茫茫　孤舟何處適
我願與之歸　儵向蓬萊碧
不如不望之　空使吾心惻
焉知天上升　反恨海山隔
嗟予猶滯凡　彼此迷所卽

부질없이 읊노라

육십 늙은이 더 살 욕심 없지만
시 짓는 버릇만 부질없이 커지누나.
이 몸을 가져가도 아무 소용없을 것을
어이 그리 서울을 바라고 또 바라는가.

漫成

六十殘翁已厭生　空餘詩骨轉崢嶸
此身賫去猶無用　何苦懸懸望玉京

마음대로 안 되는 것

날마다 겪는 사소한 일들도
마음대로 안 되어 속이 상해라.

젊을 때는 가난하여
안해마저 푸대접이더니
늘그막에 녹 받으니
기생들이 따르누나.

들놀이를 떠나면
비가 내리다가
한가롭게 앉았으면
하늘이 개고

배부르게 먹고 나면
고기가 생기고
목이 아파 못 마실 땐
술이 있는 법.

물건을 판 다음엔
값이 오르고
병이 다 낫고 나니
이웃집에 의원이 오네.

사소한 일들도 모두 이러하거니
학 타고 양주 가기[1] 어이 쉬운 일이랴.

違心詩戲作

人間細事亦參差　動輒違心莫適宜
盛歲家貧妻尙侮　殘年祿厚妓將追
雨霶多是出遊日　天霽皆吾閑坐時
腹飽輟飧逢美肉　喉瘡忌飮遇深巵
儲珍賤售市高價　宿疾方痊隣有醫
碎小不諧猶類此　楊州駕鶴況堪期

---

1) 모든 것이 자기 뜻대로 된다는 뜻.

느낀 바 있어

옹졸하고 솔직한 성격 타고나
가난하고 궁하니 세상 인정 알겠도다.
출입을 끊으니 찾아올 손도 없어
술을 빚어 안해와 마주 앉아 마시도다.
이끼 푸른 길가엔 인적이 드물고
소나무 동산엔 새소리뿐이로다.
고향에 돌아갈 길 늦었으니
도연명 생각하면 부끄럽도다.

*

여섯 자도 안 되는 이 한 몸이
하루에 얼마나 먹을 건가.
허나 아직 그 먹을 것 걱정하여
흰 구름 피는 고향에 돌아가지 못하였네.

偶吟二首有感

拙直由天賦　艱難見世情
杜門妨客到　釀酒對妻傾
苔徑少人跡　松園空鳥聲
田園歸計晚　慚愧晉淵明
　　　　*
環顧六尺身　一日能幾食
尙營口腹謀　未去雲山碧

천룡사에서 붙어살며

온 집안이 푸른 산기슭에 와서
가벼운 평복으로 평상에 누웠네.
새삼스럽게 촌 술 맛이 좋은 줄 알며
차 향기 맡으며 잠드니 이 아니 즐거운가.

대나무 뿌리는 용의 허리처럼 땅 위에 구불거리고
파초 잎은 봉황새 꼬리처럼 창가에 드리웠네.
삼복더위에 백성들의 송사도 적으니
때로는 부처와 함께 허심하게 앉았구나.

寓居天龍寺有作

全家來寄碧山傍　矮帽輕衫臥一床
肺渴更知村酒好　睡昏聊喜野茶香
竹根迸地龍腰曲　蕉葉當窓鳳尾長
三伏早休民訟少　不妨時復事空王

한가한 날에

― 신유년(1201년) 5월에 초당에서 한가히 지내며 정원을 가꾸는 여가에 두보의 시를 읊다가 '성도 초당成都草堂' 시의 운에 따라 한적한 즐거움을 노래하노라.

게을러 맹견[1]처럼 양도부 지을 생각도 없는데
하물며 왕부[2]의 논문을 본받을까 보냐.
다만 반랑[3]이 삼봉을 즐겼던 것 생각하며
진번[4]처럼 내 집 가난함도 돌보지 못하노라.
작은 둔덕에 꽃을 옮겨 심고는 손님 청해 같이 보며
가까운 이웃에 아이 보내 술을 사 오게 하노니
내 어찌 세상일을 살펴볼까 보냐.
사람의 출세와 고락이 모두 운명이라 하거늘.

*

강호에 돌아가면
물소리 들으며 시나 읊겠지만
아직 서울에 머물러

---

1) 맹견孟堅은 후한 때 사람 반고班固의 자다.
2) 왕부王符는 후한 때 은사로서 '잠부론潛夫論'을 썼다.
3) 반랑潘閬은 송나라 때 문인으로 화산華山의 삼봉三峯에서 즐겨 노닐었다.
4) 진번陳蕃은 한나라의 삼대 정치가였지만 항상 가난하게 살았다고 한다.

아까운 봄만 보내노니
나는 나를 가리켜
밭을 가는 농부라 하여도
모두 다 나를 가리켜
세상을 굽어보는 자라 하누나.
담소할 때면 떠들어
부질없이 손님 놀라게 하고
코 고는 소리가 우레 같아
이웃엔 소문났다네.
때로 술이 다 떨어져
항아리 밑바닥만 긁는데
앵두 익었음을 보고
이를 따서 맛보네 새것을 맛보네.

    *

송사리를 잡겠다 하여
시냇물을 더럽히지 않았고
깊숙한 곳에 들어앉아
벼슬길에서 멀어졌네.
옷깃을 젖히면
바람은 항시 시원하고
책상에 기대어 앉으면
해는 어느덧 서산을 넘어가누나.

인간 세상의 깊고 얕은 곳을
일찍이 다 지내 보았고
인생의 영화는
잡을 생각도 안 하거니
창가에 비끼는 나무 그림자
푸른빛을 드리우며 흔들거릴 때
읽다가 놓은 책 위에
제비가 진흙을 살짝 떨구네.

    *

성긴 발을 반쯤 걷고
홀로 난간에 기대었는데
줄줄이 비 내리는 소리
여울물 소리보다 세차구나.
비 몰아오는 구름은
온 누리를 어둠으로 모는데
모르겠어라 저무는 해는
몇 발이나 남았는가.
손님을 만나면
술 한 사발 크게 마시노니
신선의 도를 배워서
젊어지겠다고 애쓸 것인가.
이웃집 노인과

서로 찾아다니자고 하였는데
한담을 하지 않는다면
늙기조차 힘이 들겠더라.

    *

옛날 뛰어난 선비
때에 알맞게 처신했더라.
지금도 전원은 자꾸 묵어 가는데
나는 언제나 돌아갈 건가.
벼슬길이 긴 것을 묻지 말라.
남하고 시비하지 말라.
술에 취해 수레에서 떨어진 사람은
그래도 손에 든 술병 깨뜨리지 않았다지만
독을 안고 우물 속으로 들어가는 사람이야
어찌 그 독을 깨뜨리지 않으랴.
열자와 장자가 다시 살아난다면
옷깃 여미고 신선의 도를 물으리라.

辛酉五月草堂端居無事 理園掃地之暇 讀杜詩 用成都草堂詩
韻 書閑適之樂 五首

懶惰無心賦兩都　況堪著論效王符

緬思潘閬三峯好　且任陳蕃一室蕪
小塢移花邀客看　比隣有酒遣兒沽
何須點檢人間事　出處悲歡命矣夫

*

欲歸江郡詠汀蘋　尙滯京華失鬢春
自號灌畦閑老圃　皆呼傲世一高人
談筵落屑空驚客　睡榻鳴雷幾撼隣
酒渴時時須底物　櫻桃子熟摘嘗新

*

不把余愚自污溪　幽栖粗免宦途迷
披襟快却風來北　隱几從教日向西
世味淺深曾染指　人生得喪已忘蹄
半窓林影搖森翠　讀罷書頭鷰落泥

*

半卷疎簾獨倚欄　雨聲淙瀉劇驚湍
橫雲尙自暗千陣　落日不知餘幾竿
遇客只須浮大白　學仙何苦鍊還丹
爲言隣叟好來往　除却閑談逸老難

*

古來達士貴知微　田園將蕪何日歸
莫問纍纍兼若若　不曾是是況非非
墮車醉者只全酒　把甕丈人寧有機
禦寇南華如可作　吾將問道一摳衣

꿈속에서 또 꿈을 꾸노라 | 89

또다시 읊노니

바람은 아니 불어도 숲은 노래하고
가만히 땅을 적시며 비는 지나가네.
새들은 서로 싸우며 깃을 떨어뜨리고
장닭은 지붕에서 목을 뽑고 우누나.

　　　*

밥을 남겨 주니 주린 까마귀 기뻐하고
술이 익어 가니 벌은 떼 지어 날아드네.
작은 채마밭에 비가 처음 지나갔거니
향기로운 남새는 얼마나 돋아났는가.

　　　*

땅을 쓸어도 나무 그림자는 남아 있고
동산을 김맬 때엔 나무뿌리가 걸리네.
사람이 한가하면 늙은 중과 같고
터전이 한적하니 산촌에 있는 것 같구나.

*

산굽이 꽃은 눈에 아른거리고
후원의 풀은 내 허리를 가리네.
안개가 걷힘은 비단이 흩어지는 듯
비가 갑자기 내리니 구슬이 흩어지는가.

　　　*

어느덧 바람은 휘장을 흔들고
햇빛은 처마 끝에 스며드누나
버섯은 황소 귀처럼 커 가는데
수양버들 푸른 허리 가늘기만 하구나.

　　　*

향기로운 술 마시며 여생을 보내는데
가을꽃을 보고 문득 놀랐도다.
중에게 끌려가 차 한 잔 마시고 돌아와
이웃집 대나무만 바라보며 오래오래 서 있었네.

又次絶句六首韻

林疎空自籟　雨細不成泥
墮羽爭巢雀　申吭叫屋鷄
　　　＊
飯殘飢鳥喜　釀熟亂蜂多
小圃雨初過　香蔬添幾何
　　　＊
掃地林餘影　鋤園樹礙根
人閑如老衲　地僻似山村
　　　＊
曲塢花迷眼　深園草沒腰
霞殘餘綺散　雨急亂珠跳
　　　＊
閃閃風搖幔　微微日瀉簾
菌肥黃耳大　柳弱翠腰纖
　　　＊
送老唯芳酒　驚人忽晚花
乞茶憑岳叟　看竹懶隣家

신묘년 칠월에 서울로 돌아와서

옛적에 밟던 서울땅
오늘 다시 보니 유달리 새롭구나.

또다시 옛 직책 그대로 띠게 되면
이 몸이 다시금 생겨난 듯하겠지.

辛卯七月復京後有題

昔年慣踏洛京塵　今日重看特地新
若更牽連仍舊職　此身應似換他身

병신년 정월 초하루

갑자가 돌고 돌아 벌써 육신[1]이 되었는데
하늘은 아직 이 늙은 몸을 남겨 두었구나.
훌륭한 다스림의 채 잡지 못한 이 몸
녹봉만 받다가 또 봄을 맞누나.

  *

낡은 것과 새것이 절로 바뀌어
봄이 오고 또 가는 사이 절로 늙누나.
나이 더 먹는 것이 경사가 아니련만
경축하는 손님이 많음은 무엇을 의미함이뇨.

  *

소년 적에는 기뻐 날뛰며 설을 맞았다만
늙바탕엔 쓸쓸하여 흥이 나는 듯 마는 듯

---

1) 육신六申은 여섯 번째 맞는 신년이라는 뜻. 이때 이규보가 69세였다.

세배 손님 찾아오나 인사 받기 싫고
손자놈들 가득 있으나 이름도 부르기 싫구려.

丙申元日　三首

甲子相循已六申　天遺遮箇一殘身
調元贊化俱無用　竊祿今還坐得春
*
故故新新密自移　春來春去坐成衰
得年未是人間慶　賀客紛紛意莫知
*
少年踊躍喜迎正　老境蕭然小興情
賓客塡門慵受謁　兒孫滿座懶諸名

우물에 얼굴 비추며

거울을 오래 보지 않으매
내 얼굴 모습 알 수 없었네.

우연히 우물에 비추어 보니
아 낯익은 옛날 얼굴이여.

沼井戱作

不對靑銅久　吾顔莫記誰
偶來方沼井　似昔稍相知

동산을 거닐며

몸을 의지한 지팡이는
건장한 종보다 낫고
눈에 아리따운 꽃가지는
미인과 맞먹도다.
지친 몸 잠시 앉아
지난 일 생각하니
사십 년 전에는
떠돌아다니던 몸이어라.

*

대 위의 접시꽃
교태 있게 나를 끄나
한 자 높이 대 위에도
오르기 어렵구나.
늙고 병들어
힘없는 탓이지만
줄어들지 않는 몸무게를

이기지 못함이여.

行園中有感 二首

竹杖扶身勝健僕　花枝媚眼當佳人
行慵暫坐思前事　四十年前放浪身
　　　＊
臺上葵花嬌引我　臺高才尺尙難登
雖關老病身無力　亦爲鈞衡重莫勝

서울 큰 거리에 있는 묘 정자의 대은루[1]를 두고

나는 문 잠그고 손님도 없이
술 먹는 것은 좋아하지 않는다.
장안 저잣거리에 나가 술친구들 많이 모아 놓고
크게 떠벌이며 마시는 것이 그 아니 좋은가.

나는 또한 구석진 방 밀실에서
실가락 노래 부르는 것은 좋아하지 않노라.
호협한 집 넓은 자리에서 피리를 불며
목청껏 노래하는 것이 그 아니 좋은가.

근심에 싸인 사람이 이마를 찌푸리며
시름을 말하지 않으니
마치 얼음장 밑에 물이 울부짖으며
줄줄 흐르는 것 같구나.

---

1) 대은루大隱樓는 크게 숨는 다락이란 뜻인데 큰 인물은 숨어 살아도 시골이나 산속에 숨지 않고 서울 장안에 숨는다는 옛날부터 전해 내려오는 글귀를 따서 지은 이름이다.

사내대장부 시름 있으면 크게 통곡하리니
헛되이 머리를 떨구고 가만히 우는 것은 옳지 않노라.
달관했도다 묘군은 저잣거리에 은거하여
청산에서 솔잎 먹고 그윽히 사는 은자를 비웃는구나.

次韻陳翰林題苗正字大隱樓在市邊

我不欲閉門飮酒省賓客　欲向長安市上大會酒徒浮太白
又不欲曲房密室唱小詞　欲向豪家俠宅高歌與吹笛
愁人矉額不言愁　有如氷底之水嗚咽不快流
丈夫愁來卽大哭　不宜暗泣空低頭
達哉苗君大隱九市中　笑却喰松喫水靑山幽

북악에 올라 서울 성안을 바라보며

산마루에 올라 성안을 바라보니
넓을시고 사람 바다 이뤘구나.
작은 집은 말할 것도 없고
큰 집도 바로 흙덩이만 하고야.

가련토다 길 가는 사람들
티끌 속에서 개미처럼 닫는구나.
무슨 이익을 보려는지
제각기 마련이 있을 테지.

서로 구구히 다지르는 사이에
사생과 애락이 있거니
어쩌면 저 속에서 벗어나
세상 밖에서 살아 볼거나.

登北岳望都城

絶頂望都城　浩浩萬人海
小屋何容言　大屋正如塊
可憐路上人　蟻奔塵土內
經營覓何利　意各有所掛
區區蠻觸間　死生哀樂在
安得出其中　遊於六合外

수재 김회영의 운에 맞추어

장사의 품은 마음 표현키도 어려워서
길게 휘파람 불며 어스름을 맞노라.
오히려 슬기로운 솜씨도 없는 나는
눈 밑에 한갓 눈물 자취뿐이노라.

가슴에 서린 울분 풀기 어려우매
입술까지 나온 말도 삼켜야 하노니
청산은 돌아갈 길 아주 막지 않았는가
궁한 신세 한스러워 혼자 울부짖노라.

次韻金秀才懷英

壯士心懷未易論　一軒長嘯又黃昏
鼻端莫見成風手　眼底空餘泣玉痕
鬱氣蟠胸難自洩　狂言到吻可堪吞
青山不鏁歸歟路　恨我窮途獨叫閽

소를 때리지 말라

소를 때리지 말라 소는 불쌍하다.
비록 네 소라 해도 함부로 때리지 말라.
네게 잘못한 게 무엇이기에
도리어 소를 꾸중하느냐.

짐을 싣고 먼 길을 다니느라
너를 대신하여 어깨가 부르트고
혀를 빼물고 숨이 차게 밭을 갈아
네 구복을 채워 주나니.

이만해도 네게 이바지가 크거늘
너는 또한 타기도 즐긴다.
피리 불며 너는 좋아하지만
소는 가빠서 느릿느릿 걷는다.

그러면 너는 또한 느린 걸음을 꾸중하면서
채찍을 휘둘러 자주 치누나.
소를 때리지 말라 소는 불쌍하다.

갑자기 죽게 되면 너는 어찌하려느냐.

소를 모는 목동아
어찌 그리 미련하냐.
무쇠 소가 아니어든
어찌 견뎌 내겠느냐.

莫笞牛行

莫笞牛牛可憐　牛雖爾牛不必笞
牛於汝何負　乃反嗔牛爲
負重行萬里　代爾兩肩疲
喘舌耕甫田　使汝口腹滋
此尙供爾厚　爾復喜跨騎
橫笛汝自樂　牛倦行遲遲
行遲又益嗔　屢以捶鞭施
莫笞牛牛可憐　一朝牛死爾何資
牛童牛童爾苦癡　如非鐵牛安可支

이 도사를 조롱하여

도를 덜 닦아서 비린내가 나면서도
우리들을 따라와 술만 들이켜네.
선약이 있노라고 떠벌리지 말아라
시인이란 예로부터 모두가 신선이니.

嘲李道士

道根未熟骨猶膻　浪逐吾儕放酒顚
莫把鼎丹誇向我　詩人自古盡神仙

과거의 방이 나붙음을 듣고

사방 문앞 도리화[1] 탐스럽게 피었으니
금년 봄빛을 누가 가장 즐기는가.
어느 땐들 인재가 없을 수야 있으랴
모래 속에 섞인 금을 골라 내어야지.

聞東堂放牓

四放門前桃李花　今年春色屬誰家
始知無代無才傑　尙有遺金撥出沙

---

1) 도리화는 복숭아꽃과 오얏꽃인데, 과거 방이 나붙을 때는 봄날이라 도리화가 만발하므로 과거에 붙은 인재를 도리화에 비유하여 이렇게 노래하였다 한다.

을유년 과거장에서 글을 고열하며

한낮에 자물쇠로 문을 잠갔는데
베옷 입은 선비들 벽 틈으로 들여다보네.
좋은 글귀 눈에 띄면 한참씩 흥겨워 읊어 보고
조그만 흠집 안타까워 더디 내려놓누나.

곧은 줄을 치듯 바르고 그른 것 가려내리
어두운 거울처럼 곱고 미운 것 구별이 없으랴.
과거 보러 온 선비들 자기 재간 생각하여
방이 나붙거든 유사를 원망 말게.

乙酉年監試考閱次有作

白晝關門作鎖闈　麻衣猶向壁間窺
偶逢佳句沈吟久　自惜微疵落下遲
欲把直弦分枉正　可堪昏鏡混姸媸
諸君亦各量才分　牓出休喧謗有司

동당 시원

네 번이나 문병[1]을 잡아 인재를 뽑았는데
어찌 그 당시엔 눈이 그리도 멀었던가.
돌 속에 든 옥을 길이 몰랐으니
사람의 발 베인 원한[2]이 있을지 알랴.

東堂試院

四提文柄揀材勤　何事當時眼輒昏
玉在石間長不識　豈知還有刖人冤

---

1) 문학상의 권력을 말함이나 여기서는 시험관을 의미한다.
2) 전국시대 초나라 사람 변화卞和가 돌 속에 박힌 옥을 여왕厲王에게 바치니 속였다고 그의 발을 잘랐으나 나중에 쪼아 보니 훌륭한 옥이었다.

금롱 속 귀뚜라미

《개원천보유사》에 이르기를, "매년 가을이 되면 궁중의 궁녀들이 조그만 금롱에다 귀뚜라미를 잡아넣고 머리맡에 두어 밤이면 그 소리를 듣는데 백성의 집에서도 이것을 본받게 되었다." 하였다.

귀뚜라미는
섬돌 밑에서 우는 것이 제 맛이니
금롱 속이라서
어찌 별스럽게 울랴.
하건만 궁중의 풍습이
부질없이 민간에 새어들어
머리맡에서 우는 소리를
애써 듣고자 하는구나.

金籠蟋蟀

遺事云 每至秋時 宮中婢妾輩 皆以小金籠捉蟋蟀 閉置枕畔 夜聽其聲 庶民之家皆效此也

蟋蟀偏宜砌底聽　金籠那有別般鳴
風流漏洩人間世　偸作宮中一枕聲

추위

내 공자도 아니요
내 묵자도 아니라
어찌 구들에 불 때지 않으며
자리를 덥히지 않으랴.

아이들아 춥다고 울지 말아라.
내 동산의 나무를 찍어
불살라 숯을 만들어 오리라.
우선 내 집을 덥히고
그리고 사해에 미쳐
섣달에도 길이 땀 흘리게 하리라.

苦寒吟

吾非孔墨賢　胡爲突不黔兮席不暖
妻兒莫啼寒　吾欲東伐若木燒爲炭
炙遍吾家及四海　臘月長流汗

저문 봄 병석에서 일어나

새로 온 꾀꼬리는 고운 새악시
다시 온 저 제비는 그립던 옛 벗일세.
풍경은 나날이 아름다워 오는데
병석에서 보내는 봄빛이여 아까워라.

*

병석에서 속절없이 꽃 핀 봄 다 보내고
일어나니 허전하기 꿈을 깬 듯하여라.
그래도 몇 떨기 장미만은 남아 있어
반갑게 웃으며 늙은 나를 위로하네.

暮春病起　二首

林鶯初至如新婦　巢燕重來似故人
景物漸佳堪翫惜　病中虛度百花春
*

病中虛度百花紅　病起方驚一夢空
唯有薔薇餘數蕚　尙能嬌笑慰衰翁

고향 황려현을 향하면서

가노라 고향 향해
유유히 서울 동문을 나서서
떠나자니 자연 애가 달아
저절로 눈물이 줄줄 흐른다.

연기는 아직도 수풀에 자욱한데
어느덧 벼랑 가에 해가 비치네.
꾀꼬리는 한결 아름답게 우는데
잘 다녀오라는 듯 온갖 새가 울어 댄다.

떠나는 마음이 어수선한데
눈에는 졸음조차 매달려 달리네.
말을 몰아 빨리 돌아가려 하노라
풀 거친 정원이 나를 기다리거니.

執徐歲五月日 將遊黃驪 初出東門 馬上有作

去去指鄉路　悠悠出國門
離腸輪百轉　征淚雨雙翻
綠樹烟猶重　蒼崖日漸暾
喚人鸎舌巧　送客鳥聲喧
遠別亂心緒　早行餘睡痕
歸驂不可緩　荒草滿陶園

쌍령에서 묵으며

수풀 속에서 길을 잃고 지는 해 걱정터니
문득 개 짖는 소리에 인가를 찾아든다.
외딴 마을이 도적을 겁내 창을 비껴 갖추었는데
낡은 절간의 중을 만나 잠시 차를 나눈다.
만리에 뜬 구름은 학을 고즈넉이 바래 주는 듯
시냇가 높은 버들엔 까마귀 앉아 고요하다.
이 몸이 마침 강산 주인 되었으니
황효[1]로 돌아가 생을 즐김이 길이 좋으리로다.

宿雙嶺

路入荒榛怯日斜　忽聞啼犬認人家
孤村畏盜猶橫戟　古院逢僧暫試茶
萬里歸雲閑送鶴　一溪高柳靜藏鴉
此身會作江山主　聞道黃驍似永嘉

---

1) 황효黃驍는 황려의 딴 이름으로 이규보의 고향이다.

처음으로 황려 고을에 들어가

나귀 타고 고개를 넘어서니
황려 고을이 강 언덕에 누워 있다.
강변은 선계같이 아름다운데
사람들은 살진 땅에 깃들었어라.
지형은 달리는 호랑이 같고
산세는 날아오르는 용과도 같다.
이미 서울의 재난을 벗어났으니
다시 나그네로 나다님을 그만두어라.
친척에게서 문헌을 찾아보고
조상 적 농토도 물어보리라.
술을 차리고 마을 늙은이 불러
부지런히 농사일을 문의하노라.

*

초초한 행장으로
험한 길 더듬어 고향에 들다.
정성으로 병든 누이를 돕고

자리를 보살펴 어머님을 그리워하노라.■
서울엔 풍진이 소란한데
이곳은 해와 달이 한가롭거니
내 이곳에 밑을 붙이고
소박한 기운을 기르려 하노라.

初入黃驪 二首

跨驪才度嶺　縣枕碧江頭
水國移蓬島　人家住沃州
地形如走虎　山勢似騰虯
已脫王城厄　還休客路遊
鄕親尋版籍　農畝問先疇
置酒呼田叟　勤咨力稽謀
　　　　*
草草事行李　茫茫涉梗艱
燎鬚隨病妹　扇枕憶慈顔
上國風塵暗　南州日月閑
此邦堪土著　端稱養疎頑

■ 이때 어머니가 상주에 있었다.

앵계 초당에서

향 피우고 상 앞에서 《황정경》을 읽노니
종일토록 대사립 두드린 이 없어라.
천 편의 시를 가져 많음을 자랑하고
한낱 거문고로 맑은 기운 기르노라.
용산의 아침 안개 비보다 짙더니
곡령*의 봉홧불이 별같이 멀다.
취한 꿈 깨려는데 지새는 달이 밝아
일어앉아 보노라 빈집에 떨어지는 솔 그림자를.

鶯溪草堂偶題

焚香道案讀黃庭　竟日無人扣竹扃
千首詩中驕富貴　一張琴上養襟靈
龍山曉霧濃於雨　鵠嶺宵烽遠似星
醉夢欲回殘月白　坐看松影落寒廳

---

* 앞에 용수산龍首山 곡령鵠嶺이 있다.

서쪽 벌 초당에서

봄바람 따뜻하고
아침볕 맑고 고운데
서쪽 벌에 나가 보니
논이랑은 비단결 같다.
토질이 기름진데
못물조차 넉넉하여
해마다 천섬 낟알을 거두니
맑은 술 넉넉히 빚으리.
무엇으로 봄날을 보낼까
날마다 꽃가지 아래 취하리라.

이걸 생각자니 손에 못이 박히도록
나도 친히 김매고 싶노라.
내 스스로 돌아감을 잊고
기슭에 잠깐 의지해 서니
먼 산은 연기 속에 아득하고
해는 몽롱히 저물어 간다.
어느덧 달빛을 띠고 농가에 드니

노랫소리 온 마을을 들레는구나.
쾌하다 농가의 즐거움이여
이로부터 나도 농촌으로 돌아오리라.

　　　*

해가 늦도록 잠을 깨지 못하니
제비는 멋대로 처마 가에 날아든다.
아이는 바야흐로 수레를 꾸려
어서 들로 나가자 재촉하는데
일어앉아 빨리 머리를 빗고
휘파람 불며 솔문을 나서노라.
깊은 수풀에 해가 들지 못하니
푸서리의 이슬이 신을 적신다.
천천히 걸으며 시내를 바라보니
저기 방축 너머 가랑비 묻혀 오네.
여인들은 하얀 베치마를 둘렀고
사나이들 굵은 베잠방이로다.
서로 이끌어 밭둑에서 노래하니
호미 메고 구름같이 모여들어라.
힘쓰리라 내 여기서 글을 읽으며
농사일도 철을 따라 어김없도록.

遊家君別業西郊草堂 二首

春風扇淑氣　朝日淸且美
駕言往西郊　塍壟錯如綺
土旣膏且腴　況復醼潭水
歲收畝千鍾　足可釀醇旨
何以度年華　日日花前醉
念此任胝手　意欲親耘耔
乘興自忘還　岸幘聊徙倚
遠岫煙蒼茫　耀靈迫濛汜
月明返田廬　醉歌動隣里
快哉農家樂　歸田從此始
　　　　*
日高醉未起　簷鷰欺人飛
童僕方巾車　苦促南畝歸
起坐罷梳沐　長嘯出松扉
林深日未炤　草露猶未晞
徐行望淸川　決渠雨霏霏
田婦白葛裙　田夫綠麻衣
相携唱田隴　荷鉏如雲圍
勉哉趁菖杏　耕穫且莫違

다시 서쪽 벌 초당에서

아침별이 잠깐 안개에 비치더니
먼 데서 오는 바람 안개를 걷었다.
사방을 바라보며 맑은 날씨 기뻐하며
수풀을 잠시 거니노라.

자연은 진실로 헤아리기 어려워
검은 구름 문득 하늘을 덮더니
번개는 금빛 뱀을 허공에 그리고
우레는 자주 노엽게 운다.

아이들은 어서 비 오기 전에
집으로 들어가자 보채건마는
세상에 뜬 인생이
진실로 나그네와 다름없어
여기도 저기도 참된 내 집 없거니
마음대로 어데서나 묵을 것이라
하필 서울의 티끌이 그리워
성급히 먼저 돌아가리오.

술을 사서 한 병 기울이니
가슴에 다시 잔 사정이 없어라.
비스듬히 앞마루에 누웠노라니
온 수풀이 연기 속에 저물어 오네.

復遊西郊草堂

初日映短霞　長風卷宿霧
四望喜新晴　傍林聊散步
造物固難料　陰雲忽紛布
電火掣金蛇　雷公屢馮怒
兒童報我來　入郭及未雨
我言天地內　浮生信如寓
彼此無眞宅　隨意且相住
何必戀洛塵　局促首歸路
換酒傾一壺　胸膈無細故
頹然臥前榮　萬木蒼烟暮

처음으로 상주에 들어가서

상주는 옛날의 사벌국인데
왕후의 저택은 흔적도 없다.
무장을 갖추고 승패를 다투던 곳
흥망을 겪고 남은 강산만 둘러 있다.

나라가 고을 되고 고을이 나라 되어
가고 오는 세월이 어찌 짧으랴.
지형은 우툴두툴 달리는 범처럼
먼 둘레로 길게 언덕을 둘렀다.

피곤해 누운 채로 해가 저물어
좋은 경치 모두 찾지 못했으나
날 밝으면 자세히 보리라
즐비한 기와집과 기둥머리 장식을.

패물 찬 기녀들 인사를 받으면서
그중에 상주 명기 누구인가 하노라.

六月十四日初入尙州

尙州古者沙伐國　王侯第宅無餘基
干戈百戰生死地　唯有江山閱盛衰
國破爲州州作國　古往今來非一時
地形眞似虎起伏　繚垣千里何逶迤
竭來困臥日正暮　未暇著眼窮搜奇
天明出遊試覘縷　魚鱗萬屋龍纏枑
蛾眉齊拜瑤珮鳴　聞有紫雲知是誰

작은 배를 띄우고

계수나무 노로 꽃배를 저어
쪽빛 물결 헤쳐 나가니
울긋불긋 고운 단장이
물속 하늘에 어른거린다.

밥상에서 잠깐 암게를 보았더니
그물에 걸린 방어 생선을 다시 보노라.

십리 풍경이 진정 그림 같은데
한 가람의 풍월은 값없는 보배로다.
흰 갈매기는 피리 소리에 길든 듯
배 앞에 날아와 피할 줄 모르네.

■ 향교의 서생들이 나를 위해 배를 준비해 여강에서 놀았다.

泛小船

桂棹蘭舟截碧漣　紅粧明媚水中天
釘盤纔見團臍蟹　掛網還看縮項鯿
十里烟花眞似畵　一江風月不論錢
沙鷗熟聽笙歌響　飛到灘前莫避船

우연히 산중에서 노닐다 벼랑에 쓰노라

티끌 세상의 손님이 되어
부질없이 숨차게 달음질쳐
청산에 가 볼 생각도 없었더니
우연히 산을 향해 행장을 묶었다.

산을 좋아하는 이 흔하지 않아
동무 없이 혼자 감을 꺼렸더니
서로 만나 고삐를 나란히 하고
성을 나서 유유히 산에 접어들었노라.

구름이 차츰 산을 덮으매
높은 수풀에 듦을 비로소 알아라.
뭉게뭉게 솔 위엔 안개 피는데
석간수 소리는 서늘하게 울린다.

서로 이끌고 절간에 들어
잔을 거듭할수록 말은 끝이 없어라.
그윽한 산중 취미 견줄 데 없어

오래도록 이곳에 묵고만 싶다.

평범한 사람의 물 같은 마음은
그릇을 따라 일정함이 없거니
세상에선 즐겨 변화함을 좇았는데
산에 듦에 맑고도 깊숙함이 마음에 드누나.

내일 아침 서울로 되돌아가면
다시 삶을 짜 나감에 얽매이리라.
아서라 다시 무슨 말을 하리오
속세의 인연을 벗을 길 없거니
자식들 짝이나 맺어 준 뒤엔
조롱 속에 갇힌 신세 벗어나리라.

偶遊山中 書壁上

久爲紅塵客　浪走無時休
到山本無意　偶爾得玆遊
無奈愛山人　獨往嫌無儔
相逢許聯轡　出郭行悠悠
雲烟漸掩靄　始覺向林丘
苒苒松上霧　泠泠石間流
相將入僧舍　小酌語綢繆

已慊幽居趣　又欲便成留
迺知中下性　反覆隨所由
趨世悅紛華　入山樂淸幽
明朝返都城　又縛營生謀
嗟哉更何言　未免塵緣拘
要當婚嫁畢　始脫籠中囚

임진강을 건너며

조각배는 물결 타고 나는 듯이 빨리 닫고
물 기운은 처량하여 옷깃에 스며드네.
언덕에는 때로 해오라비 마주 섰는데
하늘가엔 어디론가 흰 돛이 돌아가네.

산은 해를 머금어 마을 수풀보다 낮고
바람은 물결을 말아 낚시터에 부서진다.
처음 동문 나서며 오히려 슬프니
강을 건너면 한층 더 그리움을 못 견디리라.

渡臨津

扁舟駕浪疾於飛　水氣凄涼逼客衣
綠岸有時雙鷺立　碧天何處一帆歸
山含紅日低村樹　風卷銀濤碎釣磯
初出東門尙惆悵　渡江無奈益依依

사평진에서 묵으며

유녀들은 애써 기녀의 화장을 닮으려는데
주민들은 머리 깎아 절반은 중이로다.
강이 들레어 비로소 찬물때를 아노니
더운 땅 열병을 어떻게 견디려나.

宿沙平津

遊女冶容多效妓　居民祝髮半爲僧
江喧始識潮聲漲　地熱那堪瘴氣蒸

배를 띄우고

강이 멀어 하늘은 내 키보다 낮고
배가 가니 언덕이 저리로 달리누나.
엷은 구름이 흰 깁처럼 비꼈는데
가랑비 오락가락 실처럼 나부낀다.

여울이 험해 흐름이 빠르고
봉우리 하도 많아 산은 끝이 없어라.
나직이 읊으며 머리를 드노니
고향을 바라보며 그리움에 잠겨라.

泛舟

江遠天低襯　舟行岸趁移
薄雲橫似素　疎雨散如絲
灘險水流疾　峰多山盡遲
沈吟費翹首　正是望鄕時

영통사에서

오솔길 돌고 돌아 산 중턱에 닿았는데
길 묻기도 번거로워 중을 따라 올랐노라.
비로소 산에 들어 듣노라 저 물소리
인간의 온갖 시비 방아질로 깨뜨리누나.

遊靈通寺

線路縈紆接翠微　不煩問寺逐僧歸
到山才聽淸溪響　舂破人間百是非

낙동강을 지나며

청산을 돌고 다시 에돌아
낙동강을 한가로이 지나가노라.
풀은 깊으나 오히려 샛길이 있고
솔은 고요해 한 점 바람도 없다.

가을 물이 쪽빛처럼 새파란데
아침노을은 타는 듯이 붉다.
누가 알랴 여기 지나는 길손이
세상에 떠다니는 한낱 시객임을.

行過洛東江

百轉靑山裏　閑行過洛東
草深猶有路　松靜自無風
秋水鴨頭綠　曉霞猩血紅
誰知倦遊客　四海一詩翁

역원에서 묵으며

손님이 다녀간 지도 오랜 듯 원집이 스산한데
외딴 마을이라 술 구하기도 어렵도다.
시를 읊어 산새를 놀래키고
밥알 던져 연못의 고기 떼 모아 보노라.

강은 고요해 밀물도 돌아간 뒤
산기슭엔 어느덧 볕이 기운다.
봄 들자 온몸이 노곤해져서
시를 읊고도 쓰지 못하도다.

和塊居空館

古院闃人久　荒村得酒疎
詠詩驚谷鳥　投飯聚池魚
江寂潮廻後　山明日側初
春慵渾作癖　得句不須書

여사에서

— 느낀 바 있어 옛사람의 운을 달아 노래하노라.

적막히 남의 집에 붙어사는 신세가
오래 묵으면서 세월을 보낸다.
메밀꽃은 눈같이 하얗게 폈는데
단풍은 붉게 물들었어라.

마른나무엔 버섯이 돋고
연꽃도 못가에 꺾여 애닯다.
서울에는 언제나 돌아가리오
푸른 하늘 끝을 멀리 바라보노라.

旅舍有感 次古人韻

寂寞寄人宅　淹延費歲華
麥花鋪白雪　楓葉染丹霞
木老看垂菌　池寒弔敗荷
長安何日到　目斷碧天涯

배를 타고

강은 넓어 끝이 없는데
물결은 푸르러 천리에 닿았어라.
날이 저물도록 물 위에 떠서
배 부리는 걸 보살피누나.
전날엔 그림 속 사람을 부러워했더니
오늘은 화폭 속의 손님이 되었노라.

물결은 출렁출렁 달빛을 깨고
물이 찌자 바위까지 드러났어라.
나뭇잎처럼 떠나가는 배
아득한 저쪽 어데로 가나.

갈꽃 핀 언덕에 배를 대니
안개 낀 수풀에 이슬이 듣누나.
머리는 가볍고 몸이 서늘해
어느덧 속병이 풀리는구나.

舟行

江海浩無際　烟濤千里碧
終日在湖中　久統泛舟役
舊羨畫屛人　今作屛中客
波搖碎明月　水落出孤石
商船一葉去　杳杳何處適
行入蘆花洲　林霧翠滴滴
頭輕肌髮涼　不覺沈痾釋

밤에 배에서 자다가

— 이튿날 배를 타고 흐름을 따라 동쪽으로 내려갔는데 배가 나는 듯 빨랐다. 저녁에 원홍사 앞에 배를 대고 배에서 잤다. 그때 밤은 고요하고 사람들은 잠들었는데 물에서 뛰어오르는 물고기 소리만 들릴 뿐이었다. 나는 팔뚝을 베개 삼아 잠깐 잠이 들었으나 추워서 오래 잘 수 없었다. 어부의 노래와 피리 소리가 여기저기서 들리고 하늘 높고 물 맑은데 모래 언덕이 허옇고 물결 따라 달그림자가 배에 일렁일 뿐이었다. 앞에는 기암괴석이 있어 마치 호랑이가 웅크리고 있고 곰이 앉아 있는 듯했다. 나는 강 언덕에 의지하여 자못 강호의 즐거움을 느꼈다. 아, 강호의 즐거움은 비록 병중이라도 즐기지 아니할 수 없거든 하물며 날마다 기녀를 데리고 풍류를 거들거리며 노는 것이랴. 그 즐거움을 어찌 이루 다 말할 수 있으랴. 이에 시 두 수를 지었다.

푸른 하늘이 멀리 물 위에 떠 있는데
구름 속의 섬들은 신선의 고장인 듯 아름답다.
물 밑으로 고기는 꼬리 치며 숨고
안개 속에서 흰 새는 날개 쳐 온다.
여울 이름도 곳을 따라 바뀌는데
산봉우리 배를 따라 돌아온다.
강변 술집의 아이를 불러
유유히 한 잔 기울이노라.

*

푸른 벼랑 가까운 모래터에 밤배를 대고
띠집에 앉아 나직이 읊으며 수염을 쓰노라.
물결은 넘나 치며 배 몸을 흔드는데
달그림자 고스란히 갓 양끝에 떨어진다.
센 물결이 밀려와서 강 언덕을 삼키고
흰 구름 떠가는 곳 봉우리도 높았는데
어수선한 피리 소리 차마 듣기 어려워서
옥수 가인 불러다가 거문고나 태웠으면.

明日放舟不棹 順流東下 舟去如飛 夜泊元興寺前 寄宿船中 時夜靜人眠 唯聞水中跳出之魚鱍鱍然有聲 予亦枕臂小眠 夜寒不得久寐 漁歌商笛 相聞于遠近 天高水淸 沙明岸白 波光月影 搖蕩船閣 前有奇巖怪石 如虎踞熊蹲 予岸幘徙倚 頗得江湖之樂 噫 江湖之樂 雖病中不可以不樂 況乎日擁紅粧 彈朱絃 得意而遊 則其樂曷勝道哉 得詩二首云

碧天浮遠水　雲島認蓬萊
浪底紅鱗沒　烟中白鳥來
灘名隨地換　山色逐舟廻
喚取江城酒　悠然酌一杯
　　*
夜泊沙汀近翠巖　坐吟蓬底撚疎簪
水光瀲瀲搖船閣　月影微微落帽簪

碧浪漲來孤岸沒　白雲斷處短峯尖
管聲嘲哳難堪聽　須喚彈箏玉指纖

시후관에서 쉬면서

내 전날부터 소갈병이 있어
여름이면 멀리 샘터를 찾았다.
거기서 한 그릇 차를 마시면
얼음덩이 목구멍을 넘어가는 듯
소나무 아래 잠깐 쉬면
하마 온몸에 가을을 느꼈다.

아이종은 내 뜻을 알지 못하고
오래 주저함을 괴이히 여기나
내 성품이 본디 호방하여서
어데나 마음대로 주저앉거니
구덩이를 만나면 멎을 수 있고
냇물을 만나면 떠날 수 있다.

여기서 묵은들 무슨 나쁨이 있으며
딴 데 간들 무슨 구할 게 있으랴.
어그 넓은 이 천지에서
내 즐겁고 유쾌하게 살리라.

憩施厚館

舊有文園病　盛夏復遠遊
試嘗一甌茗　氷雪入我喉
松軒復暫息　已覺渾身秋
童僕殊未解　怪我久夷猶
我性本曠坦　所至任意留
得坎卽可止　乘流卽可浮
此留有何惡　彼去有何求
大哉乾坤內　吾生得休休

개국사 연못가에서

중을 찾아 녹음 아래 어정거리다
풍경에 눈이 끌려 연못을 거니노라.
파란 잠자리 물 위에 자주 점을 치는데
헤엄치는 원앙새는 아리땁기도 하다.

신선의 손바닥인 듯
묵직이 연잎은 이슬을 받들고
버들은 바람 안고
여인처럼 가볍게 나부끼누나.

노닐어 흥겨운 고기들아
아예 피하지 말아라
못가에 앉은 사람
반드시 어부는 아니니라.

開國寺池上作

尋僧散步樹陰中　遇勝留連曲沼東
點水蜻蜓綃翼綠　浴波㶁鶒繡毛紅
仙人掌重蓮承露　宮女腰輕柳帶風
出戲游魚休避去　蹲池不必是漁翁

강 언덕에서

굽이치는 대하가 동으로 흐르듯이
세월의 오고 감도 다함이 없네.
상선은 오락가락 물결을 헤치는데
어데선가 피리 소리 낙조에 들리어라.

해오라비는 드높이 언덕 위에 서 있고
기러기 떼 비스듬히 논이랑에 내린다.
엄자릉¹⁾의 낚시터 지킬 사람 없으니
길이 노을 속에 낚시꾼이 될거나.

江上偶吟

袞袞長江流向東　古今來往亦何窮
商船截破寒濤碧　漁笛吹殘落照紅

---

1) 엄자릉嚴子陵은 동한 시대 사람으로 벼슬을 사양하고 농촌에서 밭을 갈며 낚시질하는 것을 즐거움으로 삼았다 한다.

鷺格斗高菰岸上　鴈謀都寄稻畦中
嚴陵舊跡無人繼　終抱烟波作釣翁

옛 서울을 생각하여

천수사 문 앞

저문 봄날 떠나가는 벗님 보내기에
천수사 문 앞이 가장 좋았느니라.
휘늘어진 버들은 예대로 있으련만
이별곡 세 곡조 언제 다시 들어 보나.

귀법사 시냇가[■]

황량해진 옛 서울 생각키도 괴로워
짐짓 바보처럼 잊고 말자 하노라.
그러나 한결같이 마음 끌리는 건
귀법천 가에 걸터앉아 잔을 나누던 곳.[■]

- 귀법사歸法寺 시냇가에서 해마다 여름이면 젊은 학도들이 모여 글공부를 하였다.
- 당시 높은 선비들이 이 시냇가에 모여 물속에 발을 담그고 술잔을 나누기도 하였다.

연의정 아래

연의정 아래 여울져 흐르는 물살
사람 없다 하여 변함이야 있으랴만
맑은 그 물소리 예대로라 하지 말게
유심히 듣는 이 없어 외롭게 울며 가리.

憶舊京三詠

天壽寺門前

春天三月送將歸　天壽門前景特奇
柳色依依今在不　渭城三疊聽何時

歸法寺川邊

故國荒涼忍可思　不如忘却故憨癡
唯餘一段關情處　歸法川邊睋送巵

安和寺漣漪亭

漣漪亭下水漣漪　豈爲無人有損虧
莫道泠泠依舊響　聞根不在許聲誰

오덕전을 생각하며[※]

마음을 달린다 구름 너머 천리만리로
내 눈물을 머금노라 가랑비 뿌리는 빈 뜰을 바라보며
그대를 보낸 뒤엔 더불어 이야기할 동무도 없거니
눈에 뵈는 것 하나도 반가움이 없어라.

憶吳德全

心將萬里長雲遠　淚逐空庭密雨零
一別君來誰與語　眼中無復舊時靑

※ 오세재의 자가 덕전이다.

늦은 봄철 강에서 님을 보내고

늦은 봄철 돌아가는 그이를 보내노니
우거진 방초도 쓸쓸할 뿐이로다.
먼 훗날 저 쪽배가 돌아온다면
늙은 사공에게 소식이나 들으리라.

*

물결은 아득히 천리에 넘치는데
마음은 버들개지인 양 어지러워라.
하물며 꽃 지는 늦은 봄철에
님 보내는 마음이야 섧지 않으랴.

*

안개는 볕을 받아 곱기도 한데
먼 물은 하늘에 닿아 푸를 뿐이다.
언덕의 수양버들 한없는 실도
님을 옭아매면서 풀 수는 없다누나.

暮春江上 送人後有感 六言 三首

暮春去送人歸　滿目傷心芳草
扁舟他日歸來　爲報長年三老
　　　＊
烟水渺瀰千里　心如狂絮亂飛
何況落花時節　送人能不依依
　　　＊
殘霞映日流紅　遠水兼天鬪碧
江頭柳無限絲　未解絆留歸客

잊음의 노래

세상이 나를 잊었으매
천지에 홀로 외로운 이 몸
어찌 세상이 잊었을 뿐이랴
형제도 나를 잊어버린걸.

오늘은 안해조차 나를 잊었으니
내일은 내가 나를 잊어버리리.
이제부터 세상에는
친한 이도 성근 이도 없어지리라.

詠忘

世人皆忘我　四海一身孤
豈唯世忘我　兄弟亦忘予
今日婦忘我　明日吾忘吾
却後天地內　了無親與疎

호숫가에서 손님을 보내며

잔잔한 호숫가에 버들은 푸른데
그대 갈 길 바람이 가볍고 가랑비 나부낀다.
배들은 한가한 듯 또 바쁜 듯
손님을 보내며 맞이하며 하누나.

和送客湖上

平湖水漫柳嬌春 一路風輕雨浥塵
畵鷁似閑還似迫 送人才了又迎人

비가 와서 벗을 찾지 못하고

시월이라 벌써 땅이 얼 땐데
눈은 안 오고 이 무슨 비가 오나.
닭도 움츠려 홰에서 못 내리고
새도 날개 젖어 날지 못하는구나.

내 마음 맞는 벗 한 사람을
찾아도 못 가고 그리워만 하네.
화로 곁에서 갖옷 두르고
책상 위에 두 팔을 짚고 앉았으니

잔에 넘치는 많은 술은 없으나
수염 쓰다듬으며 시를 짓노라.

十月十九日有所訪 以雨未果 偶成

孟冬地閉錮　可雪乃反雨
鷄縮未離巢　鳥霑難振羽

有懷同心人　想像如瓊樹
地爐擁一裘　棐几閣雙肘
雖無蕉甲杯　亦詠撚鬚句

집 안에 있는 우물

우리 집 안에 찬 우물이 있어 4월이나 5월쯤 큰비가 한번 지나가고 나면 반드시 치렁치렁 넘쳐 솟는데 그 뒤에는 웬만한 가뭄이 와서는 마르지 않다가 9월이 되면 스스로 잦아들고 만다. 이 우물은 빗물이 고인 것도 아니요 그렇다고 깊은 원천이 있는 것도 아닌 듯하니 그 연유를 알 수 없다.

비 올 때 솟아나서
비 멎어도 넘쳐 나고
먼 줄기 있는 듯
가을이면 마르누나.
아마도 이 우물은
땅의 것이 아니로다.
한여름 더위 막으라
하늘이 주심인 듯.

*

몹시 더워 찬물이 생각날
바로 그때부터 우물이 솟는다네.
요즘 내 생활도 한없이 호화롭다
퍼 올려도 퍼 올려도 그득 차는 우물같이.

五月二十三日題家泉 二首

家有寒泉 若四月五月必一經大雨 然後湧出盈沼 自爾後非大旱不涸 至九月乃停
非黃潦 非源泉 莫知其故也

初因雨出晴恒湧　認有源淳秋必焦
我道此泉非地有　天應賜我禦炎歊
　　　*
大熱要寒水　泉流必此時
此時吾富貴　盈井又盈池

비 오는데 초당에서 낮잠을 자고

낙숫물 소리 요란히 귀청을 흔들어
잠을 멀리 쫓을 것도 같지만
빗소리 들으면서 자는 잠은
어찌 그리도 맛이 있는가.

맑디맑게 갠 날은 문을 닫아도
나가고 싶어 마음이 들뜨고
잠을 깊이 들 수도 없어
풋잠 들었다 일어나느니

오직 장마 때만은
길에도 골목에도 물이 넘치네.
비록 친구를 찾고자 해도
지척이 바로 천리 밖이라

문은 잠겨 찾아올 손님 없고
뜰에는 발자취 끊어졌어라.
다만 고즈넉하게 잠이 들어

드르렁거리며 코를 고노라.

그 맛이 실로 형용하기 어려워
왕후라도 쉽게 얻기는 어려우리.
왕후가 어찌 낮잠도 못 자랴마는
조회를 어찌 늦출 수 있으랴.

草堂雨中睡

緣雷雨浪浪　撼耳似妨睡
云何雨聲中　徧得睡味美
晴時雖杜門　駕言意未弭
自此夢難酣　假寐或驚起
獨是霖雨中　塗路混爲水
雖欲訪情親　咫尺卽千里
門絶客敲扉　庭無人響履
所以得於眠　齁齁雷吼鼻
此味固難言　王侯那得致
王侯豈不能　朝請安可弛

마음에 들면

혼자 앉아 가야금을 뜯으며
혼자 마시니 술잔을 자주 드네.
하마 내 귀를 저버리지 않으며
또한 내 입도 푸대접을 않노라.

어찌 반드시 지음을 기다리며
어찌 술벗이 있어야만 하랴.
마음에 들면 즐겁다는 말
이 말을 나는 옳다 하노라.

適意

獨坐自彈琴　獨飮頻擧酒
旣不負吾耳　又不負吾口
何須待知音　亦莫須飮友
適意則爲歡　此言吾必取

봄 아침의 취한 잠

서너 잔 아침 술은 천 가지 약이 되고
한나절 봄잠은 만금이라
꾀꼬리가 곁에 와서 울게 말아라
꿈결은 바야흐로 백옥루[1]를 향하거니.

　　＊

잠나라는 취한 나라 이웃했길래
한 몸으로 두 나라에 돌아왔노라.
구십춘광[2]이 도무지 꿈결이기에
꿈속에서 또 꿈을 꾸노라.

---

1) 백옥루白玉樓는 전설에 나오는 옥황상제의 궁전.
2) 봄 석 달 동안을 말한다.

次韻尹學錄春曉醉眠 二首

三杯卯飮敵千藥 一枕春眠直萬金
莫遣黃鸝啼傍耳 夢魂方向玉樓尋
　　　　　＊
睡鄕偏與醉鄕隣 兩地歸來只一身
九十日春都是夢 夢中還作夢中人

하염없이 읊은 노래

사람의 욕심은
헤아리기 어려워
백 살을 산들
어찌 그 뜻에 맞으리오.
천년을 산 뒤에
바야흐로 죽으라면
천년이 지난 뒤에
또 살기를 원하리라.

偶吟

世間人欲苦難量　百歲何曾稱爾情
若使千年方得死　千年閱了又求生

가야금을 타며

내 타는 가야금은 곡조는 안 맞으나
하도 오래 타 왔기에 소리가 익숙하네.
내가 타고 내가 들어 날을 보냄이라
늘그막에 이밖에 무슨 낙이 있으랴.
벼슬도 지냈고 칠순도 넘었으니
누구를 따라가 참곡조를 배우랴.

八月十五日彈琴有作

我今散弄雖無曲　只爲長彈聲頗熟
自彈自聽遣日耳　不然老境奚爲此
予旣官高年亦耋　何處隨人趁音節

찢어진 창문 앞에서

얼굴을 저미듯 찬바람 사방에서 몰려드니
화롯불 자로 뒤적여 불씨 찾아 손 녹이네.
이 위에 또 펄펄 눈송이마저 내려 뿌리니
아마 이 늙은 몸을 하늘이 정녕 얼쿠려나 보다.

*

여름엔 덥고 가을엔 시원함
이 모두 하늘의 이치거늘
겨울에 날씨 춥고 사나운 것
이 또한 마땅하지 않으랴.
원망할 일 없도다 계절이 옮겨 감은
허물은 내게 있다 진작 창을 못 바른 것.

漏窓寒坐 二首

四面難防刮面風　爐灰屢撥覓微紅
更看飛雪如飄絮　天意應教凍此翁
　　　　＊
夏熱秋涼道若公　天寒亦合屬於冬
平分時令何須嘆　窓漏䬳遲坐我慵

바람결에 우는 가야금

창문 가까이 가야금을 놓았더니
바람이 지나며 스르릉 울리네.
내 고요히 듣고 있노라
하늘의 음악이란 이런 것이 아닌가.

*

내 지금 옛 곡조를 다 잊어
희롱하며 가야금 줄만 울리네.
바람도 나의 서투름을 아는지
곡조 아닌 곡조를 일부러 울리누나.

加耶琴因風自鳴 二首

置琴當北戶　風過自然鳴
暗向靜中聽　依俙天樂聲

*

我今忘舊譜　只解弄絃鳴
風亦欺吾妄　虛彈曲外聲

구들이 더워 오기에

한겨울 언 구들에 누워
냉기가 뼈에 사무치더니
겨우 장작 한 다발
불을 지펴 타기 시작하네.
봄날같이 따뜻한 기운
이불 밑에서 미지근해 오누나.

누구에게 자랑이라도 하고 싶어라
진정 나 재상의 몸이라.
이 몸 그다지 소중하진 않으나
모진 추위는 견딜 길 없더라.

더위나 추위를 아랑곳하지 않는
그런 사람이 참사람이라고 하나
내사 어이 그런 데 비기랴.
더운 구들 한없이 좋구나.

暖堗

冬月臥氷堗　寒威來刮骨
幸今燒柵楁　一束炎已發
氤氳氣如春　衾席稍可親
始可誇於人　眞箇宰官身
此身非固愛　此寒得可奈
至人無炎寒　而我安得配

치통

사람은 먹어야 살고
음식은 이로 먹는데
이가 아파서 먹을 수 없으니
아마 하늘이 나를 죽게 하렴인가.
앓는 이는 뽑는 것이 상수라고 하나
늙어 이 없이 엉성한 것도 부끄러운 일.

다 빠지고 몇 개 남은 것마저
흔들흔들 뿌리가 든든치 못하더니
이제 또 몹시도 쏘아
골치마저 아파 오네.

찬물을 마시지 못하는가 하면
뜨거운 것도 입에 못 대고
죽도 알맞게 미지근해야
겨우 먹어 볼 생각을 하니
더구나 고기야 씹을 수 있으랴.
도마 위에 놓인 고기, 속만 상해라.

이것이 다 늙어 가는 까닭이라
이 몸이 있기에 이 고통도 있다네.

又齒痛

人以食而生　食以必其齒
齒痛莫加飱　天殆使我死
剛折亦云經　老豁更堪恥
餘有幾箇存　浮動根無寄
今者又復痛　延及頭亦爾
水寒不可飮　湯亦不可試
糜粥候冷熱　然後僅能舐
剡可齕肉爲　有肉空在杫
是實老所然　無身始迺已

병석에서 파리를 미워하며

몹시도 사람을 괴롭히는
평생에 가장 얄미운 놈
더구나 귓가에서 바스락댈 땐
짝이 없이 괘씸하구나.
병든 몸 시달려
더욱 병이 심해져
파리를 번식시킨
하늘을 원망하네.

又病中疾蠅

平生厭汝逐人偏　第一深憎鬪耳邊
病裏逢來重值病　滋繁此物怨皇天

겨울밤 절간에서 술을 마시며

화려한 집 더운 방에서
밤마다 큰 잔치를 베풀지만
부귀란 그 맛이
변하기 쉬운 것.
절간에서
눈 내리는 깊은 밤
등걸 토막 태우며
찬 막걸리를 마시는 것만 못하리.

冬夜山寺小酌

華堂燠室宴連宵　富貴中間味易銷
何似山齋深夜雪　閑燒柮榾暖寒醪

설날 조회에서 물러나와[1]

오래도록 명예와 이익을 탐내
단꿈을 꾸면서
전원에 돌아가지 못한
내 얼굴 스스로 부끄러워라.
검은 머리 희어져도
가장 낮은 벼슬아치로
남색 관포 입고
조회하러 가도다.

*

찬 안장에 등자를 밟으며
여윈 말 채찍질해도
대궐을 바라보니
상기 아득하구나.
휘파람 불며

---

[1] 이규보는 당시 천우참군千牛參軍이라는 낮은 벼슬에 있었다.

전원으로 돌아가리로다.
일 년 부지런히 밭을 갈면
일 년 양식이야 걷을 수 있으리.

元日朝會 退來有感 二首

久貪名利夢方酣　未去田園面自慙
白首猶居百寮尾　藍衫木板趨朝參
　　　　*
冷鞍敲鐙着鞭忙　雙闕相望尙杳茫
長嘯歸田應不餒　一年耕得一年糧

늙은이의 생계

— 백낙천의 시에 차운하노라.

이 몸 차차 늙어 감도 못 깨닫고
오직 시 읊으며 세월을 보내도다.
시름 잊기엔 술두루미뿐이니
자손에게 많은 돈 물려줄 것 걱정하랴.
재물을 안 모으니 깨끗하기 한이 없고
세상일에 욕심 없어 진리를 깊이 느끼도다.
내 한평생 소중한 것 없다고 뉘 말하리
본래 마음속에 밝은 거울이 있도다.

次韻白樂天老來生計詩

殘身不省老侵尋　度日唯知覓句吟
但有忘憂盈甕酒　何思遺子滿籯金
一錢勿蓄塵情少　萬事都抛道味深
誰謂吾生無長物　本來明鏡在中心

스스로 조롱하노라

하루에 두어 잔씩 술을 마시고
한 해에 백여 수씩 시를 지었도다.
머리 하얀 늙은 처사
옛날의 재상이라 누가 이르리.
칠십 년 살아온 일 고요히 생각하니
하 그리 요란한 꿈을 꾼 것 같구나.

自嘲

度日兩三盃許酒 涉年一百首餘詩
蕭然白髮老居士 誰謂曾經鼎鼐司
閑思七十年前事 槐穴前頭夢覺時

남헌에서

남헌[1]에 홀로 햇빛 지고 앉으니
머리엔 수건 한 폭 자리란 평상 하나.
집이 좁기란 새장과 같구나.
누가 말하랴 이 속에 재상이 산다고.

*

높은 벼슬 사양하고 남헌에 와 있도다.
마을이 조용하니 문은 닫아 무엇 하랴.
내 옷차림은 중과도 비슷한데
꿈에도 부르지 말라 재상이란 옛 이름.

---

1) 이규보가 말년에 벼슬을 그만두고 돌아와 한가롭게 살던 집 이름으로, 스스로 '남헌장로 南軒長老'라고 했다.

三月二十日南軒偶吟 二首

南軒獨坐負朝陽　一幅紗巾五尺床
室似鳥籠如可挈　誰言宰相此隈藏
　　　*
換身東閣寄南軒　人靜何須更杜門
已著衲衣爲長老　夢中宰相莫重論

병중에 쓰노라[1)]

젊을 때는 걸음 빨라
따라오는 이 드물었고
말과 시 짓기도 그렇게 빨라
세상에 널리 소문났네.
이 세 가지 빠른 것
부질없이 자랑했구나.
병든 것이 낫기는
이렇게도 더디거늘.

 *

남은 숨결 약하고 가늘어
실 끝인 양 끊어지려 하나
사람의 수명이란

---

1) 이 시와 뒤에 나오는 '잠깨어 술 마시며', '새벽에 온 손에게'는 《동국이상국집》 후집 권2
에 실린 '백낙천의 병중에 지은 열다섯 수 시에 차운하다〔次韻和白樂天病中十五首〕'에
나오는 시다.

마음대로 안 되는 일.
사람들은 누구나
끝없이 살고만 싶어 하여
늙은이나 젊은이나
죽음은 똑같다네.

    *

내 병들어 이다지도
우울한 게 아니라
발을 가누기 힘들어
나가 노닐지 못해 답답도다.
문밖에 나선다고
마음이 상쾌할쏘냐.
푸른 바다 아득히
떠가는 배를 보아야 하리.

病中三絶[2]

當年步捷鮮人隨　語與詩然世共和
平日謾誇三捷在　獨於沈瘵得痊遲

---

2) 원래는 다섯 수인데 세 수만 번역하였다.

*
餘喘雖微欲絶絲　壽殤脩短在天爲
世人只抱貪生志　老死猶同夭死時
*
豈爲微痾特地憂　步欹唯礙出門遊
出門未必心開豁　猶望滄溟去去舟

잠깨어 술 마시며

남쪽 마루 평상 위에 잠들었다 깨어나
기지개 켜고 일어나니 해는 벌써 기울었네.
맑은 술 기울이니 얼굴엔 붉은 노을
노란 유자 먹어 배 안은 시원해라.
취했으니 잠깐 노래한들 어떠하리
병든 몸 마음대로 누운들 누가 막으랴.
늙어도 내 정신 흐리단 말 말게
이십 년 전 일도 잊지 않고 기억하네.

睡起酌酒

睡罷南軒六尺床　欠伸方起已殘陽
閑傾綠醑霞昇臉　細嚼黃柑雪入腸
醉興暫來歌亦可　病客猶在臥何妨
莫言神思都昏喪　二十年前事不忘

새벽에 온 손에게

퇴직한 늙은 재상 이렇게 찾아 주니
새벽 날씨 추운데 한잔 하지 않으려나.
내 몸 비틀거려도 웃지 말게나.
하인들이 껴잡아 걷는 그보다야 나으리.

曉贈來客

幸訪懸車老大夫　曉寒能飲一盃無
身欹步仄君休笑　已免君門吏挾扶

백낙천의 시에 화답하고서

고금이 다르고 땅도 서로 다르지만
시인의 생각과 운이 잘도 서로 맞네.

백낙천의 옛 곡조 내 이제 화답하니
묻지 말게 내게 시의 벗 있는지 없는지.

旣和樂天十五首詩 因書集背

今古相懸地各殊 詞人襟韻暗如符
樂天曾唱吾追和 何問詩朋有也無

거울 속의 모습

내 몸 이다지도 여윈 줄 몰랐을 땐
사람들 대하기 부끄럽지 않더니
오늘 거울 속에 비친 내 모습 보니
나 스스로도 한없이 부끄럽구나.

鏡中鑑影

未知形大瘦　猶不愧於人
今日鏡中炤　飜慚見自身

병중에 쓰노라

내 몸 몹시 메말라
뼈와 가죽이 서로 맞붙은 듯
악한 병 기운이 깊이 스며
사지가 모두 아프고 무겁네.
꿈속을 헤매는 정신
피곤하기 짓눌린 나비 같고
앓으며 헐떡이는 숨소리
안타깝기 얽매인 거북 같구나.

안해와 아들은 오히려
술을 적게 마신다고 놀라는데
세상 사람들 나에게
늙어 지치도록 벼슬함을 나무라네.
낸들 한가롭게 사는 게
좋지야 않으랴만
물러설 수 없는 힘든 일 많음을
그 누가 알랴.

病中有作

殘骸骨立僅存皮　戾氣侵淫霧四支
夢裡精神疲枕蝶　病中喘息劣床龜
妻兒漸怪含盃少　朝野應譏解綬遲
不是不思閑適計　勢難辭去世誰知

객사의 행랑을 빌려 살며

새 서울의 집짓기 날마다 더 심해 간다.
섶에 올린 누에들 고치 짓듯 하는구나.
나도 노루가 아니거니 집 없이 들에서야 어이 살랴.
하음의 객사 행랑을 빌려 들었노라.

*

두어 칸 빈 객사 서쪽 행랑 빌려 드니
가시나무 우거진 푸른 산 밑일세.
표주박에 물 마셔도 마음 너그럽게 살아가니
안연[1]의 가난을 본뜬 사람 내로구나.

- 강화도로 천도한 뒤에 나만 집을 짓지 않아 온 가족과 객사의 서쪽 행랑을 빌려 여러 달 지내다가 떠났다. 객사는 옛날 군 소재지에 있던 관가의 하나로, 귀빈들을 재우기도 하고 정사를 의논하기도 하던 곳.
- 이때에 받는 녹이 넉넉하지 않아 여러 번 곤궁에 빠졌다.
1) 안연顔淵은 공자의 으뜸 제자로 몹시 가난하여 도시락 밥에 표주박 물을 먹으면서도 즐거워하여 공자의 칭찬을 받았다.

寓河陰客舍西廊有作 二首

新京構屋日滋多　猶似千疊競作窠
我豈孤獐堪野處　河陰官舍借爲家
　　　＊
數間虛館借西偏　榛莽深深碧甾邊
瓢飮自寬聊勉耳　從今始有僞顏淵

사람들을 깨우쳐 주는 시

목숨이 비록 천명에 있으나
또한 사람이 하기에 달렸느니
허물이 작다고 이르지 말라
작은 게 쌓이면 큰 허물이 되느니라.

사람이 법을 범한다면
형벌을 받을 건 의심 없지만
그 사이에 숨겨 감추는 것을
남이야 어찌 일일이 알리오.

남이 모름을 다행히 여겨
범한 죄악을 되풀이하나
하늘은 높이서 선악을 살펴
거울처럼 미추를 갈라놓느니

하루아침에 엄연히 형벌을 내려
몸과 사지를 찢어 버리며
아니면 그윽이 재앙을 내려

목숨의 연한을 깎느니라.

보라 우레 울고 벼락 치면
사나운 자도 수저를 떨어뜨리건만
우레만 멎으면 함부로 놀며
멋대로 못된 짓을 하느니
사람 마음이 변하기 쉬움을
여기서도 알 만하여라.

착한 이는 항상 하늘이 두려워
어두운 방에서도 거짓이 없으니
혹 복은 받지 못할지언정
위태한 땅을 밟지도 않는다.

소인은 하늘이 멀다고 하여
망령되이 제 비밀을 숨기다
천벌을 스스로 불러오거니
후회한들 무엇 하리오.
이 시 지어 사람들을 깨우치노니
맘에 새겨 소홀히 하지 말라.

諷百詩

壽夭雖有命　亦在人行爲
母謂過之小　小積成大疵
有人顯干法　受戮已不疑
其間有隱慝　人豈一一知
幸人之不識　一犯又再斯
上天鑒善惡　如鏡辨妍媸
一朝降明罰　靡碎身與支
不然注陰禍　無奈折其期
請看雷震時　頑者猶失匙
雷收復肆意　不若聞震時
人心好反覆　於此可知之
君子畏天壓　暗室猶不欺
脫未蒙其福　亦免蹈其危
小人謂天遠　妄欲隱其私
天孽是自召　噬臍焉可追
作詩諷凡百　佩服無忽遺

북산에 다시 오르며

달라지는 이 세상에 자주 놀라는데
십 년을 하루같이 서생인 몸이
우연히 낡은 절간 다시 찾아서
주지와 마주 앉아 옛정을 푸노라.
저녁볕에 나는 새 그림자 지더니
달 밝은 빈산에 잔나비 소리로다.
가슴에 이는 심회 형용하기 어려워
뜰에 내려 하염없이 어정거려 걷노라.

*

터럭을 얻느라고 비탈을 잃은 듯
십 년을 함 속에서 맴돌았다.
이제는 구속을 벗어난 두루미처럼 시원하구나
나를 반기는 원숭이에게서 위로를 얻노라.
티끌 세상의 옛 모습 바람에 날렸노라.
산속에 숨는 나를 달이 나와 맞이하네.
중들은 내 뜻을 묻지 말아라

조그만 뜬 이름을 무엇에다 쓰리오.

重遊北山 二首

俯仰頻驚歲屢更　十年猶是一書生
偶來古寺尋陳迹　却對高僧話舊情
半壁夕陽飛鳥影　滿山秋月冷猿聲
幽懷壹鬱殊難寫　時下中庭信步行
　　　　*
得僅毫氂喪似崖　十年檻籠困徘徊
如今逸鶴知誰繫　粗慰驚猿遲我廻
塵世舊顔風拂盡　烟溪新隱月迎來
山僧莫問還山意　寸草浮名安用哉

옛일에 부쳐서

오동나무 한 그루 뜰 앞에 심고
봉황을 기다려도 오지 않길래
베어서 가야금을 손수 만들어
탔노라 유수곡 한 곡조를.
세상에는 종자기 없거니
뉘라서 귀 기울여 들어 주리.

이웃집은 뽕을 심어 누에를 치니
누에는 쉽게 자라 살이 쪄
오색실을 끝없이 뽑아내어
미인의 옷을 만들게 했더라.
미인은 선비 집에 들어가
잔치를 치르고 유쾌하게 지내네.

뽕 심으면 쉬이 사랑을 받아도
오동을 심으면 성공하기 어렵거니
온 누리 사람에게 부탁하노라
뽕나무를 심되 오동은 심지 말라.

寓古

我家種孤桐　待鳳凰不至
斲爲一張琴　彈作古漾水
世無鍾子期　誰肯傾其耳
隣家種桑梯　養蠶蠶易肥
吐得五色線　織成美人衣
幸升君子堂　終宴得相依
種桑易取容　種桐難爲功
寄語世上人　種桑莫種桐

공을 두고

공기가 들어가면 공은 불룩하나
발길에 채여 쭈그러드네.
바람이 다 빠지면 사람들도 흩어지고
공은 어느덧 빈 주머니처럼 되네.

偶見氣毬 因寓意

氣滿成毬體　因人一蹴沖
氣收人亦散　縮作一囊空

술 마시며

오늘이 그냥 가서 어제가 됨이
내 평소 슬픔이건만
어제가 쌓이고 쌓여 문득 옛날이 되면
오늘 기쁘던 일만은 그리워지리라.

먼 뒷날에 그냥 잊을까 두려워
오늘을 아주 유쾌히 지내고지고.

飮酒有作示坐客

平生我所悲　今日逝成昨
昨積便成昔　應戀今日樂
欲爲後日忘　今日極歡謔

두려움에 대하여

독관 처사라는 이 있어
출입을 하지 않고 단정히 거처하면서
항상 무엇을 두려워하는 듯 조심하였다.
제 형상을 비춰 보고 두려워하며
그림자를 돌아보고 두려워하며
일거일동 무엇이나 다 두려워하였다.

충묵 선생이 보고서
그 까닭을 물어보았더니
처사가 대답하는구나.
이 세상 가운데서
어느 것이 두렵지 않겠는가.
뿔 나고 어금니 나고
날개 돋고 발 달리고
꾸물거리는 모든 종류
제가끔 끼리끼리 번성하여
자기 생명을 아끼면서
각각 다른 종류를 두려워하나니

새는 매를 물고기는 수달을 두려워하며
토끼는 개를 이리는 들소를 두려워한다.
사슴은 개호주[1]를 겁내고
뱀은 멧돼지를 무서워한다.
범과 표범이 사납다 하여도
사자를 만나면 피해 달아난다.
말하자면 끝이 없을 것이니
이 모두 갖추어 자세히 기록할 수 없다.
모든 사물이 본래 그러하거니
인간도 역시 그러하다.
가장 높은 이는 임금이지만
임금도 오히려 하늘을 두려워하여
공경하며 전율하며
아침저녁으로 정성을 다한다.
저 임금과 신하란
집의 원채와 섬돌과 같아서
섬돌에서 땅바닥에 이르자면
높낮이가 현저하다.
낮은 자는 높은 것을 두려워하고
뒤떨어진 자는 앞선 자를 두려워한다.
한 자를 따지고 한 치를 헤아릴 때도
두렵지 않은 것이 없다.

---

1) 범 새끼.

인생행로의 험난함을 어찌 다 이르리
이성의 실마리는 흐트러져 거꾸로 되었다.
관으로 신을 삼아 발바닥에 대고
기와 조각을 솥보다 중히 여긴다.
앙감질하는 나귀가 준마와 멍에를 함께하고
주미2)가 자도3)와 자리를 같이한다.
아랫사람이 거만하여 윗사람을 업수이여기며
아첨꾼을 가까이하고 어진 이를 멀리한다.
잔인한 비방이 날로 성하고
사람을 쏘는 귀신벌레가 먼 데까지 냄새를 피운다.
하물며 내 하찮은 작은 몸
하고 많은 사람들이 에워싸고 있잖은가.
저는 교묘한데 나는 졸렬하며
나는 하나인데 저는 천이라
땅만 밟아도 가시가 생기어
모두 두려운 길뿐인데
어찌 몸을 놀림이 두렵지 않으랴
거의 열 걸음에 아홉 번 넘어진다.
소름이 끼치고 떨리나니
뉘라서 두려워하지 아니하랴.
내 장차 홀로 세속을 벗어나

---

2) 중국 고대의 추남.
3) 춘추시대의 미남.

짝을 등지고 동료를 여의고
끝없이 넓은 고장에서 노닐고자 하노니
그대는 어떻게 생각하는가.

충묵 선생이 거만스럽게 책상에 기대어 웃으며 이르누나.
내 생각은 그대와 다르거니
하늘의 위엄을
내 두려워하지 않으며
제왕의 귀함을
내 두려워하지 않는다.
포악한 자가 으쓱댐을
내 두려워하지 않으며
사나운 호랑이가 이를 갈아도
내 두려워하지 않는다.

말을 채 하기도 전에 처사가 놀라 일어나며 이르되
지나치다 그대는 스스로 헤아리지 못함이니
어찌 그렇게 쉽사리 말할 것이랴.
하늘은 선악을 굽어 살피시어
혹시 노염을 떨치시면
우레가 울고
사나운 바람이 불어
모래와 돌이 날고
천지가 어두워지며

갑자기 사나운 번개가 칼날처럼 번쩍이며
하늘을 찢는 듯 땅을 쪼개듯
육정[4]을 쳐 위엄을 떨치면
비록 주 성왕[5]이라도 넋을 빼앗겨
수저를 떨어뜨리고 어찌할 바를 모르리니
뉘가 능히 기둥에 의지하여 태연하리.
이는 하늘의 위엄이 혁혁함이라
두려움이 없다니 어쩐 셈인가.

선생이 말하기를
바른 것을 지켜 속이지 않으면
하늘이 나를 위협함이 없거니
내 어찌 이를 두려워하겠는가.

처사가 다시 이르기를
금빛 용상이 휘황하며
그 주위는 어마어마하다.
보라 어마어마한 것 행차할 때
친위대는 대궐 양쪽에 열을 짓고
깃발은 휘날리고 절월[6]의 서슬은 시퍼러니

---

4) 도교의 신神의 이름. 육갑六甲에서 네 번째에 위치한 정丁의 신을 말한다.
5) 주 성왕周成王은 주나라 무왕武王의 아들로 어려서 왕이 되었으나 공평하게 나라를 다스렸으며 예법을 바로 정하고 음악을 장려하였고 도읍을 새로 정하는 등 큰일을 많이 한 왕이라 하여 죽은 후 시호를 성成이라 했다.

임금의 출입에 경계가 삼엄하지 않은가.
또 왼편으로 헌대[7]는 늠연히 철관을 쓰고
오른편으로 집법관들은 붓을 잡아 엄숙히 입론하며
온갖 질서가 갖추어 있나니
여기서 서리 같은 위엄을 떨치며
우레 같은 꾸중을 내리는 것이다.
한번 실수하면
일족이 망하고 화난이 넘친다.
이것이 곧 임금의 위엄이니
그대는 역시 두렵지 아니한가.

선생이 이르기를
대개 임금이 높고 신하가 낮음은
그 형세가 마치 갓과 신의 관계와 같나니
아래 있는 자 윗사람을 섬김에 있어
출입을 규율에 맞게 하며
바라볼 때는 무릎을 꿇고
절할 때는 머리를 조아리며
명령을 들은즉 더욱 굽히고
일에 당하여는 더욱 힘쓸 것이니

---

6) 절월節鉞은 큰 도끼로 임금이 출입할 때 휘날리는 깃발에 그린 그림.
7) 사헌부를 말한다. 관료들을 규찰하며 기율과 풍속을 바로잡는 일을 보는 관청인데, 여기
서는 그 관리들을 가리킨다.

이러하면 임금이 무슨 위협이 되며
신하라고 무슨 두려움이 있으리오.

처사가 다시 말하되
저 맹분[8]과 하육[9] 같은 용사의 무리
노하여 흘겨보며 콧김 불며
바람이 구름을 휘모는 기세로
한낮에 사람을 찔러
거리에 피를 흘리나니
그러고도 그 위세를 가라앉히지 못하여
더욱 활개 치며 돌아가
별이 흩어질 듯 눈을 부릅뜨고
가시가 돋듯 머리카락을 곤두세워
범을 밟고서 가죽을 벗기며
곰을 잡아 다리를 찢을 듯
항장[10]의 칼춤을 초라히 여기며
인생[11]의 노려봄을 우습게 여기나니
이것은 자객의 난폭함이라
그대는 두려움이 없는가.

---

8) 맹분孟賁은 전국시대의 용사로 살아 있는 소의 뿔을 뽑았다고 한다.
9) 하육夏育은 주나라 때의 용사.
10) 항장項莊은 항우의 부장으로 홍문연에서 칼춤을 추었다.
11) 인생藺生은 화씨벽和氏璧이란 구슬을 가지고 진秦나라에 가서 담판하여 크게 성공한 조趙나라의 충신 인상여藺相如를 말한다.

선생이 이르기를
얼굴에 뱉은 침이 마르기를 기다리며
다리 사이로 기어 나가서도
마음을 비우고 버젓이 행세하니
내 저를 거스름이 없다면
전들 어찌 스스로 노할 것이랴.
이 또한 두려울 바 없는 것.

처사가 말하되
암범이 굴에서 나와
고기를 탐내며 피를 핥을 제
발톱과 어금니를 가니
그 소리가 쇳소리 같아
한 번 어흥 소리에 바람이 일고
한 번 노려보면 번개가 번쩍여
날개 없이 날아
만리를 한숨에 달리나니
비록 풍부[12]의 용력으로도
또한 정신을 잃고 기운을 빼앗기게 된다.
이것은 맹호의 호령이며 발악이라
그대는 어떻게 생각하는가.

---

12) 풍부馮婦는 중국 진晉나라 사람으로 호랑이를 잘 잡았다고 한다.

선생이 대답하기를
준비가 있어 잘 지키면
놀랄 것이 없느니라.

처사가 이르되
그러면 그대가 두려워하는 것은
과연 무엇인가
두려운 것이 있는가 없는가.

선생이 대답하되
낸들 어찌 없겠는가.
내가 두려워하는 바는
사물에 있는 것이 아니라
단지 나에게 관계된 것
아래로 턱이 있고 위로 코가 있으며
안에는 이빨이 들쑥날쑥하고 밖에는 입술이 늘어졌다.
한 번 다물고 한 번 벌림이
마치 문과 같아
음식물이 이를 통해 들어가고
소리가 여기서 나온다.
진실로 없어서는 안 되며
두려워하지 않을 수 없는 곳이다.
옛사람의 가르침을 거울삼을지니 입을 다물면 금같이 귀하며
《시경》을 읽어 행실을 삼갈지니 낮말은 담장이 엿듣느니라.

한 번 말하고 한 번 잠잠하매

영화와 치욕이 달렸나니

역이기[13]는 이 때문에 삶아 죽임을 당하였으며

오자서[14]도 이 때문에 죽었으며

예형[15]은 이 때문에 몸을 망치고

관부[16]는 이 때문에 참형을 당하였다.

이러므로 성인은 사람을 두려워하지 않고

오직 입을 두려워하나니

진실로 그 입을 삼가면

세상살이에 무슨 거침이 있으리오.

이제 처사의 능란한 변설이

날카롭고 자세하여

인생행로의 험하고 헐함을 이야기하며

인간의 옳고 그름을 의논하니

실로 웅변이라면 웅변이라

기특하고 또 기특하도다.

그러나 입은 능히 몸을 가리며

말에는 또한 화난이 따르나니

그대가 이로써 한때를 면하고자 하니

---

13) 역이기酈食其 한나라 때 사람.
14) 오자서伍子胥는 오나라의 충신. 오왕 부차에게 바른말로 나라를 위하여 간하다가 부차에게 죽임을 당하였다.
15) 예형禰衡은 삼국시대 한나라 사람. 재주를 믿고 오만하여 조조에게 죽었다.
16) 관부灌夫는 한나라 무제 때의 용사.

이는 또한 북을 치며 달아나는 자와 같다.
빨리 달린들 무슨 소용이 있겠는가.
나는 적이 웃노라 처사가
겉으로는 두려워한다면서도 실제로는 두려워하지 않으며
화가 미치는 건 싫어하면서 화를 자초하는구나.

처사가 이 말을 듣고
자리를 피하여 주저하더니
이윽고 얼굴빛을 고치며 말하누나.
불초한 제가
이제 선생의 가르침을 들으매
시원하기가 마치 소경이 눈을 떠서 햇빛을 봄과 같습니다.

畏賦

有獨觀處士 杜門端居 常若有畏
顧形而畏　顧影而畏
擧手動足　無一不畏
沖默先生造焉　問其所以
處士曰　堪輿之內　物孰無畏
戴角揷牙　翼翍足趎
蠕蠕蠢蠢　厥種繁熾
悍生嗇命　各譻非類

鳥畏鷹於天 魚畏獺於水

兔畏獹 狼畏兕

鹿脅于獹 蛇慴于豕

猛莫猛兮虎豹 遇狻猊而奔避

何玆類之孔多兮 羌難覶縷而備記

物固然矣 人亦有焉

莫尊者君 猶畏上天

祗栗齊肅 夙夜以虔

惟君惟臣 若堂陛然

由陛及地 窊崇亦懸

卑者畏高 後者畏先

揆尺計寸 莫不畏旃

胡世路之嶮巇兮 紛理緒之倒顚

冠苴履兮在底 甑先鼎兮居前

跛驢蹎踔兮將白蟻共軶 犦麋壂豳兮與子都同筵

下慢而凌上 佞近而疎賢

鑽皮之謗日熾 射影之毒逾羶

矧予瑣屑之微質兮 跡有衆之攸羶

彼巧我拙 我一彼千

踏地生梗 皆成畏途

苟縱驅而不懼兮 殆十步而九擠

懍于攉乎 能不畏乎

吾將介立高蹈 背耦離徒

遊乎壙埌之墟 子以爲何如

沖默先生傲然憑几而笑曰 僕則異於是

上天之威 吾不畏矣

萬乘之貴 吾不畏矣

暴客攘臂 吾不畏矣

猛虎切齒 吾不畏矣

言未旣 處士愕然起曰

過矣 子之不自揆也 何談之容易哉

於皇上帝降監善惡 設或震怒

雷霆暴作 烈風間之

飛沙走石 盲海聾山

激薄忽霍 電刃所掣

遺光儵爣 劃若天裂

剖似地拆 擊六丁以增威

雖周成猶褫魄 皆失匕以罔圖

孰倚柱而自若 是上天之威赫赫也

子言無畏 何也

先生曰 守正不欺 則天不吾威 吾何畏于玆

處士曰 金床晃晃 幄座密勿

嚴更巡于徼道 羽林列於雙闕

參旗井鉞 出警入蹕

左憲臺兮凜鐵冠 右執法兮秉丹筆

肅肅詻詻 百辟咸秩

於是振雪霜於威怒 馳風雷於咄叱

一有不恪 族赤禍溢

是天子之威栗栗也　子亦無畏耶
先生曰　夫君尊臣卑　勢若冠屨
居下事上　趨蹌中矩
望則跽脚　拜則頓首
聞命盆僂　當局善守
若此則君何威爲　臣何畏有
處士曰　若夫賁育之輩　怒而狼顧
一嚏一咶　風激雲驚
白日刺人　血流市路
餘威未渫　飛揚跋扈
目欲裂兮星迸　髮直衝兮棘竪
足踏虎兮截皮　手拉熊兮裂股
小項莊之劍舞　卑蘭生之睨柱
此刺客之强暴也　子亦無畏耶
先生曰　唾面待乾　出胯俛就
虛心而行乎世　我不彼忤
彼何自怒哉　此亦無足畏也
處士曰　乳虎出穴　擇肉舐血
淬牙磨爪　其聲鎗鏦
一嘯兮風生　一矔兮電瞥
不翼而飛　萬里一霎
雖馮婦之善搏　亦神喪而氣奪
此猛虎之咆勃也　子其何如
先生曰　有挾有設　此不足愕也

處士曰　然則子之所畏　果何物乎　有乎無乎

先生曰　僕亦安得而無乎　僕之所畏

不在諸物　特關於己

俯頷戴鼻　中齟外哆

一闔一闢　維門之似

物入由是　聲出由是

誠不可不有　而亦不可不畏之地也

銘可鑑兮金緘口　詩可觀兮垣屬耳

一語一默　榮辱所自

食其以之而烹　伍被以之而死

禰衡以之而敗身　灌夫以之而棄市

是以聖人不畏於人　唯畏於口

苟愼其口　於行世乎何有

今處士騁舌吐辭　鋒攢屑霏

談世路之嶮易　議人間之是非

誠辯則辯矣　奇而又奇

然口能覆身　言出禍隨

子以此求免於時　亦猶擊鼓而求亡者也　其何益於迅馳哉

僕竊笑處士聲其畏而實無有也　惡其禍而祇自招之

處士聞之　避席逡巡　聳然作貌曰

小子不肖　今聞先生之教

曉然若披盲而見大曜也

시 짓는 병

날에 날마다
심장을 깎는 듯
그 얼마나
시를 짜내었는가

아마 죽는 날까지
이러하리라
이 병은 약으로도
고칠 수 없으리

시에 대하여

시 짓기란 참으로 어려운 것
말과 뜻이 함께 아름다워
그 안에는 깊이 숨은 뜻이 있고
씹으면 씹을수록 맛이 나야 하리.
뜻은 통하여도 말이 거칠거나
어렵기만 하고 뜻이 안 통하면 무엇 하랴.

더욱이 버려야 할 것은
깎고 아로새겨 곱게만 하는 버릇
곱게 하는 것이 나쁘기야 하랴.
겉치레에도 품을 들여야 하지만
곱게만 하려다 알맹이를 놓치면
시의 참뜻은 잃어버린 것이다.

요즈음 시 짓는 사람들은
시로 사람을 깨우칠 줄 모르도다.
겉으로는 울긋불긋 단청을 하고
내용은 한때 산뜻한 것만 찾누나.

시의 내용이란 진리에서 나옴이라
되는대로 가져다 붙일 수는 없는 일
진리는 찾기 힘들다 하여
애써 겉모양만 곱게 다듬어
이것으로 사람들을 눈부시게 하여
내용이 빈 것을 가리려고 하누나.

이렇게 오래도록 버릇이 되어
시의 정신이 땅에 떨어졌도다.
이태백과 두자미가 다시 나지 않으니
누구와 옳고 그름 따져 보랴.

내 허물어진 옛 터전을 쌓아 올리려 하나
흙 한 삽도 도와주는 사람 없으니
《시경》 삼백 편의 웅장한 정신을
어떻게 살려 세상을 깨우치랴.

남들이야 어찌 되었든
나 혼자만 바로 가면 된다고 하리라.
그러나 혼자 부르는 노래는 외로워
사람들은 아직 비웃기만 하리.

論詩

作詩尤所難　語意得雙美
含蓄意苟深　咀嚼味愈粹
意立語不圓　澁莫行其意
就中所可後　雕刻華艷耳
華艷豈必排　頗亦費精思
攬華遺其實　所以失詩旨
邇來作者輩　不思風雅義
外飾假丹青　求中一時嗜
意本得於天　難可率爾致
自揣得之難　因之事綺靡
以此眩諸人　欲掩意所匱
此俗寖已成　斯文垂墮地
李杜不復生　誰與辨眞僞
我欲築頹基　無人助一簣
誦詩三百篇　何處補諷刺
自行亦云可　孤唱人必戲

시 읊는 소리

번갈아 시 읊는 소리
옥이 울리는 듯
소란한 음악보다
한결 맑아라.
이 속에 참다운 곡조 있음을
알지 못하고
선비들은 달만 노래한다고
차갑게 대하누나.

詩樂

詩筵賡唱玉交鳴　大勝金絲迭奏聲
世俗不知眞樂在　徒稱嘯月冷書生

시 짓는 병

나이 칠십이 넘어
벼슬도 재상에 올랐으니
글재간 부리기는 그만둬야 할 텐데
왜 이리도 옛 버릇 버리지 못할까.

아침에는 귀뚜라미처럼 중얼거리고
저녁에는 새매같이 휘파람 부니
아마 무슨 마귀가 들려
밤낮으로 나를 따라다니나 봐.

한번 들어 떨어질 줄 모르는 이 병은
마침내 나를 이 모양으로 만들었네.
날에 날마다 심장을 깎는 듯
그 얼마나 시를 짜내었는가.

온몸에 기름이 마르고
이제는 살점마저 남아 있지 않아
뼈만 앙상하여 그래도 시를 읊는

이 모양이야 정말로 우스우리.

그 시라는 것도 뛰어나지 못하여
천추에 남길 것이 되지 못하니
나 스스로도 손뼉 치며 웃노라.
그러나 웃고 나선 다시 시를 쓰네.

아마 죽는 날까지 이러하리라
이 병은 약으로도 고칠 수 없으리.

詩癖

年已涉縱心　位亦登台司
始可放雕篆　胡爲不能辭
朝吟類蜻蜦　暮嘯如鳶鴟
無奈有魔者　夙夜潛相隨
一着不暫捨　使我至於斯
日月剝心肝　汁出幾篇詩
滋膏與脂液　不復留膚肌
骨立苦吟哦　此狀良可嗤
亦無驚人語　足爲千載貽
撫掌自大笑　笑罷復吟之
生死必由是　此病醫難醫

시고를 불사르고

내 젊어서 시를 지을 때는
붓을 들어 아무런 의혹도 없었노라.
스스로 아름다운 옥과 같이 여겨
누구라 감히 흠집을 잡을까 하였다.

허나 뒷날 다시 시 묶음을 꺼내 보니
어느 한 편도 마음에 드는 것 없어라.
내 부끄러움을 참지 못하여
이를 불살라 새벽밥을 지었노라.

명년에 올해 지은 시를 보고
또한 이와 같이 버려야만 하리니
그러므로 고 상시[1]는
쉰이 되어 비로소 시를 지었느니.

▪ 시 3백여 수를 불사르고 지은 것이다.
1) 고 상시高常侍는 당나라 시인 고적高適을 가리킨다.

焚藁

少年著歌詞　下筆元無疑
自謂如美玉　誰敢論瑕疵
後日復尋繹　每篇無好辭
不忍汗箱衍　焚之付晨炊
明年視今年　棄擲一如斯
所以高常侍　五十始爲詩

시 짓는 병을 다시 걱정하며[■]

두서너 달 병석에 누워 있었건만
그동안에 몇 편이나 시를 지었는가.
앓는 소리와 시 읊는 소리
서로 뒤섞여 요란하였네.
시 짓는 버릇 이 또한 큰 병이라
아무리 약을 써도 고치지 못하리.

내 즐겨 한 일이나 내 뜻대로 안 되고
우연히 생겼으나 우연치도 않다네.
얼굴 가리고 묵묵히 있자 하나
어느 결에 입가에서 날쌔게도 울리니
아마 무슨 귀신이 지펴
이다지도 나를 시달리게 하나 보지.

생각을 다른 일로 옮기려 해도

[■] 나는 예전에 시를 지어 시 짓는 병을 걱정했으나 아직도 시 짓기를 그치지 못하므로 다시 걱정한다.

마음이 통 쏠리지 않으니
아아 마침내 고치지 못하고
아마 이 병으로 죽게 되리라.

復自傷詩癖

臥病數四月　作詩幾許篇
呻吟與謳吟　相雜仍相連
此癖亦一病　難以藥石痊
自召非自召　偶忽非偶然
掩被欲默已　嘯忽來吻邊
天耶必鬼耶　似有祟所牽
或欲移他事　驅之心不前
嗟嗟竟莫理　終以此死焉

세 가지 마

― 내 늙어 이미 성욕은 없어졌으나 아직도 시와 술은 좋아하노라. 그런데 시나 술도 때로 흥이 나면 조금씩 해 볼 일이지 그것이 버릇이 되어서는 안 될 것이다. 버릇이 되면 곧 마가 되나니 내 그렇게 될 것을 걱정하여 차차 조금씩 줄이기로 결심하고 이제 세 가지 마에 대한 시를 써서 나의 뜻을 나타내노라.

색의 마

내 얼굴이 고우면 기쁜 일이지만
남의 얼굴 고운 거야 내게 무슨 상관이랴.
고운 사람 보고는 흔히들 반하나니
사나이 그 누가 여색에 안 홀리나.

술의 마

음식 중에 신 것은 누구나 다 싫거든
술은 신데도 왜 그리 좋아하나.
술 마시면 아마 창자가 상하리라
원래 한없이 독한 물건이라.

시의 마

시란 하늘에서 떨어짐도 아닌데
이다지도 애를 써 찾은들 무엇 하나.
바람과 달을 읊기 처음은 좋으나
오래 버릇되면 이 또한 마가 되리.

予年老 久已除色慾 猶未去詩酒 詩酒但有時寓興而已 不宜成
癖 成癖卽魔 予憂之久矣 漸欲少省 先作三魔詩以見志耳

色魔

自顏和好猶堪喜　彼面雖妍奈我何
多向美人終蠱惑　男兒誰免誤於魔

酒魔

人於喫物嫌辛物　酒味深辛樂奈何
必欲使人腸腐爛　不知元是毒中魔

詩魔

詩不飛從天上降　勞神搜得竟如何
好風明月初相諭　着久成淫卽是魔

마음이 울적하여

수염 하얀 늙은이 하나
오막살이집에 엎드려
때로 한 잔 술로 목을 축여도
가슴속에 가득 찬 만 가지 근심을
마음대로 씻어 내지 못해 한스럽구나.

내 어이 이태백과 두자미를 만나
취하도록 마시고 붓 길 가다듬어
가슴속에 회포
무지개인 듯 내뿜어 노래해 보랴.

鬱懷有作

矮屋身偎隱　一箇霜鬚翁
有時一滴酒霑吻　猶未寫千愁萬慮塡胸中
安得與太白子美對醉橫筆陣　吐出鬱氣長虹

오뚝하게 앉아서

수염이 하얀 자그만 늙은이
두건은 조금 비뚜로 쓰고
오뚝하게 앉아 눈만 노리니
사람들에겐 괴물처럼 보이나 봐.

그러나 조그만 나의 속에도
하늘땅을 다 담을 큰 뜻이 들어 있다.

때로는 시를 생각하느라고
끊임없이 무얼 중얼거리니
늙은 여우가 우는가 하여
귀를 막고 도망친다.

그러나 이 중얼거림 속에
금보다 아름다운 구절이 들어 있다.

너희는 나를 여우라 하든지
또 무슨 괴물이라 하든지

말이라 부르든지 소라 부르든지
생각나는 대로 아무렇게나 불러라.

兀坐自狀

霜鬚矮小翁　欹着巾一事
兀坐瞪無言　人以怪物視
不知矗爾中　大可容天地
時復覓詩句　長嘯不自止
人疑老狐聲　掩耳走自避
不知謳吟中　金石聲出此
汝今欲狐我　又作怪物類
呼馬亦呼牛　任爾所當指

이태백의 시를 읽으며

이태백을 적선이라 부른 건
하지장¹⁾이란 미친 늙은이.

하늘에서 내려오는 것
보지 못했으리니
하 노인의 이야기가
황당한 것 같구나.

그러나 이태백의 시를 읽어 보면
이거야 진정 사람의 목에서
울려 나온 소리는 아니로세.

그 이름 신선의 겨레에 들어 있지 않고
그 입이 신선의 약을 먹지 않았으면
제아무리 천백 번 가다듬은들
이태백의 흉내를 낼 수 있으랴.

---

1) 하지장賀知章은 당나라 때 시인으로 이태백과 매우 가까웠다.

그 속속들이 비단결 같은
아름다운 노래가 어찌 나오랴.

당나라 땐 문장도 많아
제각기 가진 한 가지 재간으로
자기 세계를 이루어 놓았다네.
앞에는 진자앙 뒤에는 한유와 유종원
또 맹교와 장적도 있어
모두 자기 목소리로 한때를 울렸다네.

그들의 시엔들
어찌 우렁차고 호방한 말이 없으랴.
그들의 노랜들
어찌 세차고 굳센 맛이 없으랴.
그 속에도 봄 꽃송이같이
아름다운 빛이 있고
강물처럼 양양히 흘러내리는
한없는 깊이도 있다네.

그러나 표연히 틀을 벗어나
거침없이 부르는 이 노래야
이태백이 아니고 또 누가 있으랴.

이 적선이 학을 타고

신선의 나라에 오르내림은 본 이 없으나
구름을 스쳐 날아온
그 날개 모습 시에 살았으니
이태백을 적선이라 부른
하지장 늙은이는 미치지 않았도다.

讀李白詩

呼作謫仙人　狂客賀知章
降從天來得見否　賀老此語類荒唐
及看詩中語　豈是出自人喉吭
名若不書絳藥闕　口若未吸丹霞漿
千磨百鍊雖欲倣其體　安可吐出翰林錦繡之肝腸
皇唐富文士　虎攫各專場
前有子昂後韓柳　又有孟郊張籍喧蜩螗
豈無語宏肆　豈無詞屈強
豈無艷奪春葩麗　豈無深到江流汪
如此飄然格外語　非白誰能當
雖不見乘鸞駕鶴去來三淸態　已似寥廓凌雲翔
所以呼謫仙　賀老非眞狂

이미수에게 주는 적선에 대한 노래

내 이태백을 보지 못하여
꿈에라도 한번 보았으면 했지만
꿈속에서도 볼 길 없었으니
내 너무도 늙은 탓이런가.

오늘 뜻밖에 그대를 만나니
그대 진정 이 적선이라
꿈이런가 생시런가
어찌 된 일인지 알 길 없어라.

묻노니 그대 천보 연간에
당 명황의 부름을 받아
침향정 앞에서 작약을 노래하며
술에 취한 채 청평조[1]를 바쳤는가.

또 편전에서 나라 글을 기초할 때

---

1) 청평조清平調는 이백이 지은 노래 곡조로 양귀비의 아름다움을 찬양하였다.

날씨 추워 궁녀들이 붓을 빨았고
임금이 손수 밥을 권했으니
그만하면 은혜 두터웠거늘

어찌타 다시 왕의 미움을 사
강과 산을 헤매며 노래를 부르다가
달을 건지러 강 속에 들어갔는가.²⁾
지금은 어느 선경에서 약을 캐고 있는지.

그대 간 지 몇백 년이 지났거늘
이제 다정스레 우리 곁에 왔는가.
풍류로운 글귀는 예와 마찬가지건만
술 마시는 정취만은 어이 없어졌나.³⁾

아마 그 옛날 지나치게 취하여
억울하게 고력사⁴⁾의 참소를 받아
구만 리 장천을 날아 보려던
대붕의 날개는 꺾였으니
이제는 다시 한 번 새 노래 불러

---

2) 이태백이 채석강에서 뱃놀이할 때 물속에 비친 달을 건지려다 물에 빠져 죽었다고 한다.
3) 이미수를 이 적선이 다시 태어난 것으로 보고 이미수가 술을 마실 줄 모르는 것은 옛날 이 적선과 다르다고 한 것이다.
4) 고력사高力士는 현종 때 환관이다. 이태백이 취하여 고력사에게 신을 벗기라고 하였는데, 이로 인하여 이태백을 미워하여 현종에게 자주 참소하였다.

높은 벼슬하여 나라 위해 일하자고
그래서 즐기던 술을 끊었으니
이 마음 알아줄 이 흔치 않아라.

적선아 적선이여
내 이제 그대를 만났으니
그대 위해 말고삐를 잡은들
내 어이 마다할쏘냐.

問謫仙行 贈內翰李眉叟坐上作

我不見太白　思欲夢見之
夢亦不可見　久矣吾之衰
今日逢君眞謫仙　夢耶覺耶心復疑
問君天寶中　幸荷明皇知
沈香亭前賦芍藥　灑面立進淸平詞
又於便殿草綸誥　宮娥呵筆天寒時
寶床賜食降輦迎　是時恩遇亮不貲
胡爲反見斥　謝家靑山浪迹空吟詩
一朝捉月入滄海　瀛洲蓬萊何處採靈芝
公之去兮已千載　胡今眷眷復來思
筆下風流餘舊態　飮中情味今何虧
應悔當年不自檢　枉被將軍貝錦辭

塌翼落天上　遽失九萬圖南期
意欲改舊調　唾手取爵凌皐夔
所以不飮酒　此意識者誰
謫仙謫仙吾已見　雖使執鞭安敢辭

도연명의 시를 읽으며

내 도연명을 사랑하기는
그의 말이 담박하고도 맑음이라
항상 줄 없는 거문고[1]를 어루만졌나니
그의 시 또한 이와 같았도다.

참된 음악은 조용하나니
줄은 안 튕겨도 그 정신 느꼈어라.
참된 말은 꾸미지 않나니
다듬고 아로새기지 않은들 어떠리.

평화로운 노래 자연스럽게 흘러
오래 씹을수록 참맛이 나누나.

벼슬 그만두고 전원으로 돌아가
뜰 밖의 오솔길을 거닐면서

---

1) 도연명은 거문고를 탈 줄 몰랐으나 항상 줄 없는 거문고를 어루만지며 시상을 가다듬었다고 한다.

술이 없어도 사람들과 휩쓸려
날마다 취한 듯 흥겨웠어라.

평상 위에 걱정 없이 누웠으니
맑은 바람은 건듯 불어오는데
삶이 즐겁기 태곳적 백성이요
행실 뛰어나게 높은 선비라

그의 시 읽으니 그 사람 보는 듯
천고에 높은 뜻 우러러보노라.

讀陶潛詩

吾愛陶淵明　吐語淡而粹
常撫無絃琴　其詩一如此
至音本無聲　何勞絃上指
至言本無文　安事彫鑿費
平和出天然　久嚼知醇味
解印歸田園　逍遙三徑裏
無酒亦從人　頹然日日醉
一榻臥羲皇　淸風颯然至
熙熙太古民　岌岌卓行士
讀詩想見人　千載仰高義

임춘[1]의 시를 읽으며

계수나무 한 가지 꺾지 못했으나[2]
백 편의 맑은 노래 길이 울리네.

그대의 영혼은 어데 있는가
아이들도 그 이름 알고 있구나.

讀林椿詩

一枝丹桂雖無分　百首淸詩合有聲
英魄如今何處在　兒童猶解說君名

---

1) 임춘林椿은 고려 때 이름난 시인으로 호를 서하西河라고 하였다.
2) 옛날에 과거에 급제하는 것을 계수나무 가지를 꺾는다고 하였다.

나를 적선이라 부른 친구에게

신선이라 불러 주는 말
듣기에는 매우 좋으나
못난 여자 분바른다
어찌 고와질쏘냐.

싯줄이나 짓는 사람
모두 이렇게 부르면
세상에 이태백이
너무 많지 않겠나.

次韻尹國博威見予詩文 以詩寄之 其序目予爲謫仙 予拒之

目我天仙徒慰耳　勉粧嫫母豈成姸
逢人輒必言皆爾　不亦多哉李謫仙

이 시랑의 시에 화답하여

내 늙고 또 병들어
가슴속 울울함을 금할 길 없노라.
때때로 나를 위로하는 건
오직 술잔에 담긴 술이라.

그러나 마음 환히 트이지 않으면
손에 잡은 붓 한 자루로
하늘땅을 뒤번지며 울화를 푸노라.

그대의 시를 읽어 보니
구름을 뚫고 달이 나온 듯.

나를 깨우쳐 주는 자는 그대로다.
그대 아니면 내 누구와
한평생의 가지가지 진실한 이야기를 나누랴.

내 비록 추위에 떠는 거북처럼 움츠리고 있으나
마음속엔 굽히기 어려운 그 무엇이 있노라.

次韻李侍郎需 復和鬱懷詩

身老病復攻　不奈胸沈鬱
時時頗自慰　唯是杯中物
尙未足豁然　只此手端一筆奔騰天地如驥逸
因睹予之詩　穿天又出月
起予者酒君　捨君誰復道我平生一一皆具實
翁雖縮凍龜　中有所難屈

전이지와 안화사에서 놀며

경치는 한없으나 내 재간 한이 있어
산천 풍경도 노래하기 힘이 드네.

부럽구나 그대의 빠른 글재주
시인이 아니라 화가인 듯하구나.

次韻全履之遊安和寺

絶景無窮才有限　山川入我苦吟中
羨君頃刻摹千狀　豈是詩翁廼畵翁

김 학사[1]에게

듣건대 옛 어진 사람들이 글공부하는 유생들을 십이도[2]로 나누어 각각 재를 마련해 주었는데 규모가 좀 크거나 작은 차이는 있으나 여름마다 함께 모아 수업을 하게 했으니, 이것을 '하천도회'라고 했다. 근래에 와서 나라에 곤란한 일들이 잦아지면서 이 풍속이 거의 없어졌는데, 이제 우리 재가 이루어져 다시 여름 공부를 하게 되었다니 이 얼마나 기쁜 일인가. 비록 다른 재들은 아직 일으키지 못했으나 옛 선비의 기풍이 차차 일어나기 시작했으니 오래지 않아 일어나리라. 아무 근심할 바 없도다. 이것이 다 학사가 노력한 덕택이니 어찌 경사스럽지 않으랴. 이에 고시 한 편을 지어 삼가 보내노라.

새 서울[3]을 정한 지 그 몇 해던가.
옛 법이 거의 땅에 떨어질 뻔하였네.
다행히도 내 죽지 않고 살아 있어
선비들 여름 공부한다는 말 들었노라.

생각해 보면 구름같이 모여든 제자들
공자님 초상 앞에 절하고 거닐리.
시냇물 바다 향해 흘러내리듯

---

1) 이름은 창敞. 당시 저명한 유학자.
2) 1050년대 최충을 중심으로 한 사학私學이 왕성하게 일어났으니 최충의 제자들을 '문헌공도文憲公徒', 그 뒤에 일어난 정배걸의 제자들을 '홍문공도弘文公徒', 노단의 제자들을 '광헌공도匡憲公徒'라고 했다. 이러한 공도가 모두 12개 있었으며, 그 제자들을 교육하는 기관을 '재齋'라고 했다.
3) 1232년에 송도에서 강화도로 도읍을 옮겼다.

기수에서 목욕하는 옛사람인 듯.[4]

장마 비 몇십 일을 괴롭히다가
산뜻이 밝은 해 나타난 것 같고
가뭄에 벼 포기 메말라 갈 제
한줄기 소낙비가 축여 준 것 같구나.

생각하면 이게 모두 그대의 힘이라
옛 생각 오늘 기쁨 눈물을 자아내네.
내 이미 재상 벼슬을 지냈고
그대도 승상의 지위에 올랐지만
근본을 따져 보면 배움이 으뜸이라
뿌리가 든든해야 미덥지 않으랴.

바탕이야 이보다 소중한 것 없나니
고관대작도 여기에서 나왔다네.
고을에는 향교 있고 집집마다 글방인데
하물며 나라에 이런 곳이 없었으니.

그대에게 권하노니 사람 마음 단결하여
후배를 길러 내기 게을리 하지 말게.

---

4) 공자의 제자 증점曾點이 "동자 예닐곱 명과 어른 네다섯 사람을 데리고 기수沂水에서 목욕하고 무우舞雩에서 바람을 쐰 다음 시를 읊고 돌아왔으면 하노라."고 말하여 공자의 칭찬을 받았다. 후배 양성과 풍류로운 기상을 찬양한 것이다.

이 몸 죽어져서 널 안에 있더라도
배우는 길 넓어지면 기뻐 춤을 추리.

寄金學士䪨

愚聞先賢於儒門 制十二徒 徒各置齋 有多有少 每夏一集肄業 名曰夏天都會 近因國家多梗 此風幾絶 今聞我齋得成夏課 何喜如之 雖他齋未爾 是迺儒風復盛之漸 他齋亦從而興矣 何必憂哉 此皆尙書學士指麾之力也 豈不慶幸哉 謹成古詩奉寄

自卜新京今幾年　吾徒舊範危墮地
賴予不死餘喘存　得聞夏課群學子
遙知林林白面生　夫子影前成拜起
有川能似歸法無　想見冠童浴沂水
有如霖雨彌數旬　忽見晴陽出明媚
又如嘉穀垂欲枯　一朝沐雨得生意
細思此是君之力　感古喜今還抆淚
我今已歷三事聯　子亦行登丞相位
原其所自此其根　根若不牢安所恃
君知體莫重於斯　公卿搢紳多出是
鄕猶有校家有塾　況可國中無是事
勸公更礪成人心　激起後生毋少弛
我於此時雖就木　地下猶能抃舞喜

글을 읽으며

배울 때도 다 지나 머리마저 희었거니
늙어 가며 괴롭게 글을 읽어 무엇 하나.

내 비록 늙었으나 정신은 살아 있으니
한 자라도 더 알면 그만큼 유익하리.

讀書

已免生徒首又皤　殘年勤苦讀書何
我雖老死精神在　一字添知尙足多

솔을 그린 병풍을 두고

그 누가 푸른 산 아래 집을 지어
만 길 높은 소나무와 마주 앉아
아침저녁 눈이 아프도록 바라보다가
마침내 맑은 술에 솔 그림자를 넣어
이리저리 꿈틀거리는 그림자를 마셨다가
여섯 폭 비단에 토해 놓았는가.

만일 그렇지 않다면
어느 누가 천년토록 죽지 않을
억센 이 나무를 붓으로 그렸으랴.

안개 자욱한 깊은 산골에
검은 뱀 갈 길 못 정해 꾸불거리는 듯
바닷물 말라 육지가 되어
고래 뼈 구렁에 서로 엉켜 있는 듯
속 빈 나무 입 벌리고 있는 모습
구름 낀 날엔 번개 치며 용이 나올 듯

온 하루 턱을 괴고 생각해 보나
물과 먹만으로 이렇게 그렸을까
세상에 이런 솜씨 다시 없으리.

璨首座方丈所蓄畵老松屛風 使予賦之

何人結宇靑山旁　坐對孤松萬丈長
日看月賞眼力盡　驅入麤狂一斗觴
千蟠百蟄急欲吐　吐向鮫人六幅素
不然安向寸毫端　寫此磊硊千年不死之老樹
我恐山盲谷暗煙霧裏　鐵色黑蛇欲走未走低復起
又恐波乾浪涸海變田　鯨鯢瘦骨塡坑跨壑枕相峙
枵然罅縫呀口鼻　雲陰之日疑有風雷作龍吼
竟日支頤未信水墨摹　世間那得有此手

살아 있는 물고기

— 연 수좌의 방장에서 정득공이 그린 고기 족자를 보고서 쓰노라.

물은 고기의 집이거니
물을 잃으면 솥 가운데 생선이라.
물고기를 그린 이 적지 않으나
솥 가운데 생선을 벗어나지 못했네.
헤엄치는 모양을 그리려 했으나
물 없는 바닥에 놓인 고기라.

그런데 정군의 신묘한 필치
그 솜씨 하늘에서 배웠는가.
수십 마리 한 떼 한 붓으로 휘두르면
펄펄 뛰노는 상어며 전어.
물을 얻음만도 그 기세 충분한데
잔잔한 물결까지 출렁이누나.
지느러미는 힘차게 움직이고
눈 정기는 구슬 빛으로 반짝이네.

아마도 그대는 봉래섬의 손님 되어
물나라 신선으로 몇몇 해나 지냈나 보다.

늘 보던 물고기에 아주 익어서
자유자재로 솜씨를 부렸구나.
손으로 만져 보고 싶으나
뛰어나가 소에 숨을까 두려워라.

나의 시는 기운이 약하다만
감히 살아 있는 물고기라고 하노라.

淵首座方丈觀鄭得恭所畫魚簇子

水爲魚所家　失則鼎中鮮
人畫水中魚　如向鼎中傳
雖爲游泳態　尙類失水然
鄭君信神筆　妙手得於天
一掃數十尾　發發皆鮪鱣
得水勢已足　何必寫漪漣
鬐鬣欻欲動　目力珠光旋
疑君蓬島客　久作水中仙
看魚飽且熟　應手隨所沿
擧指欲捫觸　猶恐跳藏淵
吾詩氣力薾　敢作活魚篇

쌍마도

눈빛 같은 교초단[1] 미끄러운 비단결
그 위에 그린 그림 더한층 아름답다.

얼룩 말 푸른 말 신기로워
한 필은 달리고
한 필은 끌려가누나.

목왕[2]의 말을 못 보았으면 보라.
구름을 헤치며 그림자를 밟아
만리 길을 하루에 달리는 말이 여기에 있다.

백락[3]을 우판에서 만나지 못한 말은
소금 수레 밑에서 귀를 늘이고 있었나니.

---

1) 물에 넣어도 젖지 않는다는 좋은 비단.
2) 목왕穆王은 주나라 임금으로 천리마를 여덟 필 가지고 있었다 한다.
3) 백락伯樂은 주나라 사람으로 말을 잘 알아봐 우판虞坂에서 소금 수레를 끄는 말을 보고 는 사서 천리마로 만들었다고 한다.

그러나 여기 이 그림 속의 두 말은
규룡과 이무기에 흡사하다.

한 필은 나는 듯 달려
아침에 연나라를 떠나
저녁이면 월나라에 가 닿으려니
과보⁴⁾도 뒤쫓아 잡지는 못하리라.

은 안장 황금 굴레 번쩍이며
푸른 웃옷에 가죽 띠 두른 호화로운 늙은이
티끌을 날리며 말발굽에 번개를 일으키니
왕량과 조보⁵⁾도 무색하리라.

허나 다른 한 말은
무거운 수레에 눌려 오금을 펼 수 없어
머리 숙인 채 달리지 못하누나.
해를 좇을 듯한 발굽도 펼 수 없으니
바람을 따를 듯한 기운인들 무엇 하랴.

다만 베적삼 입은 아이에게 끌려

---

4) 과보夸父는 중국 고대 신화에 나오는 사람으로 걸음이 빨라 해를 따라잡으려다가 죽었다고 한다.
5) 둘 다 주나라 사람으로 말을 잘 부리기로 이름났다.

푸른 풀밭을 곁눈질하며 입맛 다시니
걸음인들 제대로 걸으랴.

화가가 이 그림 무심히 그렸을 리 없으니
여기에 깊은 뜻이 있음을 나는 느끼노라.
어찌 짐승만이 이러하랴
인간의 영달과 빈궁도 다를 바 없다.

치켜세워 내몰면 하늘에도 오를 것이
버려두면 진흙길이나 뚜벅뚜벅 하나니
이는 때를 만나고 못 만나는 것에 달렸다.
나 같은 사람은 어떤 환경에 있은들
불만을 말할 자격이 없지만.

수레에서 내려 돌보아 주는 사람 만나 보았으면
아아 우리는 그러한 때를 만나기 어려우려니
이를 가리켜 운명인가 하노라.

閔常侍令賦雙馬圖

鮫綃勻滑雪色平　粉墨丹鉛繪彩明
驪蒼二馬神且奇　一飛玉勒一牽行
君不見穆滿馭八駿　凌雲躡影一日直過萬里程

又不見伯樂未過虞坂時　驥服鹽車兩耳垂

今看此二馬　同是虯與蝸

一馬飛去可以朝燕暮秣越　夸父荷杖應難追

翠衫鞋帶紫髥翁　銀鞍赫赫黃金羈

跨塵奔逸電滅沒　王良造父徒爾爲

一馬局促自効轅下駒　俯首低徊莫縱馳

逐日霜蹄何處展　追風逸氣無由施

布袍童子牽且去　傍睞碧草行何遲

畫工畫此豈無謂　中有妙意人誰知

不唯賤畜乃尙爾　男兒窮達一如斯

用之騰躍九天衢　不用或自沈泥途

是亦逢時與否耳　若予者分甘伏櫪無長吁

下車剪拂會有人　時哉未來命矣夫

양연사를 방문하고 백학도를 노래하노라

학은 본래 속세에 살지 않아
선계에 고향을 두고
옥롱에는 전혀 뜻이 없길래
드높은 수풀에 날개를 치느니
오직 깨끗한 수풀에 살며
천리 하늘에 날아오른다.

대사는 학을 몹시 사랑해
그림으로 그려 눈앞에 걸었다.
진정한 학은 기를 수 없거늘
하물며 그림으로 전하랴마는.

곰곰이 그 뜻을 궁리한다면
대사의 생각 또한 그렇지도 않거니
놓으면 묘한 모습 잃어버릴까
기르면 물욕에 사로잡힐까.

놓지도 기르지도 아니하려면

그림을 그릴밖에 없는 일이라
짐짓 청전의 학을 그리니
자유로운 날개를 반공에 펴게 했네.

여원 데서 도의 모습을 보노니
오로지 하늘을 본뜬 듯 맑다.
내 백학 그림은 보나
백학의 노래를 지을 수 없노라.

訪養淵師 賦所蓄白鶴圖

鶴是塵外物　族本出神仙
無心玉籠裡　拂翼瓊樹邊
所以支道林　放之千里天
師今何酷愛　模寫置眼前
眞猶不可蓄　況奈丹靑傳
徐徐涉其理　師意乃不然
放恐失神態　養恐爲物牽
不放亦不養　莫如畵手賢
故寫靑田眞　逸翮凌紫烟
瘦以觀道貌　淸以養天全
吾觀寫生圖　未作寫生篇

쌍로도를 노래하노라
— 박현구의 집에서 그림을 보고 쓰노라.

그 옛날 강남에서
작은 배를 포구에 대었을 때
서리 맞은 고미[1]가 물에 비치는데
거기 백로 한 쌍 서 있구나.
고요히 푸른 옥색 다리를 들고
흰 깃을 고즈넉이 다듬는다.

내 시구를 다듬느라
오래도록 고심에 잠겼으나
그 모양을 비슷이 그렸을 뿐
진경에는 암만해도 이르지 못했노라.

여기 화공의 솜씨는 능란하여
내가 이르지 못한 곳에 이르렀구나.
눈은 정기 있고 힘이 있어서
오뚝이 서 멀리 앞을 바라고

---

1) 일명 꼭두서니라고 하는 산과 들에 절로 나는 다년생 풀.

살은 파리하나 뼈가 마디져
일어날 듯 먼 곳을 생각하느니
그중에도 소리는 그리기 어려운데
우는 모습을 잘도 그렸어라.

내 어찌 시를 씀에
즐겨 그림을 이야기할 뿐이랴.
그림은 저저마다 갖기 어렵고
시는 어데나 퍼질 수 있거니
시를 보아 그림 봄과 다름이 없다면
시도 또한 영원히 전해지리라.

朴君玄球家 賦雙鷺圖

憶昔江南天　扁舟泊烟浦
霜菰映淸淺　中有雙白鷺
靜翹綠玉脛　閑刷白銀羽
擬將詩句摹　久作猿吟苦
寫形雖髣髴　佳處殊未遇
畵工眞可人　到我所未到
眼活而有力　聳立勇前顧
肉瘦而有骨　未起已遐慕
就中畵聲難　解作啼態度

我詩豈好事　聊寫畫中趣
畫難人人蓄　詩可處處布
見詩如見畫　亦足傳萬古

그림을 청하며

내 지난번에 종이를 보냈더니 그대가 네 그루의 대를 그려 보냈는데, 사람들이 나를 나무라기를 "정군[1]의 대는 종이에 그리면 안 되는데, 한 나라 재상이 아무리 가난한들 설마 비단 한 폭을 구하지 못하여 이렇게 하였느냐?" 하거늘 내 그럴듯이 여겨 겨우 발이 굵은 비단 한 끗을 구하여 보내노니, 여기에 소슬한 대를 그려 줄 뿐 아니라 이 늙은 사람의 초상까지 그려 보내게. 승낙하여 주기 바라네.

대를 그려 주게

예부터 내 대를 좋아하여
형이나 아우처럼 사랑하였노라.
참된 마음이 서로 통하여
잠시도 떨어져 있기 어려운 듯.

정군이 뛰어나게 대를 잘 그려
그 이름 중국에도 널리 떨쳤어라.
다투어 하얀 비단을 가져와도
그 그림 한 장 얻기 힘들거늘
나는 뻣뻣한 종이를 보내면서

---

1) 정이안이란 당시의 유명한 화가를 가리킨다.

한평생 두고 볼 좋은 대를 청하였네.

실상은 내 집이 가난하여
비단 살 돈이 없음이라.
그대 나를 나무라지 않고
한꺼번에 네 그루를 그려 보냈으니
한 그루는 이슬에 젖어 있고
한 그루는 바람에 나부끼고
한 그루는 늙어서 절반이나 꺾였으나
큰 잎들이 상기도 매달려 있고
또 한 그루는 새로 솟아난 것
약하긴 하나 보람차 보이네.

그림의 품위야 종이에 달렸으랴만
바탕이 고우면 더욱 좋을세라.
생각건대 여러 친한 벗들은
손뼉을 치며 나를 비웃으리라.
그렇게 높은 벼슬을 하면서도
가난하단 말은 거짓이라고
인색한 늙은이란 소문이 떠돌리니
부끄러워 절로 얼굴이 붉어 오네.

안해가 발 굵은 비단 한 끗 구했으니
어느 집에서 빌려 온 것인지.

그다지 잘 짠 비단은 못 되나
종이보다야 낫지 않으랴.
여기에 또 한 그루 대를 그려 주게.
내 어찌 그 은혜 잊겠나.

초상을 그려 주게

그대 대 그리는 솜씨
신비하리만큼 훌륭하지만
사람 얼굴을 그리는 재간도
또한 세상에서 뛰어나도다.

내 얼굴 몹시도 못생겨
그린대야 보잘것없지만
예로부터 초상을 그리는 것은
그 사람의 얼굴이 잘 생겨서가 아니라
귀중한 그 모습을 그림에 남겨
영원토록 뒷세상에 전하려 함이라.

성현들의 모습 전하지 못하면
새 짐승에 다를 것 없으니
새 짐승도 그려서 곁에 두고 보거니

하물며 착한 사람의 모습이랴.

내 비록 몸은 작으나
나라의 무거운 소임도 맡았고
진리를 찾기에 깊이 힘썼으며
마음은 깨끗하여 때 묻지 않았도다.

나이는 일흔을 넘었으니
오래 살았다 할 수 있으며
늙어 벼슬에서 달게 물러나
거문고와 술을 벗 삼아 살아가니
우습도다 의심할 바 없이
내 천하의 한가로운 늙은이라
그대 그려도 무방할 것이네.
이만하면 생각이 떠오르는가.

又以長篇二首 求墨竹與寫眞

予旣以紙本 蒙掃與墨竹四莖 人或非之曰 丁君之竹 非紙本所受 且宰相雖貧 何至乏其尺絹而廼爾耶 予以爲然 索得氎素一段 非特求此君 蕭洒之姿 亦望寫老夫不颺之貌 伏惟許肯云.

求墨竹

竹本吾所愛　愛之兄弟亞
所以見其眞　翫惜靡暫捨
丁君於此戱　聲價滿夷夏
爭持雪色紈　或未得一朶
我以硬牋求　餘生謂足過
其實家本貧　買絹苦擡價
多君不之訾　四榦一揮寫
一榦蒙露濡　一榦困風簸
一榦老且折　大葉猶不墮
一榦新解籜　雖弱能遠跨
畫品非關地　信美非不可
翻思友執間　撫掌必笑我
孰於巨官人　而謂貧非詐
一涉鄙吝論　慙顏得不赭
謀婦得䌫素　未識從誰借
雖非淵客工　豈落楮生下
請復掃一莖　予豈孤恩者

求寫眞

子之於墨君　已得三昧手

餘勇貌人眞　妙絶眞實偶
我貌大不颺　寫之安所取
古今摹人影　不必論美醜
所貴留典刑　永永示于後
不然聖與賢　殆不若鳥獸
鳥獸猶且畫　觀之置左右
予雖幺麼軀　歷位足馳驟
慕道亦云深　心地了無垢
年亦過七旬　似可謂之壽
怡然乞身退　所樂唯琴酒
笑哉復何疑　天地一閒叟
寫之尙不妨　以此卜然否

벗이 화답한 시에 다시 차운하노라

힘써 글을 많이 지으라
벼슬이 높지 못함을 탄식치 말고.

세 발 달린 큰솥도
조각 쇠 모아서 만들어지거니.

友人見和復次韻

努力事文字　休嫌秩未高
須知三足鼎　鑄自一錐毫

숯과 음식을 보내와서[1]

시 짓는다 너무 나무라지 말게
때로는 이익이 되기도 하네.
뜻밖에 많은 선물이 왔으니
내 어이 인색하게 굴랴.
굶주린 사람들 모두 나눠 먹세.
술만 함께 먹고 말진 않겠네.
술이야 한때 취하기는 하지만
시냇물 먹는 거나 마찬가질세.

明日偶題

詩癖不須嗔　有時霑潤利
物從意表來　吝惜非吾志
均分飢凍人　不啻單醪醉
單醪徒醉恩　其實飮川耳

---

1) 당시 진양공晉陽公에게 숯과 쌀을 받아 가난한 이웃들과 나누고 다음 날에 우연히 쓴 시다.

응벽지

《명황잡록》에 "안녹산이 궁궐을 점령하자 왕유 등 몇 사람은 적에게 잡혀 절간에 구금되었다. 하루는 적당이 응벽지에 모여 주연을 베풀고 이원[1]의 수백 명에게 음악을 연주하게 하였다. 왕유가 듣고 시 한 수를 지어, '온 장안 백성들은 슬픔에 잠겼는데 들판의 연기조차 쓸쓸하구나. 백관들은 어느 날에나 그 전처럼 조회하나. 괴화나무 낙엽 지는 궁궐은 쓸쓸한데 응벽지 언덕에는 주악 소리만 들려온다.' 하고 바람벽에 썼다. 적이 평정된 뒤 왕유는 이 시 때문에 죄책을 면하였다." 하였다.

응벽지 맑은 물결을
오랑캐의 티끌로 더럽히는데
홀로 왕유만이
스스로 애를 태웠느니라.

강개한 글 속에는
참된 담력이 담겨 있거니
아마도 적 가운데는
글 아는 놈이 없었나 보다.

---

1) 교방敎坊과 같은 음악 관계를 맡은 부서.

凝碧池

明皇雜錄曰 祿山犯闕 王維等數人 爲賊拘執于僧寺 一日逆黨會飮于凝碧池 以梨園數百人奏樂 維聞作詩一絶曰 萬戶傷心生野煙 百官何日再朝天 秋槐落葉深宮裡 凝碧池頭奏管絃 書于壁 賊平 維以此詩免譴

禁池淸浪浼胡塵　獨有王郎自慘神
慷慨題詩眞有膽　賊中寧欠解文人

붓대

푸른 너는 벽옥에서 뽑아낸 듯
곧음이 대 수풀에 뛰어남을 아노라.
풍상에도 오히려 시들지 않더니
도리어 칼날 아래 꺾이었구나.
누가 주왕의 손을 가져
비간[1]의 푸른 마음 쪼개었는가.
너의 원한을 내 씻어 주리니
마땅히 바른말 잠언을 쓰리라.

詠筆管

憶爾抽碧玉　孤直挺寒林
風霜苦不死　反見鋒刃侵
誰將獨夫手　剖出比干心
爲汝欲雪憤　當書直言箴

---

1) 비간比干은 주왕紂王에게 충고하다가 도리어 그에게 죽은 충신이다.

연지

어떤 사람 내게 묻기를
못이란 땅에서 물이 솟아
그 물이 시내를 흘러내리다가
맑게 고여서 이루어지나니
벼루 안에 있는 못이
어찌 이와 같을 리 있으랴.
연적에서 물을 부어야
비로소 연지에 넘쳐 나니
이렇게 담기는 것은
못물이야 되지 못하리.
연지를 못이라 하는
그 뜻 알 수 없어라.

내 대답하되
자네의 말이
이치에 좀 어긋나네.
연지의 못이란 보통 못이 아니라
뜻 깊게 보아야만 못인 줄 알 수 있으리.

비록 보잘것없이 벼루 위에
움푹 파진 곳이나
이 속에서 갈리고 다듬어져
아름다운 글귀가 솟아 나온다네.
한 번 갈아서 가볍게 나오는 건
꽃과 버들과 풍월을 노래한 것
천 번 갈고 백 번 다듬어
정성을 다하여 나오는 것은
나라의 큰일을 널리 알리는 소중한 글발.
이 못 속에서
몇 사람의 시인이 생겨났으며
이 못 속에서
몇만 개의 붓이 목욕을 하였는가.
이 벼루 못의 크기란
하늘땅을 용납할 수도 있고
이 벼루 못의 깊이란
동해보다 더 깊다 하리.
못이여 벼루 안에 있는 못이여
이 물만은 영원토록 마르지 않도다.
땅에서 솟는 물이 고여서 못이 되나
연적에서 흘러내려 연지로 된 것이나
그 무엇이 다르랴 모두가 못이로세.

硯池詩

或問凡河池　有水從地出
云何此硯池　霑滴始盈溢
呼之以爲池　其意似未必
我答子之言　於理無奈悖
此池非常池　凡目所未察
雖云區區窪　磨出詞放逸
一磨所自出　花柳與風月
千磨及百磨　潤色皇謨密
陶鑄幾詩人　沐浴幾萬筆
大或包天地　深可吞溟渤
硯池復硯池　萬古元不渴
地湧與水滴　其終混歸一

벼루가 깨져서

아차 떨어지니 걷잡을 겨를 없이
늘 들고 다니던 것 어느덧 깨어졌네.
만약 가슴속에 든 시 정신만 살아 있으면
아무 돌엔들 먹이야 못 갈아 쓰랴.

硯破

墮落已無及 提携未遽捐
詩腹如未破 何石不堪研

지혜 밝은
군자를 기다리며

슬프다
내 몸이 넘어질까 염려하여
붙잡아 주는 사람한테
잠깐 동안의 실수로
내 몸이 밀렸다 하여
땅바닥에 넘어지기도 전에
성내어 그를 배척해야 옳겠는가

백운소설[1]
白雲小說

《요산당외기堯山堂外紀》에 고구려 장군 을지문덕의 사적을 기록하고 그가 당시에 우리 나라로 침입하였던 수나라의 장수 우중문于仲文에게 보낸 오언시 네 구를 기록하였다. 그 시는 다음과 같다.

천문에 정통하니 전략이 신기롭고
지리에 밝으니 전술이 기묘하도다.
싸워 이겨 높은 공을 세웠으니
만족을 느끼고 물러감이 어떠한가.
神策究天文　妙算窮地理
戰勝功旣高　知足願云止

이 시는 글 짓는 법이 기묘하면서도 순박하여 미끈하고 곱게 꾸미려는 버릇이 없으니, 이것은 요새 문인으로서는 따르지 못할 것이

---

1) '백운소설' 가운데, 시로 우리 나라를 알리기 시작한 진덕여왕, 최치원, 박인범, 박인량에 대한 기사를 뽑아 번역하였다.

다. (을지문덕은 고구려의 대신이었다.)

　신라 진덕여왕의 '태평시'가 《당시유기唐詩類記》에 기록되어 있는데 그 시가 고상하고 순박하며 웅장하여 당나라 초기 문인들의 작품에 비하여 어느 쪽이 나은지 알 수 없다. 이 시기에는 우리 나라가 아직 문학이 왕성치 못하여 을지문덕 장군의 시 한 편밖에 전하는 것이 없는데 여자 임금으로서 이러한 시를 지은 것은 참으로 기이하다. 그 시는 다음과 같다. (《당시유기》의 소주에 "영휘 원년(650)에 진덕여왕이 백제 군대를 쳐부수고 비단을 짜서 이 오언 '태평시'를 수놓아 바쳤다 한다." 하였다. 영휘는 당나라 고종의 연호다.)

　　당나라가 천하를 통일하니
　　임금의 정책이 높이 빛나네.
　　전쟁이 끝나니 군대가 쉬고
　　문화 정책은 옛날 어진 임금을 모범하였네.

　　하늘을 본받아 비와 이슬 같은 혜택을 내리고
　　사물을 처리함에 아름다운 본질을 가지게 하네.
　　어진 정책은 해와 달이 밝음 같고
　　평화 외교는 태평 시절을 이루었네.
　　깃발을 날리고 징, 북을 울리는 군대가
　　위풍도 드높게 가는 곳마다
　　평화를 교란하는 먼 지방 나라들을
　　천벌 내리듯이 쳐부수었네.

평화가 맑은 바람같이 우주에 덮이니
국내와 국외에서 임금의 덕을 치하하네.
임금의 덕 높아 기후가 고르므로 풍년이 들고
상서로운 해와 달과 별이 온 천하를 비추는구나.

때맞추어 어진 이들이 많이 나서
충실하고 재주 있는 신하들이 임금을 돕도다.
삼황과 오제의 덕을 한 몸에 받았으니
당나라를 길이 빛내리.

大唐開鴻業　巍巍皇猷昌
止戈戎衣定　修文繼百王
統天崇雨施　理物體含章
深仁諧日月　撫運邁時康
幡旗旣赫赫　鉦鼓何鍠鍠
外夷違命者　翦覆被天殃
和風凝宇宙　遐邇競呈祥
四時調玉燭　七曜巡萬方
維岳降宰輔　維帝用忠良
五三成一德　昭載皇家唐

　고운 최치원 선생은 우리 나라 문학에 전무후무한 큰 공을 세웠다. 그러므로 우리 나라 학자들이 다 그를 스승으로 추대한다.
　그의 작품인 '비파행琵琶行' 한 수가 《당음유향唐音遺響》에 수록되어 전하나 작자를 모른다고 하였으므로 후세에 누구의 글인지 의

심하게 되었다. 어떤 이가 "동정호에 달은 지고 외로운 구름이 떠간다.〔洞庭月落孤雲歸〕"는 시구로 최치원의 작품이라고 하기도 했으나 그것만으로는 인정하기 어렵다.(이하 원문 70자 번역 생략)

우리 나라는 중국 고대 하나라 때부터 중국과 외교 관계가 시작되었다. 그러나 그동안 전혀 전해 오는 기록이 없어 볼 수 없다. 다만 수나라와 당나라 어간에 처음 글 지은 이들이 있으니 침략군 수나라 장수에게 시를 보낸 을지문덕과 동맹국 당나라 임금에게 '태평시'를 보낸 신라 진덕여왕이 그분들이다. 이분들의 시가 비록 서적에 기록되었으나 그것만으로는 너무 부족하다. 그뒤 최치원이 당나라에 가서 과거에 뽑혀 문장으로 천하에 이름이 높았다.

그의 시에,

곤륜산맥이 뻗어서 오악이 되고
성수해[2]가 북으로 흘러 황하수 되었네.
崑崙東走五山碧　星宿北流一水黃

라는 글귀를, 그와 같은 해에 함께 과거에 뽑힌 고운顧雲이 평하여 "이 한 구절은 곧 중국의 지리서다." 하였다. 대개 중국의 오악이 다 곤륜산에서 뻗은 산맥이며 황하의 근원이 성수해에서 나왔기 때문에 한 말이다.

또 윤주潤州 자화사慈和寺를 보고 지은 시에,

---

[2] 황하가 시작된 근원으로 청해青海 지경에 있다.

화각 소리는 아침 파도
저녁 파도와 함께 사라지는데
푸른 산 그림자는 옛사람도
지금 사람도 비추는구나.
畫角聲中朝暮浪　靑山影裏古今人

하였다. 학사 박인범朴仁範이 경주涇州 용삭사龍朔寺를 보고 지은 시에,

끔벅이는 등불은 반딧불이
조도[3]를 비추는 것 같고
휘돌아간 사다리는 무지개 그림자가
바위에 가로놓인 것 같구나.
燈撼螢光明鳥道　梯回虹影落巖扃

하였다. 또 참정 박인량朴寅亮은 사천泗川 구산사龜山寺를 보고 지은 시에,

문 앞에 매인 나그네 배에
밀려오는 파도가 사납고
대숲 아래 중들이 두는 바둑판에

---

3) 중국 《화양국지華陽國志》에 "조도鳥道 4백 리가 너무 험하여 짐승이 다니는 길도 없고 오직 공중에 새가 날아다니는 길만 있다." 하였다.

햇빛은 한가하구나.
門前客棹洪波急 竹下僧棋白日閑

하였다.
　우리 나라의 시로서 세상에 이름난 것이 이 세 사람으로 시작되었다. 문장이 그 나라를 빛내는 것이 이와 같다.

시를 평론하는 이야기
論詩說

내가 전에 매성유(梅聖兪, 매요신梅堯臣)의 시를 읽고 마음속으로 은근히 대수롭지 않게 여겨 옛사람이 그를 '시옹詩翁'이라고 한 까닭을 알지 못하겠더니, 지금에 와서 다시 본즉 그의 시가 겉으로는 나약한 듯하나 실속은 굳세어서 참으로 시 가운데 정수임을 알았다. 매성유의 시를 이해한 뒤라야 시를 아는 자라고 할 것이다.

다만 옛사람들이 사공(謝公, 사령운謝靈運)의 시 중에 "연못에 봄풀이 난다.〔池塘生春草〕"를 '경책警策'이라 하였는데 나는 그 아름다움을 알 수 없다.

서응徐凝의 '폭포' 시에 "한 줄기 폭포가 푸른 산빛을 갈라놓았다.〔一條界破靑山色〕"라는 글귀는 내가 보기에는 잘된 구절이라고 생각하는데 소동파는 이것을 좋지 않은 시라고 하였으니, 이로부터 보면 우리들이 멀리 옛사람에게 미치지 못한다. 또한 도연명의 시는 맑고 안정된 것이, 줄은 붉고 구멍은 성근 청묘[1]한 비파 같아서 한

---

1) 주나라 문왕의 사당이었는데 후세에 맑고 밝은 덕행이 있는 이들을 제사하는 사당의 이름이 되었다. 여기에서는 엄숙하고 맑고 고요한 것을 '청묘淸廟'라고 한 것이다.

번 읊고 세 번 감탄하게 되는데 내가 그 문체를 본받으려 하나 종내 비슷하게도 되지 않으니 더욱이 우습다.

시 구상의 미묘함을 간단히 논평한다
論詩中微旨略言

　대저 시는 시상이 근본이 된다. 다시 말하여 구상이 어렵고 어휘 선택과 문장 조직은 둘째인 것이다. 구상은 또한 그 사람의 기질의 높고 낮음에 따라 깊고 옅은 것으로 구별된다. 그런데 사람의 기질이란 본바탕에서 나오는 것이요, 배워서 되는 것은 아니다. 그러므로 기질이 낮은 자는 글귀를 주워 맞추는 데만 힘쓰고 구상을 앞세우지 못한다. 이렇게 지은 작품은 조각한 듯한 문장과 그림 그린 듯한 글귀가 참으로 아름답기는 하다. 그러나 내용이 깊고 두터운 의미를 품고 있지 못하기 때문에 처음 보기에는 잘된 듯하나 다시 감상하려면 감동이 없어지고 만다.
　그러나 대체로 운을 먼저 달아 보다가 그것이 구상에 방해되거든 운자를 고치는 것이 옳다. 오직 남의 시에 화답할 때 만일 험운險韻이 있으면 먼저 그 운자에 적당한 뜻을 찾아 놓은 다음 구상하는 것이 좋다. 그러므로 이 경우에는 차라리 구상을 나중에 하더라도 운은 말이 잘 이어지도록 해야 한다. 또한 먼저 생각한 구절이 다음 구절로 대를 맞추기[1] 어려워서 오래 생각해도 쉽게 구상이 되지 않을 때에는 먼저 구절을 아끼지 말고 버리는 것이 옳다. 그 이유는 그렇게 오래 생각하는 시간이면 혹시 전편을 지을 수도 있기 때문이다. 어찌 한 구절을 아껴서 전편을 지체하겠는가. 시간이 급박하게 된 뒤에 바삐 서두르는 것은 군색할 뿐이다.

구상할 때에 깊이 파고들면서 돌아설 줄 모르는 것을 '함陷'이라 한다. 함하면 착着하고, 착하면 미迷하고, 미하면 고집불통이 된다. 그러므로 오직 출입과 왕래가 자유로우며 전후와 좌우를 잘 살피면서 변화를 마음대로 해야 걸리는 데가 없이 원만하고 능숙한 경지에 도달하는 것이다. 앞 구절의 결함을 뒤 구절로 보충하며 글자 하나로 한 구절의 부족한 점을 살리는 수도 있는 것이니, 이러한 방법도 등한히 생각할 것은 아니다.

시의 품격을 말하자면 단순하고 청백하게 살기 위하여 가난한 고통을 참는 정경만을 취재한 것은 산인山人의 격이요, 곱고 화려한 것만을 취재하여 전편을 꾸민 것은 궁액宮掖의 격이다. 오직 청백한 것, 웅장한 것, 화려한 것, 평범한 것을 뒤섞어서 능숙하게 조화시켜야만 남들이 한 가지 체로 지목하지 못한다.

시에 아홉 가지 좋지 않은 체가 있으니, 시 한 편에 옛사람의 이름을 많이 인용한 것은 재귀영거체載鬼盈車體[2]요, 옛사람의 구상을 도적하여 쓰되 도적질을 잘해도 옳지 않은데 도적질조차 서투르게 한 것은 졸도이금체拙盜易擒體[3]요, 강운強韻을 달되 말을 근거 없이

---

1) 한시는 두 구절이 한 구가 되는데 대구라는 것은 한 구의 첫 구절이 관사, 체언, 용언의 순서로 되었다면 그 다음 구절도 꼭 그 순서대로 같은 유의 어휘를 마주 놓아서 명사는 명사 또는 대명사, 동사는 동사 또는 형용사와 상대되게 하는 법이다.
2) 귀신을 한 차 가득 실었다는 뜻이다.
3) 서투른 도적이 쉽게 잡힌다는 뜻이다.

억지로 단 것은 만노불승체挽弩不勝體[4]요, 자기의 재주를 헤아리지 않아 운 단 것이 고르지 못한 것은 음주과량체飮酒過量體[5]요, 흔히 쓰지 않아서 남들이 수월히 알지 못하는 글자를 쓰기 좋아하여 사람들을 혹하게 하는 것은 설갱도맹체設坑導盲體[6]요, 말이 위아래가 순하게 연결되지 않으면서도 남의 글을 인용하기를 즐기는 것은 강인종기체强人從己體[7]요, 글에 상스러운 말을 많이 쓰는 것은 촌부회담체村父會談體[8]요, 꺼려야 할 문구를 함부로 쓰는 것은 능범존귀체凌犯尊貴體[9]요, 문장을 다듬지 않아 거친 곳이 많음은 낭유만전체莨莠滿田體[10]다. 이상과 같은 좋지 않은 체들을 극복한 뒤라야 시에 대한 이야기를 할 자격이 있다.

누가 자기의 시에 대해 지적하거든 받아들일 만한가를 살펴야 한다. 그의 지적이 옳으면 바로잡고 옳지 않으면 내 주장대로 할 것이니, 구태여 듣기조차 싫어해서 마치 임금이 신하가 간하는 것을 거부하여 종내 자기 과오를 바로잡을 기회를 놓치고 말듯이 할 것이야 있겠는가.

대개 시를 쓴 뒤에는 보고 또 보되 자기가 쓴 것으로 보아서는 안 되며, 남의 것이나 평소에 대단히 미워하는 사람의 시로 생각하고 그 결점을 찾기에 노력하여 결점을 찾지 못한 뒤에 발표해야 한다.

---

4) 활을 쏘는 사람이 활을 쏘기는 고사하고 당기지도 못한다는 뜻이다.
5) 술을 자기 주량보다 지나치게 마신다는 뜻이다.
6) 구덩이를 파 놓고 장님을 인도하는 것이다.
7) 남에게 억지로 자기를 따르게 한다는 뜻이다.
8) 촌 늙은이들이 모여서 이야기하는 것이다.
9) 존엄성이 없다는 뜻이다.
10) 밭에 가라지가 우거졌다는 뜻이다.

이것은 다만 시만 그런 것이 아니라 산문도 그러하다. 더욱이 고시 古詩에는 적당한 구로 운을 붙이는 것이 좋다. 시상이 한가로우므로 글이 또한 자유로워서 구속받지 않게 된다. 그러므로 시와 산문이 그 법에서는 한가지인가 하노라.

나 홀로 말과 뜻을 아울러 창조하였으니
答全履之論文書

아무 달 아무 날 아무개는 전이지 귀하에게 절하고 글을 올립니다. 요사이 오랫동안 뵈옵지 못하여 바야흐로 그리운 생각이 간절하더니 문득 편지를 받아 반갑게 읽으면서 아직 손에서 놓지 못하고 있습니다. 문장이 찬란할 뿐 아니라 문장의 좋고 나쁨을 평론함이 정밀하고도 간결하며 힘차고도 적절하여 결함을 바로 지적하여 타락한 문장을 바로잡으려고 하시니 매우 잘되었습니다. 다만 저를 칭찬함은 너무 지나치시어 하물며 이백과 두보에 견주기까지 하셨으니, 제가 어찌 감히 이를 받아들이겠습니까. 그대의 말에, "세상 사람들이 시끄럽게 소동파(소식)를 본뜨되 제대로 동파를 배우지 못한 사람들은 말할 나위도 없거니와, 비록 시인으로 이름을 날리고 있는 누구누구 두서너 사람들도 다 동파를 본받는 사람들로 다만 그 말을 훔쳤을 뿐 아니라 그 내용까지 따다 쓰면서 잘한다고 뽐내는데, 홀로 그대만은 옛사람을 본받지 않고 새 어휘를 창조하며 새 내용을 고안하여 넉넉히 사람의 귀와 눈을 놀라게 하니 지금 사람들에게 비할 바 아니다." 하며, 저를 하늘까지 치켜올리셨으니, 이게 너무 지나친 칭찬이 아니겠습니까. 다만 그 가운데에서 이른바 '말과 뜻을 창조한다.'는 것은 참으로 그렇습니다. 이는 일부러 옛사람들과 달리하려고 해서가 아니라 스스로 어쩔 수 없이 그렇게 되는 것입니다. 왜냐하면 대체로 보아 옛사람의 문체를 본받으려면 반드시 먼저 그 시를 많이 읽어야 하며 그렇지 않으면 표절할 수조차 없습니다. 예를 들어, 도적놈이 먼저 부잣집을 엿보아서 그 문이며 담 같은 것을 자세히 안 뒤에 그 집에 들어가 그 소유물을 가져다가 자기 소유물로 만들면서도 사람들은 모르게 해야 하는 것입니다. 만일 그렇게 아니하면 훔치기도 전에 잡힐 터이니 어찌 도적질을 하겠습니까. 저는 젊어서부터 조심하지 않고 방탕한 생활을 하면서 글을 정하게 읽지 못했습니다. 육경六經, 자사子史도 비록 광범하게 많이 읽기는 하였으나 깊이 연구하지는 못하였으니, 하물며 여러 사람들의 글귀 같은 것이야 더 말할 것도 없습니다.

이미 그 글에 익숙하지 못하니 어찌 그 문체를 본받고 그 어휘를 도용할 수 있겠습니까. 그래서 할 수 없이 새것을 창조하는 것입니다. 또 세상의 배우는 자들은 처음에 과거를 보기 위한 글을 학습하기 때문에 풍월 같은 것에는 손댈 겨를이 없다가 과거에 급제한 뒤에서야 시를 배우기 시작하면서 동파 시를 즐겨 읽으니 해마다 과거 급제자가 발표된 뒤에 사람들이, "금년에도 또 삼십 동파가 나왔다."[1] 합니다. 그대께서 이른바 '세상이 시끄럽다.'는 것도 이것이겠지요. 저 두서너 사람과 같은 이는 동파를 본받아 능히 성공한 사람들입니다. 그렇다면 이들도 또한 동파니 동파를 만난 것처럼 공경함이 좋을 것이지 어찌 그르다고 할 것이야 있겠습니까. 동파는 근

---

1) 매년 과거 급제가 30명인데 모두 다 소동파를 모방한 자들이라는 뜻이다.

세 이래 풍부하고 뛰어난 시인입니다. 그 글이 부잣집에 금은보화가 가득 차 한정 없이 많은 것과 같아서 비록 도적을 맞더라도 가난뱅이가 되는 것은 아니니 도적질을 한들 어떻단 말입니까.

또 맹자는 공자에 미치지 못하고 순자荀子와 양자楊子는 맹자에 미치지 못하나, 공자 뒤에는 공자 같은 이가 없다가 홀로 맹자가 거의 그를 본받았고 맹자 뒤에는 맹자 같은 이가 없다가 순자와 양자가 그에 가깝기 때문에 후세에 '공맹'이라 하거나 '가웅軻雄', '순맹荀孟'이라 일컫는 것은 본받아 거의 가까워졌기 때문입니다. 저 두서너 무리가 비록 꼭 동파와 같지는 못할지라도 또한 거의 본받은 무리니 후세에서 동파와 같이 일컬을지도 모르는데 그대는 무얼 그렇게 배척합니까. 그러나 그대의 말이 또한 어찌 까닭 없이 경망하다고야 할 수 있겠습니까. 저를 칭찬함으로써 지금 사람들을 고무하는 것이겠지요.

옛적에 이고[2]가,

"육경 글이 뜻과 말을 창조함에 있어서 서로 본받지 않았으니, 《춘추》를 읽어 보면 《시경》 냄새가 조금도 없고 《시경》을 읽어 보면 《주역》 냄새가 조금도 없고 《주역》을 읽어 보면 《서경》 냄새가 조금도 없는 것이 산에는 항산恒山과 화산華山이 있고 물에는 회수淮水와 제수濟水가 있음과 같다."

하였습니다.

대체로 육경은 글을 아름답게 꾸미는 것이 목적이 아니고 그 요지는 다 왕도王道와 패도霸道를 말하고 도덕을 논하며 정치 문화 홍

---

2) 이고李翶는 당나라 학자다.

망치란의 근본을 말한 것이니, 글 뜻이 서로 같은 듯하나 실상은 서로 같지 아니합니다. 이른바 이제 사람들의 시는 근원이 비록 《시경》에서 출발하였으나 점점 다시 성병聲病,[3] 여우儷偶,[4] 의운依韻,[5] 차운,[6] 쌍운[7]들의 제도가 생겨서 힘써 아로새기고 뚫고 대패질을 해야 하는즉 구속이 많아서 마음대로 만들 수가 없기 때문에 더욱 어려워졌습니다.

이런 구속 가운데에서도 새 뜻을 창조하여 묘한 규칙에 이르고자 아니 하는 이가 없는데, 만일 옛사람이 이미 한 말을 표절한다면 인정할 만한 실력이 있다고 하겠습니까. 보십시오, 성률이 생긴 이래 근고 시인을 말하면 당나라의 진자앙陳子昻, 이백, 두보, 이한李翰, 이옹李邕, 양형楊炯, 왕발王勃, 노조린盧照隣, 낙빈왕駱賓王과 같은 이들이 큼직하고 넉넉하여 강물을 기울이듯 바닷물을 엎지르듯 호기와 용맹을 마음대로 부리고 있지만 한 사람도 선배 아무개의 체를 본받아 그 뼈를 깎아 낸 이가 있다는 말은 듣지 못했습니다.

그뒤에 또 한유, 황보식皇甫湜, 이고, 이관李觀, 여온呂溫, 노동盧同, 장적張籍, 맹교孟郊, 유우석劉禹錫, 유종원柳宗元, 원진元稹, 백거이白居易 무리가 일시에 쏟아져 나와 천고를 높이 보았지만 또한 진자앙, 이백, 두보, 양형, 왕발 같은 이를 본받아 그 가죽과 살을 베어 내었다는 말은 듣지 못했습니다. 송나라에 이르러서는 또 왕안

---

3) 한시에서 시의 음운 관계를 너무 지나치게 보는 폐단을 말한다.
4) 대자對字, 대구對句 관계.
5) 일정한 자리에 일정한 운자를 다는 것이다.
6) 남이 보낸 시의 운자대로 시를 짓는 것이다.
7) 한자음의 첫소리와 끝소리 관계를 보는 것이다.

석, 사마광, 구양수, 소순흠蘇舜欽, 매요신, 황정견黃庭堅, 소식 형제들이 있어서 우레를 버티고 달을 찢으면서 한 시대를 흔들었건만 그들이 한유나 황정견을 본받았습니까, 유종원, 유우석, 원진, 백거이를 본받았습니까. 저는 깎아 내거나 베어 낸 흔적을 보지 못했습니다. 그러나 각각 일가를 이루어 배와 귤이 맛은 다르나 입에 맞지 않는 것이 없음과 같습니다.

대체로 서적이 점점 많아지는 것은 후진에게 도움이 되고자 함인데, 만일 다 서로 본받기만 한다면 이는 답본沓本으로 한갓 종이나 먹을 소비할 뿐이니, 그대께서 새 말을 귀히 여김은 대개 이런 뜻이 아니겠습니까.

옛 시인들은 비록 새 뜻을 창조하더라도 그 말이 원만치 않은 것이 없는 것은, 경서와 사서, 많은 학자들과 옛 성현들의 글을 읽어서 마음에 스며들고 입에 익지 않은 것이 없어 창작할 적에 절로 흘러나와 잘 응용되므로, 시와 산문이 비록 다르더라도 그 말을 쓰고 글자를 쓰는 법은 다 같은 것이니 말이 어찌 원만하지 않겠습니까.

그러나 저는 이와는 달리 옛 성현의 말에 익숙지 못하면서 또 옛 시인의 체를 본받기를 부끄러이 여기므로 할 수 없이 갑자기 창작할 적에는 말라붙어서 쓸 수가 없기 때문에 반드시 새 말을 창조하게 되어 말이 어색하고 우스운 데가 많습니다. 옛 시인들은 내용은 창조하나 말은 창조하지 않았는데 저는 말과 뜻을 아울러 창조하면서 부끄럽게 여기지도 아니하니, 이로 말미암아 세상 시인들이 눈을 흘기면서 배척하는 자가 많은데 어째서 그대께서는 홀로 지나치게 칭찬하기를 이렇듯 합니까.

아, 이 세상 사람들의 현혹됨이 얼마나 심합니까. 비록 도적의 물건이라도 볼 만한 것이 있으면 구경하니, 누가 알아보고 그 유래를 트집 잡아 욕하겠습니까. 오랜 세월이 지난 뒤에 만일 그대 같은 이가 있어서 진실과 거짓을 판단한다면 남의 글을 잘 훔친 자는 도적으로 잡힐 것이요, 저의 깔깔한 말이 도리어 칭찬받기를 오늘 그대의 칭찬과 같을는지도 알 수 없습니다. 그대의 말은 오랜 뒤에 증험하게 되겠습니다. 이만 그치면서 아무개는 두 번 절합니다.

시 귀신을 몰아내는 글[■]
驅詩魔文

　대체로 흙이 쌓인 높은 언덕과 물이 막힌 깊은 물웅덩이와 그밖에 나무와 돌과 집과 담장들은 이것이 다 이 세상에서 생명이 없는 물건들이다. 그러나 여기에 혹 귀신이 붙으면 괴상하고 요사한 현상이 나타난다. 심하면 언덕을 파헤치고 물웅덩이를 메우며 나무를 베고 돌을 깨며 집을 헐고 담을 허물고야 만다. 사람에게도 귀신이 붙을 수가 있다. 사람이 처음 생겨날 때에는 그 바탕이 투박하여 꾸밈이 없으므로 순후하고 정직하지만 한번 시 짓는 데 미치면 요사한 견해와 괴이한 말로 사물을 희롱하여 사람을 어리둥절케 하니 놀라운 일이다. 이것은 다른 까닭이 아니요, 오직 시 귀신이 붙었기 때문이다. 그러므로 나는 시 귀신의 죄를 폭로하여 그를 몰아내려 하노라.
　"사람이 갓 나서는 인간이 처음 생겨나던 때 그대로 그 바탕이 소박하며 꾸밈이 없는 것은 마치 피기 전 꽃봉오리 같고 지각이 발달되지 못한 것은 구멍이 막힌 듯 문이 닫히고 자물쇠가 잠긴 듯하다. 그랬던 사람이, 네가 엿보다가 느닷없이 붙으면 자기를 세

[■] 한유의 '가난을 물리치는 글〔送窮文〕'을 본떠 지었다.

상에 나타내려 하며 사람들을 혹하게 하려고 하여, 모든 사물을 칠하여 그 빛을 바꾸기도 하며 번개가 번쩍거리듯이 혹은 강조하고 혹은 묵살하며, 인형을 놀리듯 탈춤을 추듯 기괴한 것을 꾸며내며, 쓸쓸할 만큼 고요하기도 하고 분주할 만큼 떠들기도 하며, 아첨할 때에는 몸에 뼈가 없는 듯이 굽실거리며, 성내어 소리칠 때에는 바람이 부딪치고 물결이 마주 찧는 듯하다. 세상에서 너를 장하다 하지 않는데 왜 그처럼 날뛰며 남들이 네 공을 인정하지 않는데 왜 그다지도 찧고 까부느냐. 이것이 네 죄의 첫째다.

땅은 항상 고요하고 하늘은 형용할 수 없이 아득하다. 알듯 모를 것이 하늘 이치요, 보일 듯 볼 수 없는 것이 신명이다. 구별이 분명치 않고 넓고 깜깜하며 이치는 심오하여 나타나지 않는 곳에 있어 자물쇠가 잠긴 듯한데, 너는 이것을 생각지 않고 깊은 데를 들이파고 신비한 것을 파헤쳐 기밀을 누설하되 당돌하게 그칠 줄을 모르고 위협하여 다달이 병이 들며 마음을 꿰뚫어 세상을 놀라게 하니, 신이 기뻐하지 않고 하늘이 불평하여 너 때문에 사람들을 박대한다. 이것이 네 죄의 둘째다.

구름과 노을의 아름다움과 달과 이슬의 정기와 벌레와 물고기의 기이함과 새와 짐승의 기괴함과 움트고 꽃 피는 초목의 천만 가지 현상이 온 천지를 장식하는 것을 너는 서슴지 않고 닥치는 대로 취하여 열에 하나도 남김없이 보는 대로 읊어 웅긋중긋한 삼라만상을 네 붓끝으로 옮기지 않은 것이 없으니, 너같이 겸손함이 없음을 하늘땅도 싫어한다. 이것이 네 죄의 셋째다.

네 비위에 거슬리면 즉시 공격부터 하니 무슨 무기와 무슨 보루를 가졌느냐. 반가운 사람이면 곤룡포 없이도 임금으로 꾸미며 미운 사람이면 칼 없이도 해치는구나. 네 무슨 부월斧鉞을 가졌기에 싸우고 죽이기를 네 마음대로 하며, 네 무슨 권리를 잡았기에 상 주고 벌 주기를 함부로 하느냐. 네 높은 벼슬자리에 있지 못하면서 국가의 정사를 논하며 네 놀음쟁이가 아니면서 만물을 조롱하여 뱃심 좋게 뽐내며 거만하게 노니, 누가 너를 시기하지 않으며 누가 너를 미워하지 않겠는가. 이것이 네 죄의 넷째다.

네가 사람에게 붙으면 마치 병든 사람 같아서 목욕을 싫어하며 머리 빗기를 게을리 하며 수염이 빠지고 몸이 파리해지며 신음 소리를 내고 이맛살을 찌프리게 되며 정신이 흐려지고 가슴을 앓게 되니, 너는 온갖 근심의 중매쟁이요 평화의 원수다. 이것이 네 죄의 다섯째다.

이 같은 다섯 가지의 죄를 지고 어찌하여 사람에게 붙느냐? 조식에게 붙어서 형을 업수이여김으로써 팥이 가마 속에서 울게 하였으며,[1] 이백에게 붙어서 배에 걸터앉았다가 미친 증세가 일어나 강물에 빠지게 하니 이를 세상에서 '달 잡으러 갔다.'[2] 하나 강물은 아득하여 지금까지도 소식이 없다. 두보에게 붙어서 상급의 미움을 받아 벼슬길에서 물러나 초라한 행장으로 객지를 헤매다가 억울하게 뇌양에서 객사하게 하였으며,[3] 이하에게 붙어서는 괴이

---

[1] 위나라 무제가 셋째 아들 조식曹植이 글재주가 있어 몹시 사랑하니 그의 형 문제가 아우 조식을 미워하여 칠보, 즉 일곱 발자국 걷는 사이에 시 한 편을 짓지 못하면 죽인다고 하였다. 조식이 "팥 깍지가 가마 밑에서 불타니 팥이 가마 속에서 우네. 본디 한 뿌리에서 난 처지에 서로 볶기를 이다지도 급히 하느냐." 하는 시를 지어 팥은 자기를, 팥 깍지는 형을 비유하여 풍자하였다.
[2] 당나라 때 시인 이백이 양귀비를 야유하는 시를 지었다가 조정에서 쫓겨나 방랑 생활을 하다가 채석강에서 술을 마시고 강물에 비친 달을 건지려고 뛰어들어 빠져 죽었다.

하고 허탄하게 되어 그 재주가 세상에 짝이 없건만 마침내 일찍 죽게 하였으며,[4] 유우석에게 붙어서 권세 있는 이와 임금과 가까운 이들을 비방하다가 출세 길이 막혀서 한번 거꾸러지자 회복하지 못하게 하였으며, 유종원에게 붙어서 화단을 자초하여 유주에 귀양간 뒤 돌아오지 못하게 하였으니 누가 그 불행을 동정하랴.

한심하다, 너 시 귀신아. 네 모양이 어떻게 생겼으며 예로부터 지금까지 몇 사람이나 해하였더냐. 이제 나한테 와 붙으니 네가 온 뒤로는 온갖 것이 어렵고 귀찮아져서 까맣게 잊은 듯 멍하고 어리석은 듯하며 벙어리 같고 귀머거리 같으며 몸을 가누지 못하고 걸음을 휘적거리며 시장한 것도 목마른 것도 모르며 찬 것도 더운 것도 모르며 게으른 계집종과 고집스런 사내종을 단속하지 않아서 텃밭이 묵어도 김매지 않으며 집이 쓰러져도 바로잡지 않으며 구차히 살게 되는 것도 네가 부른 것이다. 재산이 많고 벼슬이 높은 것을 업수이 보며 방자하고 거만하여 언성을 높여 겸손치 못하며 면박하여 남의 비위를 맞추지 못하며 여색에 쉬이 혹하며 술을 만나면 행동이 더욱 거칠어지니 이것이 다 네가 시킨 것이다. 어찌 내 마음이겠느냐. 호언장담하니, 내 그 때문에 너를 미워하며 저주하여 몰아 보내려 하는 것이니, 너 속히 도망하지

---

3) 당나라 때 이백과 함께 유명한 시인. 당시 양귀비를 둘러싼 조정의 탐욕적이며 부패한 생활과 그로 인한 백성들의 처참한 생활을 반영한 시를 써서 조정의 미움을 받아 일생을 방랑 생활을 하면서 자신의 참담한 고난을 참고 견디며 조국의 운명을 구원하기 위하여 사실주의적인 좋은 시를 많이 쓰다가 마침내 객지에서 숨을 거두었다.
4) 이하李賀는 당나라 때 시인으로, 협률랑 벼슬에 있었는데 꿈에 붉은 비단옷을 입은 사람이 널에 "하늘에서 옥황상제가 백옥루를 짓고 그대를 불러 서문을 지으려 한다."고 써 가지고 온 것을 보았다고 하더니 곧바로 죽었다고 한다.

않으면 너를 찾아내어 베리라."

그날 밤에 피곤하여 자리에 누웠을 때에 베갯머리에서 버스럭버스럭 소리가 나는 듯하고 어른거리며 무엇이 보이는 듯하더니, 의복을 화려하게 차린 자가 와서 나한테 말하였다.

"그대가 나를 질책하고 배격함이 어찌 이다지도 심한가. 내 비록 하찮은 귀신이지만 역시 하늘이 아는 터다. 그대가 처음 날 때에 하늘이 나를 보내 그대를 따르라 하였으므로 그대가 아직 벌거숭이 때에는 그대의 집에 숨어 떠나지 않았고 그대가 어려서 쌍상투 틀던 때에는 기회를 엿보았으며, 그대가 성년이 된 때에는 항상 그대의 뒤를 따르면서 그대의 기운[5]을 웅장하게 하였으며 그대의 문장을 화려하게 꾸몄으므로 과거에서 해마다 급제하여 명성이 사방으로 퍼져서 하늘과 땅을 뒤흔들어 벼슬아치와 귀족들이 그대의 얼굴이라도 보려 한다. 이만도 내가 그대를 도운 것이 헐치 않으며 하늘이 그대를 돌보아 준 것이 적지 않은 것이다. 다만 말을 삼가지 않고 몸가짐을 단정히 못하고 여색에 혹하고 술을 즐기는 것은 그것이 다 까닭이 있는 일이지 내가 주장하여 그리 된 것은 아니다. 그대 어찌 삼가지 않고 미친 듯이 어리석은 듯이 하는가. 이것이야 그대의 허물이지 어찌 내 허물이겠는가."

거사가 이에 귀신의 말이 옳고 자기 말이 그르다는 것을 깨닫고 부끄럽고 황송하여 시 귀신에게 구부려 절하고 맞아 스승으로 모셨다.

---

[5] 이규보는 '시의 구상의 미묘함을 간단히 논평함'이라는 글에서 시의 구상에 대하여 "구상은 기운이 근본이 되나니 …… 기운이란 소질에서 오는 것이요 ……" 하였다.

이산보 시에 대하여
李山甫詩議

《서청시화西淸詩話》에 이산보[1]가 한나라 역사를 보고 지은 시가 있다.

왕망[2]이 희롱해 오매
일찍이 반만 빠졌더니
조공[3]이 갈 무렵에는
문득 아주 잠기고 말았다.
王莽弄來曾半沒 曹公將去便平沈

나는 이는 매우 아름다운 글귀라고 생각한다. 그런데 고영수高英秀라는 자가 흉보기를,
"이는 파선시[4]다."

---

1) 9세기 당나라 사람.
2) 기원후 8년에 한나라의 왕위를 빼앗아 신新이라고 나라 이름을 고쳐 17년 동안 임금 노릇을 하였으나 곧 망하였다.
3) 한나라 재상 조조曹操를 가리킨다. 한나라를 멸망시키고 위魏나라를 세웠다.

하였다.

　나는 이렇게 생각한다. 무릇 시는 사물의 본질을 말하는 수가 있으며 혹은 본질은 말하지 않고 바로 동태를 말하는 수도 있는데, 이산보의 생각은 자못 한나라를 배에 비기면서 바로 그 동태를 말하여 "반만 빠졌더니 아주 잠겼다." 한 것이다. 만일 그때 이산보가 고영수의 말을 들었으면,

"자네는 내 시가 파선시 같다고 했는가? 그렇다. 내가 한나라를 배에 비겨 이른 것인데 자네가 잘도 안 것이다."

하였을 것인데, 고영수가 무슨 말로 대답했겠는가. 《서청시화》에서도 또한 고영수를 경박한 무리로 여긴 것을 보면 그의 말을 인정한 것은 아니다. 그런데 《서청시화》에서는 이런 말을 아니 하였으니 나는 그 까닭을 모르겠구나.

---

4) 파선시破船詩는 배가 파선된 것처럼 재미없는 시라는 뜻이다.

왕 문공의 국화 시에 대하여
王文公菊詩議

《서청시화》를 보니 왕 문공[1]의 시를 실었다.

해질녘 비바람에
동산 숲이 어두운데
시든 국화가 떨어지니
황금이 땅에 가득 찬 듯.
黃昏風雨暝園林　殘菊飄零滿地金

구양수[2]가 이 시를 보고,
"무릇 온갖 꽃이 다 떨어져도 홀로 국화는 가지에 붙은 채 마르는데 어찌 떨어진다 하였는가?"
하였다. 영숙(永叔, 구양수)의 말도 또한 크게 그르다고 할 수 없다. 문공이 크게 성내어 하는 말이,

---

1) 11세기 중국 송나라 정치가요 학자인 왕안석. 문공文公은 그의 시호다.
2) 구양수는 왕안석과 같은 시대 사람으로 왕안석보다 나이가 위다.

"이는 《초사》³⁾에 '저녁에 가을 국화 떨어진 꽃잎을 먹는다.〔夕飱秋菊之落英〕'한 것도 모르는 게다. 구양수가 배우지 못한 허물이다."
하였다.

　나는 논한다. 시라는 것은 느낀 바를 그대로 나타내는 것이다. 내가 일찍이 큰바람이 불며 모진 비가 올 적에 국화가 떨어지는 것을 보았다. 문공의 시에 '해질녘 비바람에 동산 숲이 어두운데'라고 일렀으니, 이는 보고 느낀 대로 나타낸 것이어서 구양공의 말에 반대함 직하다. 그러나 구태여 《초사》까지 끌어다 말할 터이면 '구양수가 어찌 이것을 못 보았는가.' 하면 좋을 것인데, '배우지 못한 자'라고까지 했으니 이는 너무 심하지 않은가. 구양수가 만일 널리 배우고 많이 들은 자가 못 된다고 하더라도 《초사》같은 것은 특별히 보기 어려운 책이 아닌데 구양수가 보지 못했겠는가. 하물며 구양수는 당대 이름난 선비인데 배우지 못했다고 지적하는 것은 너무 심하지 않은가. 나는 왕안석을 점잖은 어른이라고는 할 수 없다.

---

3) 초나라 굴원屈原의 사부辭賦를 주로 하고 그의 작품을 이어받은 제자와 후인들의 작품을 모아 엮은 책이다.

오덕전의 극암시 끝에 쓴 글
吳德全戟巖詩跋尾

오덕전의 시는 그 정신이 굳세고 원숙하며 구상이 우수하여 그 시가 세상 사람에게 환영받은 것이 적지 않다.

그러나 강운[1]을 달아서 시 짓는 데는 그가 능한 것을 보지 못하였기 때문에 나는 생각하기를 그는 엄연히 타고난 재주가 그런 줄로만 알았다.

북산에 가서 '극암(戟巖, 창바위)'을 제목으로 하여 시를 지을 제 곁사람에게 운을 부르게 하였더니, 그 사람이 일부러 험한 운을 불렀다. 선생은 다음과 같은 시를 지었다.

> 북령의 깎아지른 듯한 돌을
> 우리들은 극암이라 부르더라.
> 멀리는 학을 탄 태자 진[2]을 찧을 듯하고

---

1) 자수가 적어 가장 어려운 운. 운은 한시 각구의 끝에 쓰는 글자다.
2) 주나라 영왕靈王의 태자 진晉이 숭산崇山에서 30년 동안 공부하다가 신선이 되어 학을 타고 날아갔다는 고사가 있다.

높이는 하늘의 오제함[3]을 찌를 듯하구나.
다듬은 자루라면 번갯불이 횃불인가.
씻은 칼날 같은데 서리가 소금 같구나.
마땅히 병기를 만들었던들
초나라를 이기고 또 범나라를 무찌르지 못하랴.

  北嶺巉巉石 邦人號戟巖
  迥揷乘鶴晉 高刺上天咸
  揉柄電爲火 洗鋒霜是鹽
  何當作兵器 敗楚亦亡凡

 그뒤 중국 북조 사신이 우리 나라에 왔는데 그는 시에 능한 사람으로서 이 시를 듣고 두세 번 감탄하며 칭찬하면서, "이 시를 쓴 사람이 지금 있느냐, 무슨 벼슬로 있느냐, 혹시 볼 수 있느냐?"고 묻는데 우리 나라 사람들이 멍하니 대답하지 못하였다. 내가 이 말을 듣고 "왜 지금 제고학사[4]로 있다고 대답하지 못하였느냐?" 하였다. 그들이 답변에 막힘이 이 같으니 참으로 한심하다.

---

3) 하늘에 다섯 황제가 있다고 믿은 한나라의 역사가 사마천의 글에 "위로는 오제와 같고 아래로는 삼왕이 위에 오른다.〔上咸五, 下登三〕"라는 글이 있는데, 그 글에 '상천함上天咸' 또는 '오제함五帝咸' 이라고 썼다.
4) 제고학사制誥學士는 벼슬 이름으로 제고란 왕의 영을 전하는 사령, 또는 왕의 명령이라는 뜻이다.

술 마시고 시 짓는 내기를 하는 것은
論走筆事略言

　대체로 창운 주필唱韻走筆이라는 것은 사람을 시켜 운을 부르게 하고 그 운으로 시를 짓되 운 부르기가 끝나는 순간 시 짓는 붓이 달리는 것도 같이 끝나 눈 한 번 깜짝할 사이도 뒤떨어지지 않는 것이다. 이것이 시작되기는 다만 친구들 사이에서 술을 마실 때 술이 취하여 충만한 기분을 덜어 버릴 방법이 없으므로 시 짓는 내기를 하여 그 기운을 돋우어 한때의 유쾌한 웃음을 돕는 것이었다. 이것은 언제나 떳떳이 할 일로 알아서는 안 되며 또한 윗사람 앞에서 해서는 안 된다. 이 법은 이담지[1]가 처음 시작하였는데 내 젊어서 날뛸 때에 스스로 '저 사람은 어떤 사람이기에 저 사람이 하는 일을 내가 못하랴.' 하는 생각으로 종종 청경과 더불어 주필 내기를 하였다. 이에 주필법이 시작된 것이다.
　그런데 나는 천성이 본디 조급하며 또한 주필을 하는 것이 반드시 술에 몹시 취한 뒤이기 때문에 시가 잘 되고 못 되는 것도 생각지 않고 다만 덜 되더라도 빨리만 짓는 것만을 제일로 생각하였다. 때

---

1) 이담지李湛之는 '칠현 이야기〔七賢說〕'에 나오는 사람으로 자는 청경淸卿이다.

문에 글씨도 난필일 뿐 아니라 글자의 점이며 획도 빼 버려 글자 모양이 되지 않아 만일 그때 곁사람이 모르는 글자를 물어서 옆에다 따로 써 두지 않으면 그 글을 쓴 나 자신도 뒤에 보고 아득하여 다시 알아보지 못하였다. 그 시의 품격도 평소 쓴 시에 비하면 그 급수가 백배나 떨어진 것과 같이 되므로 글귀의 규격으로는 볼 것 없는 것이 참으로 시인으로서는 죄인인 것이다.

처음에는 하찮은 이 유희가 세상에 알려지리라고는 생각지도 못하였더니 오히려 윗사람과 귀족들에게까지 알려져 모두들 술좌석에 청하여 권하므로 때로 부득이 지었는데, 차츰 광대의 재주나 마찬가지가 되어 어떤 때에는 구경꾼이 담같이 둘러서니 웃을 일이로다. (원문 18자 번역 생략) 그러므로 후진들 중에 주필을 하려는 이가 어지럽게 계속 나올까 싶다.

그러나 이 창운 주필이란 처음에는 신기한 듯하나 나중에는 아무 데도 쓸데없으며 또한 시의 규격을 깨뜨리는 것이다. 이대로 풍속이 되면 어찌 후세에서 나를 가지고 구실을 삼는 자가 생기지 않겠는가. 나는 취했을 때에 주필로 지은 시는 많이 버려 다시 기억하지 않노라.

거짓을 이음에 대하여
承誤事議

　　옛사람이 옛일을 그릇 인용한 것을 뒷사람이 그대로 잇고 또 뒷사람이 그대로 하면서 이를 '거짓 이음'이라 하여 크게 허물하지 않으니 '이백이 황정'이라 한 것과 '두목이 일휘'라고 한 것과 같은 것[1]이다. 나는 이를 그르다고 생각한다. 왜냐하면 사람이란 잘못이 없을 수 없다. 비록 큰 솜씨라도 더러 잘못이 있을 수 있으니 그런 잘못은 경계하는 거울로 삼아야 하는데, 도리어 그것을 이어서 쓴다는 것은 잘못하였다고 허물하면서도 도리어 본받는 것과 무엇이 다르랴. 이런 잘못은 조그마한 것이지만 만일 이보다 훨씬 더 큰 잘못이 있더라도 옛사람이 한 짓이라 하여 그 잘못을 그대로 잇겠는가? '거짓 이음'이란 비록 옛사람 중에 더러 긍정한 이가 있더라도 나는 본받지 않겠다.

---

1) 이백이 도교의 경전인 《도덕경》을 《황정경黃庭經》이라 잘못 쓰고, 두목杜牧이 '한 번 지휘한다〔一麾〕'는 뜻으로 쓴 것을 '한 깃발〔一旗〕'의 뜻으로 잘못 썼다는 고사다.

그대가 보낸 계사에 아직 답하지 못한 까닭은
與金秀才懷英書

아무개는 아뢰오. 옛날 나와 그대가 과거에 오르기 전에 홍원사洪圓寺에서 60여 일이나 있으면서 함께 공부하고 함께 연구하였으니 그대는 아직 기억하겠지요. 그뒤 홍왕사興王寺 월사月師의 방장方丈에서 간담을 쏟아 신교神交를 맹세한 일을 나는 지금도 생각하고 있으니 그대 또한 어찌 잊었겠소.

그대가 역사에 밝아 당나라며 한나라 일에 대한 이야기를 어제 본 듯이 하니 나는 오래 전부터 탄복해 마지않았소. 그대도 또한 내 저작을 감히 밀어 버리지는 않을 터이고 반드시 내 글에 부족함이 있다고는 아니 하리다.

지난달 아무 날 보내 주신 계사啓事[1]를 받고서 회답도 하기 전에 또 이달에 계사를 받아 다시 회답하지 못하고 있는데, 아마 귀하는 반드시 내가 글을 잘 못해서 회답하지 못하리라고는 여기지 않을 것이고 자못 거만하여 예절을 닦지 않는다고 하겠으니, 생각해 보면 벌써 내가 죄를 지었구려. 그러나 내가 회답하지 아니함도 또한 까

---

1) 편지의 한 종류다.

닭이 없지 않소.

대체로 계라는 것은 사람에게 경축, 사례, 진정, 청구하는 바가 있거나 혹은 느낀 바를 서로 이야기하기 위한 것으로서 표表나 전牋과 문체가 같지만 임금에게 드리는 것은 '표'라 하고 태자나 왕후들에게 드리는 것은 '전'이라 하며 사대부들에게 드리는 것은 '계'라 하니, 직위의 높고 낮음에 따라 이름이 다를 뿐이지 문체가 다른 것은 아니오. 지금 사람들이 표와 전에 대해서는 자못 옛사람의 문체를 본받으면서 계사는 모두들 그 글을 떠벌려 옛사람의 글 가운데서도 길게 늘어진 글귀로 대구를 삼아야 아름답다 하고 그렇지 않으면 침을 뱉는구려.

이 버릇은 임종비林宗庇로부터 시작되었소. 임씨가 어느 벼슬아치에게 계를 드렸는데,

"훌륭한 높은 재주는 곤륜산 위에 있는 천금으로도 살 수 없는 아름다운 옥과 같고, 높디높은 굳은 절개는 아미산 서쪽에 있는 만년토록 늙지 아니하는 외로운 소나무와 같다.〔落落高才 崑崙崗上 千金難價之美玉 昂昂勁節 峨媚山西萬歲不長之孤松〕"

하였으니, 이것은 그다지 길지 않고 말도 또한 참으로 아름다우나 이십여 자나 되는 것도 있어 구절 끊기가 너무 어려워서 읽기가 몹시 거북하구려.

또 옛사람의 말에,

"옛일 가운데 대구로 만들지 못할 것이 없으니 가령 '옹치[2]'도 또

---

2) 옹치雍齒는 한나라 병사로 당시의 임금 고조가 옹치를 몹시 미워하였으나 제후에 봉하자 다른 병사들도 다 마음을 놓았다는 이야기가 있다.

한 제후가 되었는데 우리가 무얼 걱정하랴' 하는 데 대해서는 '유분[3]이 낙제하였는데 우리가 급제하다니?' 한 것이 있다."
하였으니 참으로 그럴듯하구려. 만일 지난날의 기록에 없더라도 힘써 찾아 모으면 대구를 만들지 못할 것이 어디 있겠소. 이것도 또한 시의 글귀 모음과 같을 것이오. 또 '섞음 문체〔百家衣體〕'란 옛사람이 숭상한 바가 아니고 오직 왕 형공(王荊公, 왕안석)이 좋아하였는데, 다만 즉석에서 얼른 만드는 것을 소중히 여겼지만 여러 날 두고 옛사람의 시집에서 찾아내어 만든다면 나쁠 것도 없겠소.

이제 사람들이 짓는 계란 이미 오랫동안 버릇이 되었으니 얼른 고치기도 어렵구려. 만일에 본문과 옛일을 아울러 대구로 하여 문장을 이룬다면 자기의 창작이 얼마나 되겠소. 내가 반대로 행한다면 반드시 웃음거리가 되리다. 만일에 본떠서 만든다면 반드시 뒷세상 군자의 웃음거리가 되리니, 뒷세상의 웃음이 지금 사람의 웃음보다 겁나는 것이오. 차라리 지금 사람의 웃음거리가 될지언정 뒷사람의 웃음거리는 되지 않으리라. 또 곰곰이 생각하니 글을 사람에게 보내는 것은 그의 기쁨을 얻고자 함인데 도리어 웃음거리가 된다면 보내지 아니함만 못하리다. 그렇다면 지금 사람도 또한 두려운 것이니 나를 위하여 꾀하건대, 모두 집어치우고 짓지 아니하여 앞뒤 사람들의 웃음거리가 되는 것을 면하는 것이 상책인 듯하구려. 그래서 퍽 높은 이들에게 관계되어 어쩔 수 없는 경우가 아니면 애초에 짓지 않소. 때문에 평생에 지은 계사가 매우 적으니 뒷사람이 찾아보기가

---

3) 유분劉蕡은 당나라 사람으로 바른말을 썼다가 과거에서 낙제하였는데 이때 급제한 사람들이 부끄럽게 생각하였다.

어려울 정도요. 부디 그대는 내가 거만하다고 의심하지 말았으면 하오. 친밀한 사이에서는 시나 편지로 주고받아도 좋을 것이거늘 무얼 그대는 두 번이나 계사를 보내서 후대 신진이 어른에게 대하는 것과 같은 예절을 차리는지요.
  초여름 더위에 몸조심하시오.

백낙천을 흠모하는 자는 다 백낙천을 모르는 것이니
書白樂天集後

일찍이 늘그막의 소일거리로 백낙천의 시를 읽거나 때로는 가야금을 타는 것이 좋겠다고 생각하였다. 가야금은 옛적 진秦나라의 비파 종류인데 다만 한 줄이 적다. 타도 손가락이 상하지 않고 소리가 간절하여 쇠약해진 감정이 쉽게 풀어진다.

백공의 시는 읽으면 입에 막히지 않으니 그 말이 쉽고 깨끗하고 화기가 돌아 대면하여 친절하게 자세히 말하는 듯하다. 비록 당시 일을 보지 못했으나 직접 보는 것 같으니 이도 또한 문학가의 한 가지 문체다. 옛사람이 혹 백공의 시가 자못 천근하다 하여 심지어는 '머뭇거리는 늙은이[囁嚅翁]'라고 말한 이까지 있었으니 이는 다 시인이 서로 업신여기는 말이다. 어찌 반드시 그렇다고 할 수 있으랴. '비파행琵琶行'과 '장한가長恨歌' 같은 것은 이미 천하에 널리 전해져 악공과 기생들까지도 이 노래를 배우지 못한 것을 부끄럽게 여겼으니 만일 천근한 말이라면 이렇게까지 되었겠는가.

아, 백낙천을 흠모하는 자는 그를 모르는 것이니 나는 찬동할 수 없다. 다만 가야금은 내가 늘그막에 타기를 좋아하게 된 것이니, 사람이 다 나와 같이 즐김이 좋다는 건 아니다. 그리 잘 타지도 못하니 우습다.

《산해경》에 대한 의문
山海經疑詰

《산해경》[1]을 읽는데 책머리마다 대우大禹[2]가 쓰고 곽씨郭氏가 전하였다는 글이 있으니, 그것에 의하면 이 경은 마땅히 하우씨가 쓴 것으로 보아야 할 것이다. 그러나 하우씨가 쓴 것은 아니라고 의심한다. 왜 그런가? 전전傳에 이르기를, "아들은 아비를 위하여 허물을 숨기고 아비는 아들을 위하여 허물을 숨긴다." 하였으며, 《논어》에는 아비가 양을 훔친 것을 아들이 증인 섰다는 사실을 미워하였으며, 공자가 《춘추》를 편찬함에 있어서 숨김없이 쓴다 하였지만 노나라가 그의 조국이기 때문에 대체로 큰 허물은 다 숨기고 기록하지 않았다. 만일 《산해경》이 하우씨가 쓴 것이라면 마땅히 아비의 큰 수치를 숨겨야 할 터인데 '동북경'[3]을 보면, "큰물이 하늘에 닿았는데 곤鯀이 상제上帝의 땅을 훔쳐 그것으로 큰물을 막으므로 상제가 축융(祝融, 불의 신)을 시켜 곤을 우교羽郊에서 죽였다."라고 썼으니,

---

1) 《산경山經》이라고도 한다. 후한 때 책으로 내용은 '남산경南山經', '서산경西山經', '북산경北山經', '동산경東山經', '중산경中山經'으로 되어 있다.
2) 중국 고대의 임금인 하우씨의 이름 '우'를 높여서 '대大' 자를 더하였다.
3) 동북경東北經은 산해경 가운데 한 편.

곤은 우의 아버지라 마땅히 이 사실을 비판적으로 쓰지 못할 것이요, 만일 실제 있는 사실이라 써야 했다면 훔쳤다고 심하게 쓸 것이 아니라 '상제의 땅을 가졌다.'고 써도 대의를 가린 것이 되지 않을 것이다. '헌경표獻經表'를 상고하면, "옛적 큰물이 넘쳐흐를 제 곤의 물 다스림이 성과가 없으므로 요堯가 우를 시켜 인계하게 하니 백익伯益[4]과 백예伯翳가 날짐승과 길짐승을 몰아 물과 육지를 구별하고 진기한 것과 괴이한 것을 기록하였다. 이때에 백익이 사물의 선과 악을 구별하여《산해경》을 쓰니 다 성현이 남겨준 일이다." 하였으니, 이 글에 의하면《산해경》은 백익이 쓴 것인 듯하다. 그러나《산해경》서문에는, "우가 구주를 나눌 때[5]에 모든 물건들이 형태가 같지 않음으로 인하여《산해경》을 썼다." 하였다.

또 한 가지 의혹이 있다.《서경》에는, "요가 곤을 우산羽山에서 죽인 것은 대개 곤의 물 다스림이 성과를 내지 못했기 때문이다." 하였는데,《산해경》에는, "제帝가 곤을 우교에서 죽였다." 하였다. '제'란 것은 상제다. 곤이 상제의 땅을 훔쳤더라도 참으로 큰물을 막았다면 그것은 요에게는 공이 있고 상제에게는 죄가 있으므로 요가 죽일 것이 아니요, 상제가 홀로 죽여야 할 것이다. 만일 상제가 죽였다면 요한테 또다시 죽을 리 없으며, 만일 요가 죽였다면 그가 상제의 땅을 훔쳐 큰물을 막지 않았다는 것이 명확하다. 이 경우에 상제가 무슨 명목으로 곤을 죽이랴. 이 두 말이 또한 서로 같지 않으니 어느 것을 믿으랴. 유교에 충실한 사람은 마땅히《서경》을 바른

---

4) 하우씨를 도와 큰물을 다스린 사람.
5) 우가 큰물을 다스려 육지를 개척하고 중국을 황하를 중심으로 하여 아홉 구획으로 나누었다.

것으로 인정하고 《산해경》을 황당한 글이라고 할 것이다.
 그러나 우가 썼다 하니 우의 말을 괴이하다고야 할 수 있으랴. 뒷날에 지혜 밝은 군자가 밝히기를 기다린다.

'한신전'을 반박한다
韓信傳駁

《한서漢書》의 '한신전'을 읽고 반박하지 않아서는 안 될 것이 있기에 감히 논평하려 하노라.

한신의 죄는 이미 용서 못할 죽을죄다. 그러나 한나라 고조도 잘못이 있고 반고[1]의 글도 공평치 못한 것이 있다. 대체로 임금이 신하를 의심하는 마음이 있을 때에는 공순하게 처단을 기다리는 것이 신하의 본분이요, 의심한다 하여 임금에게 반역할 마음을 가지는 것은 신하로서 죄가 이보다 더 심한 것은 없다. 한신은 바로 이러한 죄를 범한 것이니, 참으로 용서 못할 죽을죄가 되는 것이다. 그러나 한신의 죄는 본디 고조가 길러 만든 것이다. 왜냐하면 한신이 반역한다고 참소하는 사람이 있을 때에 고조는 그것을 즉시 믿고 근심하였다. 이것은 임금으로서 현명치 못한 것이다.

참소하는 말에는 두 가지가 있다. 사실인지 아닌지 즉석에서 판단할 수 없어서 의심하게 되는 것과 즉석에서 거짓말로 판단되는 것이 그것이다.

---

1) 반고班固는 후한 사람으로, 자는 맹견孟堅.《한서》를 편찬했다.

한신으로 말하면 한나라와 초나라가 서로 싸우던 때에 우수한 국사國士로서 무쌍한 재주를 가지고 매같이 노리고 범같이 덤벼 판가리 싸움을 하던 판이라, 한신이 초나라에 가담하면 한나라가 위태하고 한나라에 가담하면 초나라가 위태하여 두 나라가 흥하고 망하는 것이 오직 한신 손에 달렸던 그때에도 한신은 변절하지 않고 종내 한나라에 가담하여 천하를 통일하고 한나라 공신이 되었다. 그때 벌써 괴통2)이 한신에게 천하를 삼분하라고 권고하였지만 한신은 그 말을 듣고도 신의를 지켜 차마 한나라를 배반할 수 없다 하여 그 계책을 듣지 않았다. 대체로 그때 형편으로는 됨 직도 하였지만 그처럼 신의를 지켜 배반하지 않았는데 어찌 천하가 통일된 때에 조그마한 회음淮陰 고을 하나를 가지고 큰 한나라에 대항하려 하였으랴. 이것은 즉석에서 거짓말로 판단되는 참소인 것이다.

만일 명확히 판단할 수 없어 그가 반역할 것이 근심되면 만승의 나라로서 한낱 회음 고을을 토벌하여 이기지 못할 리 없거든 한신을 속여 운몽雲夢 놀이에 오게 한 뒤 그 자리에서 사로잡았다. 한심하다, 천하를 통일한 천자의 위신으로서 이렇게 속임수로 한 사람의 신하를 잡았으니 천하 만방을 어떻게 대하랴.

가둔 채 서울로 끌고 왔으나 필경 용서하였음은 죄 없음을 인정하였기 때문일 것이다. 그렇게 죄 없음을 인정하였으면 마땅히 본디 봉하였던 왕의 지위를 빼앗지 말고 그 원망을 풀어 줌이 옳거늘 도리어 직위를 낮춰 후작을 봉하여 그 뜻을 격동시켰으니 이것은 자는 범의 꼬리를 밟아 잠을 깨운 것이 아니랴. 한신은 이로부터 한나라

---

2) 괴통蒯通은 한신을 도와 제나라와의 전쟁을 이기도록 꾀한 사람이다.

를 원망하고 또한 필경 죽게 되리라는 의심을 품었으므로 반역을 계획하게 되었으니, 이것이 고조가 한신의 죄를 길러 만든 것이 아닌가. 내 그 때문에 한 고조도 잘못이 없지 않다 함이로다.

반고의 평에는 "한신이 한때 권모술수를 따르고 속임수를 써서 성공하였고 자신이 깊이 의심받게 되자 필경 반역을 획책하다가 멸망하였다." 하였으니, 이른바 "의심받자 반역을 획책하다가 멸망하였다."는 말은 옳으나 이른바 "속임수를 써서 성공하였다."는 말은 어떤 것을 가리켜 한 말인지 알 수 없다. 한신이 한나라 임금을 위하여 강한 초나라를 섬멸하고 위왕魏王과 하열夏說을 사로잡고 용저龍且를 소탕할 때에 다 훌륭한 전술을 썼는데, 이것을 말함인가. 이것은 기묘한 전술이지 속임수는 아니다. 군사상 전술이란 항상 한 가지를 반복하는 것이 아니다. 때로는 남이 생각도 못하는 꾀를 쓰는 것이다. 한신의 그러한 전술이 아니었더라면 고조가 응당 천하를 통일하지 못하였을 것이다. 한신더러 속임수를 써서 성공하였다고 하는 것이 옳다면 속임수를 써서 성공한 신하를 이용하여 천하를 통일한 고조도 역시 정의가 아닐 것이다.

이른바 속임수라면 고조가 운몽으로 놀이 간다고 속여서 한신을 사로잡은 것과 소하蕭何가 한신을 속여 여후呂后를 만나게 한 것들이 속임수에 가깝다. 반고가 이런 것을 지적하지 못한 것은 성군聖君과 현상賢相이라 하여 숨긴 것인가.

이른바 한때 권모술수를 따른 것이라면 소하, 조참曹參, 장량張良이 모두 그렇다. 왜 한신 한 사람뿐이겠는가. 내 그러므로 반고의 글이 공평치 못하다 하노라.

'위앙전'을 평한다
衛鞅傳論

《사기》를 살펴보니, 진秦나라 장군 위앙이 위魏나라 공자 앙卬에게 글을 보내 말하기를,
"전에 공자와 함께 친하게 지냈으니 이제 우리 두 사람이 두 나라의 장수가 되어 서로 싸우는 것은 옳지 못하다. 우리 서로 만나서 즐겁게 마시고 흩어져서 두 나라를 다 편하게 하는 것이 좋겠다."
하였다. 앙이 그렇겠다고 하여 모여 마셨는데 위앙이 숨겨 둔 군사를 내어 앙을 치고 위나라 군사를 멸망시켰다.

나는 이것이 매우 옳지 못한 일이라 여긴다. 어떤 이는, "역사에 있는 바와 같이 군대에서는 거짓 꾀를 쓰는 수가 있으니 이것도 옳을 듯한데 어째서 매우 그르다고 하는가?" 한다.

나는 이렇게 본다. 옛사람이 이른바 거짓 꾀라는 것은 군사상의 거짓이요, 내가 그르다고 하는 것은 간사한 사람의 거짓이기 때문이다. 무엇을 군사상의 거짓이라 하는가? 동쪽으로 가는 체하다가 서쪽으로 가기도 하며 왼쪽을 튼튼케 하면서 오른쪽은 텅 비게 하는 것과 같은 것이다. 이런 짓도 또한 양호[1]가 날을 정하여 싸웠으며 자범이 원原을 칠 때에 신의를 보인 것[2]만 같지는 못하다. 그러나

군대의 형세가 어려운 경우에는 간혹 거짓 꾀도 쓸 수 있지만, 이른바 간사한 사람의 거짓이라는 것은 사람을 험악한 데 떨어뜨리든지 항복한 군사를 속여 죽이는 것과 같은 짓이다. 위앙의 일은 비록 조금 다르나 간사한 것은 꼭 같으니 비록 나라를 위하여 적을 쳐부쉈다 할지라도 나는 허용할 수 없다.

또 공자 앙은 대장으로서 적의 말을 믿다가 속아서 패했으니 지혜와 생각이 좁고 얕음이 어찌 이럴 수 있는가. 우리 나라 속담에도 "적의 말을 어찌 믿으리오." 하였는데, 이는 보통 사람의 말이다. 공자 앙은 한 나라의 대장인데도 도리어 보통 사람만도 못한가. 위나라가 앙에게 군대를 거느리게 하였으니 패함이 마땅하다. 대체 거짓은 일시의 이익이 될 뿐이요, 신의는 영구한 계책이다.

---

1) 양호羊祜는 중국 진晉나라 장수.
2) 자범子犯은 중국 춘추시대 진나라 호언狐偃의 자. 원땅을 칠 때 원이 항복할 줄 알고 30리를 후퇴하였다.

《당서》 '두보전'의 사신 평에 대하여
唐書杜甫傳史臣贊議

　《당서》의 '두자미전杜子美傳'을 읽으니 사신史臣이 찬문贊文을 썼는데 온갖 형상이 다 반영되어 깊고 넓은 물이 출렁거리듯 그의 시를 온갖 말로 찬양하였다. 그리고 끝에 이어서 "한유는 문학 작품에 찬양하는 것을 삼가는 사람인데 자기 시에서 단지 이태백과 두자미만은 높이 평가하여, '문장에는 이태백과 두자미가 있어 불길이 만길이나 뻗친 듯하구나.〔李杜文章在 光焰萬丈長〕' 하였다."고 덧붙였다.

　내 생각에는 이러한 찬양은 차라리 안 하느니만 못한 찬양인 듯하다. 왜냐하면 선비에게 숨은 덕행이 있어 내면 생활은 환히 빛나지만 세상에는 그 빛이 드러나지 못하고 그 소문이 널리 퍼지지 못한 자가 있으면 사신이 양심적인 붓으로 가려진 빛을 파헤치고 숨겨진 꽃을 드러내어 후세에 그것을 믿게 하려 하나, 혹 너무 지나친 칭찬이라는 의심을 받을까 염려하여 명현들의 말을 인용하여 자기의 견해를 보충할 수도 있다. 그러나 이태백이나 두자미라면 그들의 시는 곰의 번육燔肉과 표범의 태가 누구의 입에나 다 맞음과 같아서 그들의 명성이 우레 같고 북두칠성 같으므로 세상 사람들이 그 빛을 쳐다보고 그 소리에 놀라지 않는 이가 없는 터이니, 반드시 한유의 시 한 구절이 있어야만 더 빛나는 것은 아니다. 송공[1]은 왜 애써 그 글귀를 보증으로 내놓아 스스로 자기 사필史筆의 약점을 나타내었는가.

그 시를 인용한 것쯤은 좋다고 하자. 그보다 더 심한 것은 이른바 "한유는 찬양하기를 삼간다."는 말이다. 대체 누구는 찬양을 삼가는 사람인데 유독 누구만은 찬양하였다고 한다면 사람을 싫어하는 뜻이 들어 있다. 한퇴지가 만일 찬양하기를 삼가서 이 시 한 구를 짓지 않았더라면 사신은 찬양하지 못하였겠는가. 아, 사신의 논거가 약하구나.

이 찬문에 또한 원진[2]의 말인 이른바 "시인이 세상에 나타난 뒤로 두자미 같은 시인은 없었다."는 문구를 인용하였다. 이것은 원진이 직접 두자미를 평한 것이니 혹 인용하여도 무방하지만, 한유의 시 한 구만은 친구에게 주느라고 지은 시에서 우연히 나온 글귀요, 전적으로 두자미를 평한 것은 아니다. 그러나 한유는 큰 선비라 비록 한 구의 글이라도 망발하지는 않았을 것이니 혹 인용하여도 좋을 것이나 "찬양하는 것을 삼간다."는 말만 안 했던들 송공의 말이 약하다는 평은 받지 않았을 것이다.

---

1) 《신당서新唐書》 열전列傳의 저자인 송기宋祁를 가리킨다.
2) 원진元稹은 당나라 문학가. 자는 미지微之다.

당나라에서 간하는 신하를 죽인 것에 대하여
唐史殺諫臣論

당나라 역사를 보니, 습유[1] 후창업侯昌業은 희종僖宗이 정사를 잘 보지 않고 놀기만 좋아하므로 글을 올려 간절히 말리자 희종이 죽였고, 또 보궐補闕 상준常濬은 글을 올려 간하기를, '번진[2]이 너무 강한데도 깨닫지 못하니 마땅히 법을 엄하게 하여 사방을 누르소서' 하자 희종은 성이 나서 또 죽였다. 두 신하의 말이 간절하고 곧은데 그를 따르지 않으면 그만이지 어찌 죽이기까지 하였는가. 그 전후의 임금이 간하는 신하를 죽인 일이 여러 차례 있지만 이제 마침 희종의 역사를 보았기 때문에 다만 그 예만을 든 것이다. 걸주桀紂가 간하는 신하를 죽인 것에 대해서는 그 악함을 백대 뒤까지 폭로하여 입이 있는 자는 모두 다 그들을 크게 비판하고 많이 욕하였다. 그런데 그뒤 임금들이 간하는 신하를 죽인 사실이 역사책에 실려 있어도 그 모진 것을 걸주와 같이 폭로하지 아니하니 나는 그 까

---

1) 습유拾遺는 임금의 잘못을 간하는 책임을 맡은 벼슬.
2) 번진藩鎭은 당나라 때 외국의 침략이 있는 국경 지방에서 군사, 행정, 경제 등 모든 권한을 가지고 있으면서 백성과 국가에 큰 폐단을 끼치고 있던 지방 제도.

닭을 모르겠다. 곰이나 범이 사람을 무는 데 대해서는 사람들이 괴상히 여기지 아니하나 그 외의 것이 무는 데 대해서는 사람들이 다 이상히 여긴다. 이로써 보면 걸주 같은 무도한 임금이 간하는 신하를 죽이는 것은 그다지 괴상히 여기지 아니하나, 걸주만큼 악한 자가 아니라면 괴상히 여긴다. 희종은 당나라 말기의 임금으로 세력이 미약하였으니 비록 걸주와 같은 악한 짓을 하려고 해도 할 수 없었다. 그러나 오히려 간하는 신하를 죽였으니 그 사실을 따져 보면 괴상한 일이라고 아니 할 수 없다.

아, 한나라 광무제가 한흠韓歆에 대하여 그 말이 간절하고 곧은 것을 미워하여 시골로 돌려보냈다가 또 추궁하여 죽였으니 너무나 심하지 않은가. 예로부터 흔히 광무제를 성군이라 하는데 성군이라는 임금도 오히려 그러하니 나머지는 어찌 말할 수 있으랴. 사마광[3] 이 어질고 밝은 이의 조그마한 허물이라고 해서 크게 말하지 않았으니, 어찌 성군이라 하여 사실을 숨길 수야 있겠는가.

나는 악함은 간하는 신하를 죽이는 것보다 더 큰 악이 없다고 말하노라. 그 악이 큰 덕을 가리는데 어찌 성군이라 이르겠는가. 어진 임금으로나 부르는 것이 마땅하다고 본다.

---

3) 송나라 학자로《자치통감資治通鑑》을 편찬했다.

동각 오세문의 조수 논문에 대한 편지
寄吳東閣世文論潮水書

　　월일.[1] 양온승 동정良醞丞同正 이 아무개는 삼가 두 번 절하며 동각 대장大丈 선생[2] 좌하에 글을 올립니다. 제가 완고하고 사리에 어두우며 어리석음을 헤아리지 못하고 관 쓰기 전부터 벌써 동무들을 떠나서 선생 같으신 어른을 모시기 좋아하였습니다. 그리하여 학문이 넓고 깊은 참다운 선비로 선생 같은 어른이 없으신데, 제가 모시게 되어 날마다 듣지 못한 것들을 배웠습니다. 선생님은 저보다 무려 30여 년이나 연장이시어 자식이나 아우뻘밖에 되지 않는 저를 벗으로 허락하시니 제가 어찌 이를 감히 감당하겠습니까.
　　일전에 일부러 저희 집까지 오셔서 제가 최근 지은 시와 글을 달라고 해 보시고서 조용히 말씀하시기를, "내가 일찍이 조수潮水에 관한 논문을 지었으나 아직 아무에게도 보이지 않았노라. 자네는 배우기를 좋아하는 사람이니 언제 내게 들른다면 보여 주리라." 하셨습니다.

---

1) 편지 첫머리에 쓰는 월일에서 숫자를 뺀 것인데, 보낸 편지에는 5월 5일로 되어 있다.
2) 동각東閣은 벼슬 이름이고, 이름은 세문으로 오세재의 형이다.

저는 이 말씀을 듣고 '지금 글을 잘하고 옛일을 널리 아는 노숙한 선비들이 적지 않거늘 홀로 나를 가르칠 만하다 하여 장차 비장한 보배를 보이려 하시니, 어찌 참으로 영광스럽고 감사하지 않으리오.' 하고 생각하였습니다.

그리하여 사오일 뒤에 가 뵈옵고 그 글을 보여 주시기를 청하였더니 뜻밖에도 태도를 고쳐 말씀하시기를, "내 논문은 볼 만한 것도 못 되려니와 자네 또한 논문 같은 것을 지어 조수의 이치를 스스로 연구해 본다면 그 다음에 보이겠노라." 하셨습니다.

이리하여 마침내 빌려 보지 못하였습니다. 저는 선생님께 이런 논문이 당초에 있는 줄 몰랐는데 선생님께서 먼저 말씀하시기에 먼 길을 꺼리지 않고 일부러 갔는데 도리어 보여 주지 않으시니 매우 한이 되었습니다.

아, 저는 연소한 자로서 학문이 옅은 신진 학도이오니 어찌 조수가 나고 들며 차고 주는 이치를 알 수 있겠습니까. 만일 알고 있다면 하필 선생님의 논문을 요구하여 꼭 보려고 했겠습니까.

대저 새나 짐승과 풀이나 나무들이 항상 나고 변화하는 이치며 음양의 홀수와 짝수며 추위와 더위가 내왕하는 변화며 하늘이 아득하고 땅이 누른 까닭이며 해와 달이 찼다가 기우는 까닭이 아주 막연하여 헤아려도 잘 알 수 없습니다. 그러나 경전과 자사子史에 잘 설명되어 있으므로 선비로 늙은 자가 비록 통달까지는 몰라도 비슷하게야 모를 이가 있겠습니까마는, 저는 오히려 잘 모르오니 이는 아직 연소하고 지식이 옅은 데다가 독서에 힘쓰지 못한 탓입니다. 하물며 조수의 원인이란 비록 옛사람이라도 오히려 말한 이가 드문데 저 같은 것이 감히 얕은 식견으로 뻔뻔스럽게 아는 체하여 세상

선비들이 손뼉을 치며 크게 웃도록 하오리까.

　선생님께서 그렇게 하신 것을 저는 짐작합니다. 이는 제가 능히 조수 논문을 짓지 못할 터이므로 먼저 그 어려움을 말씀하시고 출처를 막아 버리기 위하여 그 논문을 내놓지 않으시려는 것일 겝니다.

　생각건대 저를 허튼소리나 하는 무식쟁이라고 여겨 보이고 싶지 않아 그러시겠지요. 만일 그렇다면 일전에 보여 주기로 허락하신 것은 단지 나를 속이고 희롱하신 것입니다. 어찌 사람을 속이지 않는 독실한 군자의 도리라 하겠습니까. 그렇지 않다면 어찌 제가 어제는 가르침을 받을 만하다가 오늘은 문득 허튼소리나 하는 무식쟁이로 변해 버렸겠습니까.

　생각건대 혹 지금 세상에는 알 사람이 없다고 여겨 뒷세상에나 전하여 장차 알 사람이 나올 것을 기다리시는 것은 아니온지요? 만일 그렇다면 선생님과 같은 시대의 선비들에게는 함께 좋은 요리를 맛보게 하지 않고 홀로 뒷시대의 선비들에게 전 사람이 맛보지 못한 세상에 드문 요리를 실컷 맛보게 하려는 것이옵니까? 이는 크게 잘못된 것이오니 선생님께서는 반드시 그렇게 하지 않으시리라 믿습니다.

　그러나 선생님께서 뜻하신 바가 무엇인지 알 수 없습니다. 만일 끝까지 비밀에 부쳐 두고 내놓지 않으실 것이라면 저로서야 감히 어찌할 수 없으니 바라지도 않겠습니다.

　다만 한마디로 그 논문의 요지가 무엇인지 묻습니다. 선생님께서 들려주시기 바랍니다. 선생님께서 이론을 세움에 반드시 근거가 있을 것이오니 어떤 글에 의거하셨으며, 어떤 사람의 말을 따른 것인지요? 만일 《수경水經》으로 근거를 삼으셨다면 《수경》에 이미 그 해설이 있으니 어찌 다시 선생님께서 논할 게 있겠습니까. 만일 노조[3]로 증거를 삼았다면 그 부賦가 이미 자세하니 선생님의 논설이 다시 요구되지 않을 것입니다. 또 듣사온즉 조수에 대한 석씨釋氏의 이론이 있다고 하옵는데 그것은 석씨가 설법하기 위하여 증거로 인용한 것이요, 특별히 조수에 대하여 깊이 측량 분석한 것이 아니옵니다. 하물며 석씨의 논거에 준한다는 것은 유가儒家의 결함입니다. 유가는 석씨보다 먼저 생겨서 천지의 이치를 통한 것인데 유가가 석씨를 기다려서 천지를 논하겠습니까. 이 또한 증거로는 삼을 수 없습니다. 그 밖에 옛사람이 이른바 "땅이 바다를 따라 떴는데 사람의 숨처럼 조수가 드나든다."라고 한 것이라든지, "물귀신이 성을 내어 북을 두드리듯 물을 치는 까닭이다."라고 한 것과 같은 말은 취할 것이 못 됩니다. 선생님의 큰 지식과 넓은 학문으로 마땅히 달리 논설한 바가 있을 터이온즉 선비들에게 퍼뜨려 많은 사람들이 듣게 하여 세상에 박물군자가 있음을 알림이 마땅할 것이온데, 어째서 깊이 간직해 두고 막기를 이다지도 심하게 하십니까?

제가 일찍이 《수경》과 노조의 부에 대하여 가만히 절충해 본 적이 있사온데, 《수경》에 이른바 "미꾸라지가 드나듦을 따라 조수가 드나든다."[4] 한 것은 너무 얕은 견해이오니 저도 또한 믿을 수 없었습니다. 그런데 노 흡주 홀로 환하게 의심을 풀었으니, 조수의 드나듦은 해와 관계되는데 차다가 줄다가 하는 것이 달과 같다고 하고 인하여

---

3) 노조盧肇는 당나라 시인. 흡주자사歙州刺史를 지내 '노 흡주'라고도 한다.
4) 크기가 수천 리 되는 바다 미꾸라지가 바다 밑에 있는데 그 미꾸라지가 구멍에서 나오면 조수가 썰물이 되고 구멍에 들어가면 밀물로 된다는 전설.

스스로 열네 가지 의문을 설정하여 차례로 해설하되, 이치를 연구함에 있어서 묘하게도 심오한 데까지 들어가 그 법이 역상易象과 혼천渾天 같으니, 저는 이 이론이 가장 정확하다고 생각하옵니다.

가만히 헤아리건대, 이 뒤에 비록 새 이론이 나와도 아마 이에 지나지 못하리라고 믿고 있사옵던 중에 선생님이 새 논문을 지어 가지고 있다는 말을 듣게 되니, 급히 보고 싶은 마음이 목마른 자가 물 먹기를 생각하며 가려운 자가 긁기를 기다림과 같이 간절하며 잠깐이라도 잊을 수가 없습니다.

엎드려 바라옵건대, 각하께서 비밀히 간직해 둔 것을 아끼지 마시고 다시 한 말씀을 해 주시어 증거로 삼은 뜻을 지적하여 저에게 귀가 열리고 눈이 밝아져 훌륭한 보불[5]의 광채를 보게 하고 맑은 소호[6]의 음악을 듣게 해 주시면 이것이 또한 큰 군자가 후진을 지도하는 일단이라고 생각하옵니다.

다 갖추지 못하고 아무개는 두 번 절합니다.

---

5) 보불黼黻은 옛날에 임금의 예복 하의에 도끼 모양과 아亞 자 모양의 수를 놓은 것이다.
6) 소호韶濩는 은殷나라 탕湯 임금의 음악이다.

조조의 억울한 죄를 씻는다
爲鼂錯雪冤論

옛사람들이 한나라의 영명한 임금을 이야기할 때에 문제文帝와 경제景帝를 첫손가락에 꼽는다. 그러나 조조[1]를 죽인 사실을 본다면 경제를 밝은 임금이라고 할 수 없다.

대저 나라의 정치란 신하 된 사람이 홀로 결정하여 실행하는 것이 아니고 이해 관계를 설명하여 임금이 결정하여 처리하게 하는 것이 신하 된 자의 직책이요, 신하들의 의견을 듣고 옳고 그른 것을 판단하여 실행에 옮기는 것이 임금의 현명함일 것이다.

조조가 한나라의 신하가 되어 제후들이 힘 있고 왕성해져 통제하기 어려우므로 그들이 과오를 범할 때마다 영지를 빼앗아서 그것으로 중앙을 튼튼히 하자고 제의한 것은 국가에 대한 충성에서 출발한 것이다. 이 안을 임금께 아뢰자 임금도 홀로 결정하지 못하고 중요한 대신과 제후들, 종실들과 더불어 연석회의에서 결정하여 실행한

---

1) 조조鼂錯는 한나라 때 영천 사람. 문제 때 황태자의 가령家令으로 있었다. 재주가 있고 말도 잘하여 '슬기 주머니'라 불렸다. 경제가 왕위에 오르자 더욱 권력을 잡게 되었으나 뒤에 사형당하였다.

것이기 때문에 그것에 대한 잘못이 있다면 조조한테만 책임지울 것은 아니다.

만약 일곱 나라가 참으로 조조 때문에 무력으로 반역한 것이라 하더라도 이미 그의 제의를 정식으로 채택하여 그 지경이 된 것인즉 이것은 조정의 수치니 마땅히 사태가 어떻게 진전되는지 천천히 살핀 뒤에 죽이는 것도 늦지 않을 것이다. 조조가 제후의 영지를 빼앗자는 것은 그들의 반역을 염려하여 책략한 것이기 때문에 마땅히 반역하는 제후들을 막을 책임을 그에게 맡겨서 집행하지 못하였을 때에 죽여야 옳을 것이다. 하물며 오왕吳王은 산에서 돈을 만들고 바닷물을 졸여 소금을 만들면서 무력으로 반항할 계책을 세운 지 벌써 수십 년이 되었고 그뒤에 여섯 나라와 합쳐 군사를 일으킨 것이니, 구실은 비록 조조를 죽여야 한다고 하였지만 그 뱃속은 그런 것이 아니었다.

다만 그들의 세력이 중앙을 대항함 직하였다면 급히 조조를 죽여 사과했더라도 중앙이 만만함을 보여 줄 뿐이어서 결국 그들의 군대를 물러가게 하지 못했을 것이다. 또한 조그마한 일곱 나라가 중앙에 대항할 수 없었다면 비록 조조를 죽이지 않더라도 저들이 어찌할 수 없었을 것이다.

조조를 죽인 것이 임금의 결심에서 나온 것이라도 오히려 옳지 않거든 하물며 그와 원수진 자의 참소를 듣고 충신을 죽여 안으로는 원앙[2]을 위하여 원수를 갚아 주고 밖으로는 제후들을 위하여 원수를 갚아 주었으니 그 현명치 못함이 얼마나 큰가.

---

[2] 원앙袁盎은 조조와 원수가 되어 조조를 참소한 사람이다.

뿐만 아니라 중위中尉를 시켜 조조를 속여 수레에 태워 사형장으로 끌고 가서 죽였으니, 이것은 임금이 신하를 속인 것이다. 당당한 천자로서 한 사람의 조조를 죽이는 데 무엇 때문에 꼭 속여야만 하였는가. 이것도 또한 임금으로서 나라를 다스리는 법이 아니다. 이에서 더한 과오가 어디 있으랴.

아깝다, 국가의 이익을 위하여 앞을 예견하고 대책을 세우는 데 예민하였던 것이 도리어 죄가 되고 죽임을 당하니 조조로서는 너무 원통하지 않으랴.

문제가 가의[3]를 멀리한 것은 이에 비하면 아주 작은 과오다. 하물며 가의는 몰려났다가 다시 등용되어 임금이 사랑하는 아들의 스승으로서 그의 의견이 전부 채용되지는 못하였으나 더러 채용되어 세상에 실시된 것도 퍽 많았으니 크게 인정받지 못한 것도 아니다. 그러나 후세에서 오히려 크게 등용되지 못했다고 원통히 여기거든 하물며 조조 같은 처지야 어떠하겠는가. 내 이 때문에 경제의 현명치 못함을 들어 조조의 깊은 원한을 씻어 주노라.

슬프다, 내 몸이 넘어질까 염려하여 붙잡아 주는 사람한테 잠깐 동안의 실수로 내 몸이 밀렸다 하여 땅바닥에 넘어지기도 전에 성내어 그를 배척해야 옳겠는가.

---

3) 가의賈誼는 한나라 때 낙양 사람으로 문제가 박사로 등용하여 높은 벼슬을 주었다. 그는 정월 초하루와 복색을 고치는 문제, 법률을 제정하고 예악을 올리는 문제 등 여러 가지 개선안을 제출하였다.

'두목전'의 시루 터진 이야기를 반박한다
杜牧傳甑裂事駁

'두목전'[1]에, "목지가 죽을 때 밥 짓던 시루가 터지니 목지가 상서롭지 못한 일이라고 하였다."는 기록이 있다. 이러한 미신은 무당이나 고사[2]들이 하는 말일 뿐인데, 목지가 '상서롭지 못하다.' 하였다면 그것은 유교에 충실한 학자의 말이 못 되며, 사신 송기宋祁도 없애야 할 일을 역사에까지 썼으니 역시 잡되다 할 수 있다.

《서경》에, "암탉이 새벽에 우는 것은 집이 망할 징조다." 하였다. 대저 암탉은 본디 새벽에 우는 천성이 아닌데 새벽에 우는 것은 그 집의 큰 괴변이다. 꿩이 솥귀에 올라 울고 쥐가 단문(端門, 대궐 정문)에서 춤춘 변괴보다도 심한 것이기 때문에 공자가 이 사실을 숨기지 않고 기록에 남겼지만, 시루가 터지는 것은 혹 불이 너무 세든가 물이 다 졸든가 하면 있을 수 있는 일이므로 이것을 꼭 괴변이라고 할 수는 없다. 두목지의 죽음이 우연히 시루 터질 때와 마주쳤을 뿐이다.

---

1) 두목은 당나라 시인. 자는 목지牧之. '두목전'은 《당서》에 기록되어 있다.
2) '고瞽는 시와 음악으로 임금에게 간하는 벼슬이고, '사史'는 천문, 음양, 예법으로 임금을 보좌하는 벼슬이다.

내가 경험한 것을 말하면, 내 집에서 작년 9월에 밥을 짓다가 시루가 자끈 소리를 내면서 터졌는데 나는 괴변으로 생각지 않았다. 또 금년 2월에는 시루가 소영각하는 듯한 소리를 내다가 잠깐 뒤에 터졌는데 사람이 금을 그어 놓은 듯하였다. 부엌일 보던 부녀들이 두려워하며 낯빛이 변하여 나한테 와 말하였으나 나는 웃으면서 태연하였다. 그런데 마침 점쟁이가 와서

"이것은 주인께 해로우니 충분히 빌어서 풀지 않으면 해를 면치 못할 듯합니다."

하매, 안해가 곧 그 말대로 하려 하므로 내가 말리기를,

"죽고 사는 것이 한정이 있는 것이다. 정녕 죽을 기한이라면 변괴로 징조를 보일 리도 없고 빈다고 연기될 것도 없으니, 시루가 터진 것이 나와 무슨 관계가 있으랴."

하였거니와 과연 지금까지도 죽지 않았다. 두목지는 어떤 잘못이 있어서 시루가 한 번 터지자 죽었으며, 나는 무슨 큰 공이 있어서 시루가 두 번 터져도 그냥 살았으랴. 이만하면 확실한 징험이 아닌가. 내 뒷사람들이 그런 말에 속을까 걱정되어 적어 알리노라.

한유의 구름과 용을 내용으로 한 '잡설' 끝에 쓴다
書韓愈論雲龍雜說後

한유의 논문에 다음과 같이 쓰여 있다.
"용이 기운을 뿜어 구름이 되니 구름 또한 신령하도다. 구름은 용이 그렇게 신령하게 만든 것이요, 용이 신령한 것은 구름이 그렇게 만든 것이 아니다. 그러나 용은 구름을 타지 않으면 신령함을 나타내지 못하는 것인데, 용이 구름을 타는 것도 스스로 하는 것이다."
한유의 말이 이와 같은데 내 생각에는 이러한 일은 용에게만 있는 것이 아니라 사람에게도 있다. 그런데 용에 대해서만 말하고 사람에 대해서는 말하지 않음은 무엇 때문인가. 한유의 뜻을 자세히 연구해 보면 용으로 사람을 비유하였다. 그런데 사람을 비유만 하고 사람을 직접 말하지 않음은 뜻에 함축을 두어 직접 표현하지 않으려 함이다.
대저 빛나는 문장과 서린 듯한 작품이 감동을 주는 것은 다 사람의 손으로 되는 것으로서 수놓은 비단의 채색 무늬같이 아름답고 가파른 절벽같이 웅장하며 폈다 거두었다 하며 혹은 붉게 혹은 푸르게 빛나며 어지럽게 그리고 순식간에 천태만상으로 변하는 구름과도 같으니, 문장의 힘도 신령하다고 할 만하다. 이렇게 신령함은 사람이 만든 것이요, 문장에 담긴 글재주가 사람을 신령하게 만드는 것은 아니다. 그러나 사람이 문장에 담긴 글재주에 의거하지 않고는 역시 그 신령함을 나타낼 수 없다. 또한 뿔 없는 용은 구름을 일으키지 못하고 오직 신룡이라야만 구름을 일으킨다. 그러므로 구름이 용을 신령하게 만드는 것이 아님은 확실하다. 그러나 용이 구름을 타지 않으면 그 신령함을 나타내지 못하며, 평범한 사람은 글의 문채와 감동을 능히 표현하지 못하고 오직 남다른 재주가 있는 사람이라야만 표현하는 것이다. 그런즉 문장이 사람을 신령하게 하는 것이 아님이 또한 확실하다. 그러나 사람도 문장에 의거하지 않고는 그 신령함을 나타내지 못하는 것이다. 그러므로 신룡과 글재주 있는 사람은 그 변화에 있어서 꼭 같다. 이로써 한유가 숨기고 표현하지 않은 그 미묘한 것을 표현하노라.

조물주에게
묻노라

만물이 절로 나고
절로 변하는 것이지
내가 무엇을 만들며
무엇을 알겠는가
그러므로
나를 조물주라고
부르는 것조차
나는 또 모르노라

국선생전
麴先生傳

　　국성麴聖[1]의 자는 중지中之요, 주천군酒泉郡 사람이다. 어렸을 때 서막徐邈의 사랑을 받아서 서막이 그의 이름과 자를 지었다. 먼 선조는 본래 온溫 지방 사람이다. 항상 자기 힘으로 농사를 지어 살았는데 정나라가 주나라를 칠 때 전리품으로 잡아 가지고 왔기 때문에 그 자손이 정나라에도 퍼졌다. 증조는 사적도 이름도 모른다. 조부의 이름은 모(牟, 보리)인데 주천 고을에 옮겨 눌러살았기 때문에 마침내 주천 사람이 되었다. 아버지 차醝 때에 와서 처음으로 벼슬길에 들어서 평원독우平原督郵가 되었다. 사농경司農卿 곡씨穀氏의 딸을 맞아들여 국성을 낳았다.

　　국성은 어렸을 때부터 깊고 고요한 품성을 가졌다. 아버지를 만나러 왔던 손이 국성을 보고 사랑하여,

　　"이 아이는 마음보의 크기가 큰 바다와 같아서 티가 없고 휘저어도 흐리지 않으리라. 그대와 이야기하느니 국성과 즐기는 것이 나으리라."

---

[1] 술을 사람처럼 부른 것이다.

하였다.

　국성이 커서는 중산中山의 유령劉伶과 심양潯陽의 도잠陶潛과 친하여 벗이 되었다. 그들이 항상 말하기를,

　"하루라도 국성을 만나지 못하면 마음에 더럽고 인색한 생각이 싹튼다."

하였다. 서로 만나면 종일 피곤한 줄도 모르고 정신을 잃도록 취하고야 헤어졌다. 국성을 고을에서 조구연[2]으로 채용하려고 불렀으나 미처 나가기 전에 다시 청주종사[3]로 삼았다. 임금 앞에 있는 벼슬아치들이 서로 국성을 임금께 추천하니 임금이 공거[4]로 부르라 했다. 얼마 안 지나 임금이 불러 보고 돌려보내면서,

　"그대가 주천 사는 국 서방인가? 내 그대의 이름을 빛내려 한 지 오래노라."

하였다. 이보다 먼저 천문 맡은 태사가

　"주기성酒旗星이 대단히 빛납니다."

하더니, 아뢴 지 얼마 안 되어 국성이 왔기 때문에 임금은 더욱 기이하게 여기어 곧 주객낭중 벼슬을 시켰다가 다시 국자좨주 겸 예의사로 옮겼다. 국성이 회의나 연회나 사당 제사가 있을 때에 음식 준비와 올리는 범절이 다 임금 마음에 맞으므로 임금께서 그 재주를 사랑하여 후설로 등용하여 대우를 특별히 하였다.[5] 매번 임금을 만나

---

2) 조구연糟丘掾의 조구는 술 거른 모주母酒가 언덕같이 쌓인 것으로 술 거름을 표시하며, 연은 연리掾吏라고 하는데 아전이다.
3) 청주는 땅 이름인데, 청주가 술 이름 청주와 같으므로 조구연은 안 하고 청주종사淸州從事가 되었다는 것은 본주가 모주를 떠나 청주로 되었다는 뜻이다.
4) 공거公車는 소환 받은 사람이 와서 기다리는 곳.

보러 들어가면 임금은 부축하여 올라오게 하고 '국선생' 이라 부르며 이름을 부르지 않았다. 임금께 괴로운 일이 있을 때에도 국성이 들어가 뵈면 그때는 크게 웃곤 하였다. 국성이 임금께 사랑받음이 대개 이러하였다.

  국성은 성질이 너그러워 임금과 날마다 친근하게 지내며 조금도 비위를 거스르지 않으므로 더욱 귀염을 받았다. 국성은 임금을 따라 연회에 참가함이 제한이 없었는데 아들 혹酷과 폭醿과 역醳은 아비의 사랑받음을 믿고 방자하며 조심성이 없으므로 중서령 모영毛穎이 임금께 글을 올려 국성의 죄를 폭로하였다.

  "사랑받는 신하가 사랑을 믿고 방자함은 천하가 다 싫어하는 것입니다. 지금 국성은 보잘것없는 미물로서 다행히 벼슬길을 터서 그 직품이 삼품(三品, 술에 삼품이 있다.)에 올랐건만 안으로는 깊이 도적을 끌어들이고 사람을 중독시키기를 좋아하므로 만 사람이 불평하며 골머리를 앓고 마음 아파하니, 이 사람은 나라를 다스릴 충신이 아니요 백성을 망칠 원수입니다. 국성의 세 아들이 아비가 임금께 사랑받고 있음을 믿고 천하를 횡행하면서 방자히 행동하여 만백성의 고통거리가 되오니, 폐하께서는 그의 아들과 함께 사형을 내려 만백성의 원망하는 입을 막는 것이 옳을까 합니다."

  이 글이 임금께 들어가자 아들들은 그날로 벌써 술을 마시고 자살하고 국성은 벼슬을 내놓고 평민이 되었다. '가죽 술 부대〔鴟夷

---

5) 국성을 주객낭중主客郎中, 국자좨주國子祭酒, 후설喉舌 등의 벼슬을 시켰다는 것은, 술을 주객이 상대할 때와 제사와 연회에 사용한다는 것이고, 후설은 술을 마신다는 의미다.

子〕'는 일찍부터 국성과 친하였기 때문에 수레에서 떨어져 죽었다.

처음에 가죽 술 부대는 익살로 임금의 사랑을 받아 국성과 친하였다. 임금이 출입할 때면 뒤따르는 수레에 실려 다녔다. 가죽 술 부대가 한번은 피곤하여 누웠을 때 국성이 농담하기를,

"그대의 배는 크기는 하나 텅 비었으니 무엇이 있느냐?"

하였더니, 가죽 술 부대가,

"그래도 그대네 같은 사람은 수백 명씩 잡아넣는다."

하였다. 그들의 농담이 이와 같았다.

국성이 면직된 후에 제군과 격주 사이에 도적의 무리가 일어나자[6] 임금이 이 도적을 막고자 하여 부릴 사람을 가리다가 국성을 다시 쓰기로 하여 그를 원수로 삼았다. 국성이 군사를 지휘하는 것이 대단히 엄하여 부하들과 쓰고 단 것을 같이 하면서 수성에 물을 대 한 번 싸워 점령하고[7] '장락판'을 쌓고[8] 돌아왔다. 임금은 그 공으로 국성에게 상동후湘東侯를 봉하였다. 그뒤 일 년 만에 국성은 글을 올려 벼슬을 그만두고 고향으로 돌아가기를 청원하였다.

"신은 본대 미천한 집 자식으로 젊어서 가난하여 남에게 팔려 다니다가 우연히 성주聖主를 만나 허물없이 우대하여 주셨으며 신의 옛 버릇을 고쳐 세상에 용납되게 하셨으나 임금께서 하시는 일에 욕됨은 있어도 나라에 유익함은 없었습니다. 이는 다 일찍

---

6) 제군齊郡의 제齊는 배꼽 제臍 자를, 격주의 격鬲은 '명치 끝〔膈〕'을 의미한다. 도적의 무리는 걱정 근심을 말하니, 즉 뱃속에 걱정 근심이 일어난다는 뜻이다.
7) 수성愁城은 걱정 근심을 가리킨다. 물을 대 한 번 싸워 점령하였다 함은 술 마심을 의미한다.
8) '장락판長樂阪' 즉 '늘 즐거운 언덕'을 쌓고는 술에 취하면 시름을 잊어버리고 즐거운 기분이 됨을 말한다.

부터 조심하지 못한 탓입니다. 편히 고향에 돌아가 비록 찌워 마신 나머지에서 다행히 하나의 물방울이라도 얻는다면 해와 달을 다시 기쁘게 보며 다시 개미가 뜨는 신세가 되고 싶습니다. 또 그릇이 차면 넘치는 것은 물건의 정한 이치입니다. 지금 신이 소갈병(당뇨병)으로 목숨이 당장 물거품 사라지듯 하게 되었사오니, 한 번 분부를 내리시사 물러나 남은 목숨이나마 보전하게 하여 주시기 바랍니다."

하였다. 임금이 보시고 위로의 말씀을 내리시고 허락지 않고 궁전 사신을 보내어 송계松桂와 창포菖蒲 등의 약을 가지고 그의 집에 가 병을 문안케 하였다. 그러나 국성이 끝까지 사양하므로 임금도 부득이 허락하여 고향에 돌아가 자기의 수명을 마치도록 하였다.

아우가 어질어서 벼슬이 이천석二千石에 이르렀고 그의 아들 익酩, 두酘, 앙醠은 복숭아꽃 즙을 먹고 신선을 배웠으며 일가 조카 주酎, 미醹, 탐酖은 평씨[9]에 등록되어 예속되었다.

사신[10]은 논평한다.

"국씨는 대대로 본업이 농사였다. 국성이 순후한 덕행과 맑은 재주로 임금의 심복이 되어 나라 정사를 짐작하며 임금의 마음을 흡족히 하여 거의 태평을 마음껏 누리게 한 공이 많았다. 그가 임금의 사랑을 지나치게 받게 되자 국가의 규율을 어지럽혀 아들들이 죽기까지 하였다. 그것은 남을 원망할 수 없는 것이다. 그러나 늦게야 만족을 알고 스스로 물러가서 자기 수명대로 살았다.《주

---

9) 평씨萍氏는 주나라 수금水禁을 맡은 벼슬이다.
10) 저자 자신, 즉 이규보를 가리킨다.

역》에 '시기를 보아 행동하면 성인에 가깝다.'는 말이 바로 이것을 두고 한 말인가 싶다."

노극청전
盧克淸傳

　노극청은 어떠한 사람인지 알지 못한다. 벼슬은 산관散官인 직장 동정直長同正에 그쳤다. 집이 가난하여 집을 팔려다가 팔지 못하고 일로 시골에 갔다. 그뒤에 그의 처가 낭중 현덕수玄德秀한테 은 12근을 받고 팔았는데, 극청이 서울에 돌아와서 집값을 비싸게 받았다 하여 은 3근을 가지고 덕수에게 가서,

　"내가 전에 이 집을 살 때 다만 은 9근을 주었고 수년 동안 이 집에 살면서 더 수리한 일도 없는데 지금 3근을 더 받은 것은 의리가 아니기에 남은 은을 돌려 드리니 받아 주십시오."

하였다. 덕수도 또한 의리 있는 사람이었다.

　"당신만 어찌 홀로 의리를 지키고 나는 그렇지 못하겠습니까."

하고는 끝까지 받기를 거절하였다. 극청은,

　"내 평생에 의리를 지켜 옳지 않은 일은 하지 않았습니다. 어찌 싸게 사서 비싸게 팔아 돈에 더러워지겠습니까. 만일 각하가 내

■ 내가 《명종실록》을 편찬하다가 이 전을 지었는데, 탐오를 경쟁으로 하는 패들에게 자극을 줄 수 있으므로 덧붙인다.

말을 듣지 않으면 받았던 집값을 도로 돌려 드릴 테니 집을 다시 돌려 주십시오."

하고 고집을 세웠다. 덕수는 할 수 없이 돈을 받기는 하였으나 '나라고 어찌 극청만 못하겠는가.' 하고 종내 그 돈을 절에 바쳤다.

이 이야기를 들은 사람들이 모두 찬탄하여 마지않기를,

"글러 가는 세상에 서로 다투며 자기 잘살기만 애쓰는 이때에 이와 같은 사람들이 있단 말인가!"

하였다.

나는 이 이야기를 기록한 이가 노극청의 가계와 그 밖에 그의 행실을 자세히 전하지 않은 것을 한탄할 뿐이다.

돌의 질문에 대답하노라
答石問

어떤 큼직한 돌이 내게 묻되,
"나는 하늘이 낸 바로 땅 위에 있으니 편안하기는 엎어 놓은 바리 때와 같고 굳기는 나무뿌리와 같아서 다른 물건 때문에 구르지도 않고 사람 때문에 옮겨지지도 않으면서 천성을 보존하고 진실함을 완전히 가지고 있으니 참으로 즐겁구나.
  그대 또한 하늘이 내어 사람으로 되었으니 사람이 참으로 만물의 영장인데 어째서 그 몸을 자유롭게 하지 못하고 또는 그 본성을 마음대로 펴지 못하며 늘 만물의 부림을 받고 항상 다른 사람에게 밀려서 혹은 외물의 유혹이 있으면 빠져서 나오지도 못하며 외물이 혹은 오지 않으면 슬퍼서 즐기지 못하고 사람이 알아주면 기를 펴며 사람이 배척하면 움츠러드니, 본성을 잃고 절개도 없는 것이 너희와 같은 것이 없구나. 대체 만물에서 가장 영특하다는 것이 이 꼴인가?"
하기에, 내가 웃으며 대답하되,
"너희는 어떻게 생겼는가? 불교 책에 이른 바와 같이 어리석고 둔하고 굼뜬 정신이 변하여 나무와 돌이 되었구나. 그러니 너희는 이미 그 묘하고 밝은 정기가 다 없어지고 이처럼 굼뜬 것으로 전락하였다. 하물며 화씨의 옥덩이[1]가 쪼개질 적에는 너희도 또한 따라 쪼개지며 곤륜산의 옥이 탈 적에는 너희도 또한 같이 탈 것이다. 또 내가 만일 용을 타고 하늘에 오른다면 너희는 반드시 디딤돌이 될 터이니 그러면 내가 밟을 것이며, 내가 죽어서 땅에 들어가면 너희는 마땅히 풍비[2]가 되어 깎여 상하게 될 것이다. 이처럼 너희는 외물 때문에 구르며 또 그 본성을 상하면서 도리어 나를 비웃느냐?

나는 속은 꽉 차고 겉은 텅 비어서 외물의 부림을 받더라도 외물에 마음이 없고 남에게 밀려도 남을 미워함이 없는 것이다. 요구되어야 움직이고 불러야 간다. 가는 것이 마땅하면 가고 머무름이 마땅하면 머무느니, 꼭 하려는 것도 없고 꼭 아니 하려는 것도 없다. 그대는 빈 배를 보지 못했는가. 나는 이와 같다."

하니, 돌이 부끄러워 아무 대답이 없었다.

---

1) 초나라 변화卞和가 가지고 있던 옥 덩어리. 귀한 옥으로 이름났다.
2) 풍비豐碑는 관을 천광穿壙 구덩이에 넣을 때 받쳐 넣는 도구.

조물주에게 묻노라
問造物

내가 조물주에게 묻기를,

"대체 하늘이 뭇사람을 내었는바, 이미 내고서는 뒤따라 오곡을 내었기 때문에 사람이 먹고 살며 또 뒤따라 뽕과 삼을 내었기 때문에 사람이 입고 산다. 이는 하늘이 사람을 사랑하여 잘 살도록 하게 하는 뜻인가 한다. 그런데 어찌 뒤따라 독을 가진 물건으로 큰 것은 곰, 범, 승냥이, 이리 같은 것과 작은 것은 모기, 등에, 벼룩, 이 같은 것을 내어 사람을 심히 해롭게 하는가. 이는 하늘이 사람을 미워하여 죽도록 하는 뜻인가 한다. 이와 같이 미워하기도 하고 사랑하기도 함은 무슨 까닭인가?"

하니, 조물주가 말하였다.

"자네가 묻는바 사람과 만물이 생기는 것은 다 혼돈에서 정해져서 자연히 나타나니 하늘도 모르고 조물도 또한 모른다. 대체 사람이란 본디 절로 나는 것이지 하늘이 나게 하는 것이 아니며 오곡과 뽕, 삼도 본디 절로 나는 것이지 하늘이 나게 하는 것이 아니다. 하물며 어찌 이 되는 것과 독 되는 것을 분별하여 그 사이에 놓아두었겠는가. 오직 도를 닦는 사람은 이 되는 것이 와도 받을 뿐 그다지 기뻐하지 않으며 독 되는 것이 와도 당할 뿐 그다지 거리끼지 않는다. 외물을 만나도 아무것도 만난 것 같지 않으니 외물도 또한 해롭게 할 수 없다."

내가 또 물었다.

"원기가 처음으로 갈려서 위로는 하늘이 되고 아래로는 땅이 되었는데 사람은 그 가운데 산다. 이와 같은 하늘, 땅, 사람을 삼재라 이른다. 삼재가 다 같으니 하늘 위에도 또한 이런 독을 가진 것이 있는가?"

조물주가,

"내가 이미 말한 바와 같이 도를 닦은 자는 외물이 해롭게 하지 못한다. 하늘이 어찌 도를 닦지 못해서 이런 독이 있을까 보냐."

하여, 내가,

"참으로 그렇다면 도를 얻은 자는 하늘 위 옥경玉京에 오르게 되는가?"

하니, 조물주가,

"그렇다."

하여, 내가,

"나는 벌써 환하게 의심이 풀렸거니와 다만 모를 것이 있다. 자네가 '하늘도 모른다, 나도 또한 모른다.' 한 것이다. 하늘은 하는 일이 없으니 마땅히 모른다고 할 수 있거니와 물건을 만든다는 조물주야 어찌 모른다고 할 수 있겠는가?"

하니, 조물주가,

"내가 손으로 물건을 만드는 것을 네가 보았느냐? 대체 만물이 절로 나고 절로 변하는 것이지, 내가 무엇을 만들며 무엇을 알겠는가. 그러므로 나를 조물주라고 부르는 것조차 나는 또 모르노라."
하였다.

토령에게 묻노라
問土靈

유몽득(劉夢得, 유우석)은 말하였다.

"하늘은 독양[1]이라 물을 수 없기에 대균[2]에게 묻는다."

그러면 후황[3]도 하늘과 대등하므로 후황에게는 물을 수 없으나 후황의 관할 아래 있는 오방五方의 토령[4]에게 묻는다.

"너는 천지간에 극히 우뚝한 하나의 존재로다. 다만 금, 옥, 돌, 쇠, 기와, 돌멩이, 썩은 걸레 같은 생명 없는 물건을 묻을 뿐만 아니라, 또한 사람도 묻어서 공자 같은 성인과 안자 같은 어진 사람과 백이, 숙제 같은 청백한 사람과 증자 같은 효자와 곽자의[5] 같은 굳센 사람과 열렬하고 대담한 이소[6]와 글 잘하는 한유며 유종원과 시 잘 짓는 이백과 두보 등, 그들의 넓은 지식과 큰 도량이며 영특한 정신과 뛰어난 기상이 하늘에 닿도록 위대하거늘 너는 어

---

1) 유교에서 도, 즉 진리는 양과 음이라고 한다. 독양獨陽은 이 양과 음에서 양이 높은 자리에 있으며 양에서도 하늘은 모든 양의 가장 높은 자리에 있다는 뜻이다.
2) 대균大鈞은 유교에서 온갖 물질을 만들어 낸다는 조물주다.
3) 하늘의 신을 상제라 하고 땅의 신을 후황后皇이라 한다.
4) 땅의 신인 후황의 아래에서 동, 서, 남, 북, 중앙의 다섯 구역을 나누어 맡은 신들.
5) 곽자의郭子儀는 당나라 현종 때 사람. 삭방절도사로 국경을 수비하여 강적인 회흘과는 친하고 토번은 항복을 받아서 20년 동안 당나라의 운명을 한 몸에 담당한 사람이다.
6) 이소李愬는 당나라 사람인데, 회서 싸움 때 눈 오는 밤 채주성에 혼자 들어가 적장을 사로잡았다.

떻게 차마 묻었느냐? 강충[7]과 같은 요망한 자, 양기[8]와 같은 악한 자와 임금을 속인 이사[9], 조고[10]와 반역자 안녹산과 사사명[11] 등은 그 간사한 비린내와 독한 냄새로 하여 차마 받아 처리하기 어려웠을 터인데 너는 또한 능히 묻었구나."

토령은 대답하였다.

"자네의 오해가 너무도 심하도다. 온갖 물건이 흙에서 났으므로 흙으로 돌아가는 것은 자연의 법칙이다. 어느 것이라고 가려 파묻지 않겠는가. 나는 본디 하늘의 지시와 땅의 감독으로 크든지 작든지 착하든지 악하든지 관계없이 다 묻는다. 그러나 사람에 대해서는 뼈와 정기와 넋을 묻는 것도 있고 뼈는 묻으나 정기와 넋은 묻지 못하는 것도 있다. 그대는 들어 보라. 성인이나 어진 사람이나 청백한 사람이나 효성 있는 사람이나 충신, 열사와 재주가 특출한 사람들은 그 정기는 하늘로 가거나 그렇지 않으면 다시 인간으로 환생하여 효자도 되고 충신도 되며 열사도 되고 영웅도 되는 것이다. 그러므로 뼈는 묻을 수 있지만 정기와 넋은

---

7) 강충江充은 한나라 무제 때 사람. 벼슬이 직지수의사直指繡衣使로서 태자와 사이가 좋지 못했다. 뒤에 태자가 임금이 되면 죽게 될 것이 두려워 임금께 태자가 임금을 해하려 한다고 고자질하다가 태자에게 도리어 죽임을 당했다.
8) 양기梁冀는 한나라 순제의 양 황후의 오빠로서 대장군에 봉해졌다. 권세를 믿고 임금을 죽인 후 정권을 잡고 20년 간 포악무도하게 지내다가 마침내 자살하였다.
9) 이사李斯는 진나라 시황제 때의 정승인데, 진 시황의 포악한 행동을 도와 주었다.
10) 조고趙高는 진나라 시황제 때의 환관인데, 시황제가 객지에서 죽자 그것을 숨기고 거짓 조서를 내려 태자를 죽인 후 시황제의 둘째 아들을 이세 황제로 세우고 자기가 정승이 되었다가 또 이세를 죽이고 그 아들을 황제로 세웠으나 그의 손에 일가친척이 몰살당했다.
11) 모두 외척으로서 당나라에 와서 벼슬한 사람. 안녹산安祿山이 당나라를 배반하여 악양을 점령한 후 연燕나라를 세우고 자칭 황제라 하다가 자기 아들에게 죽고 사사명史思明은 안녹산의 아들을 죽이고 연나라 황제라고 칭하다가 자기 아들한테 죽었다.

묻지 못하는 것이다. 망령된 자, 반역자, 사람을 속이는 간사한 자들은 내 능히 그 정기와 넋을 가두되 나의 웅덩이로 빠지게 하며 나의 부피로 덮고 그러고도 부족하다고 생각하여 내게 있는 큰 돌로 가두며 내게서 솟는 물로 빠뜨린다. 그러므로 다만 뼈만 묻는 것이 아니라 또한 능히 정기와 넋까지도 묻는다."
나는 듣고 옳다고 생각하여 그 대답을 이에 적어 둔다.

반오[1]에게 명하노라
命斑獒文

너의 털이 무늬가 있으니 반호[2]의 손자냐? 민첩하고 슬기로우니 오룡[3]의 후손이냐? 발은 방울 같으며 주둥이는 옻칠을 한 듯 검고 사지는 늘씬하고 근육은 단단하다. 주인을 따르는 정신이 갸륵하며 문 지키는 책임에 충실하다. 내 그 날램을 귀여워하고 그 뜻을 사랑하기 때문에 집에 두고 기른다.

너는 비록 하찮은 짐승이지만 북두칠성의 정기를 타고나서 영특하고 지혜가 있는 것이 여느 짐승과 다르기 때문에 주인인 내가 너에게 명령하니 꼭 귀담아들어라.

턱없이 짖기 때문에 사람들이 너를 두려워하지 않으며 구별 없이 물기 때문에 화가 미치게 된다. 점잖게 진현관進賢冠과 삼량관三梁冠을 높이 쓰고 버젓이 화주華輈와 양상[4]을 뽐내며 뇌구와 수창[5]을

---

1) 개 이름.
2) 반호斑瓠는 털빛이 오색인 옛날 개 이름.
3) 옛 중국 책 《속선전續仙傳》에는 위선魏鮮이란 사람이 잘생긴 개를 가지고 있었는데, 그 개 이름이 오룡烏龍이었다고 한다.
4) 양상兩廂은 대궐 뜰아래 동서 양편에 있는 집으로, 중앙 관리를 가리킨다.

차고 구종군驅從軍들을 앞세워 길이 메게 떠들썩하면서 왈랑절랑 몰려오거든 너는 짖지 말라. 고문과 대책[6]이 지체될 때 임금께서 너의 주인인 내가 아니면 자기 말대로 시행될 수 없으리라 하여 내수[7]를 급히 보내어 나를 부르거든 비록 밤이라도 너는 짖지 말라. 고임새의 염포[8]와 소반의 포와 접시의 자반과 솥의 찐 밥과 동이의 술과 단지의 식혜를 가지고 선생께 속수[9]를 드리러 오거든 너는 짖지 말라. 예복을 입고 책을 끼고 주인한테 와서 가로세로 캐물어 복잡하고 어려운 이치를 해명받으려고 무리를 지어 올 때에도 너는 짖지 말아야 한다.

짖어야 하고 물어야 할 것을 나한테서 들으라. 빈틈을 타서 담을 뚫고 방안을 엿보다가 돈을 훔치고 물건을 훔치려는 자가 있을 때에는 짖어 물고 놓지 말며, 또 외모는 유순하나 심보는 좋지 않아서 남의 과오를 꼬집어 음해를 일삼는 자가 걸음을 주적거리고 말을 우물우물하면서 오거든 너는 짖어야 한다. 늙은 박수와 음탕한 무당이 남의 눈치를 살피면서 홀림수와 괴상한 행동으로 남을 속이려고 대문을 두드리면서 만나기를 청하거든 너는 물어야 하고, 교활한 귀신과 요사한 도깨비가 틈을 타서 엿보다가 어둠을 기다려 사람을 속이려고 하거든 너는 짖어서 쫓아내야 한다. 큰 쥐와 삵이 담을 뚫어 굴을 만들고 변소에 숨어 밖을 살피거든 너는 물어 죽여야 한다.

---

5) 뇌구欄具는 옛날 유명한 칼 이름이고, 수창水蒼은 문관들이 차는 패물이다.
6) 고문高文은 중대한 문건이고, 대책大册은 큰 저술의 책, 정책이다.
7) 내수內竪는 궁중에서 임금의 명령을 전달하는 낮은 관리다.
8) 생강, 계피와 함께 깃쩔어서 말린 고기.
9) 속수束脩는 제자가 선생을 처음 뵐 때 드리는 예물이다.

그릇에 고기가 있어도 훔치지 말고 솥에 국물이 있어도 핥지 말라. 마루에 오르지 말고 땅을 파지 말아야 하며 항상 문에서 떠나지 않고 자지 말며 잘 지켜야 한다. 새끼를 낳으면 주둥이는 짧고 털은 길며 모진 표범의 가슴에 이시미의 꼬리로 된 놈을 낳아 주인의 손자 대에까지 이르게 하여야 한다. 네가 만일 나의 말을 조심하여 듣고 명심하여 실행한다면 천년 뒤 주인이 신선이 되어 갈 때에 너에게 약을 먹여 데리고 하늘로 올라가겠다.

누가 그렇지 않다고 하겠느냐. 조심하여 듣고 조심하여 들어 소홀히 하지 말라.

쥐를 저주하노라
呪鼠文

내 집에서 본래 고양이를 기르지 않기 때문에
쥐 떼가 함부로 우글거리니 쥐들이 미워 저주하노라.

한 가정에는 영감 마누라가 주인이 되고 이에 따르는 자들이 각각 맡은 일이 있는 것이다. 요리를 맡은 자는 적각(赤脚, 계집종)이요, 목축을 맡은 자는 곤륜崑崙이니 아래로 여섯 가축[1]에 이르기까지 그 맡은 직책이 각기 다르다. 말은 주인을 태우고 뛰고 달리며 소는 무거운 짐을 끌며 또 밭을 간다. 닭은 새벽에 울며 개는 대문을 지켜 도적을 막으니 다들 맡은 직분으로 주인집을 돕는다.

이에 여러 쥐들아 어디 물어보자.

너희들은 무슨 직분을 맡았고 누가 너희들을 가축으로 인정하였으며 어디서 생겨났기에 그다지도 번식하느냐. 오로지 너희들이 안다는 것은 구멍을 뚫고 도적질하는 것뿐이로구나.

대개 도적이란 밖에서 들어오는 것인데 너는 어찌 집 안에 있으면서 도리어 주인집을 해하느냐. 구멍을 많이 만들어 놓고 옆으로 들어갔다가 곁으로 나오고 어둡기를 기다려서 미친 듯이 날뛰기 시작하며 밤새도록 쏠라닥거리는구나. 사람들이 잠든 뒤에는 더욱 마

---

1) 소, 말, 돼지, 양, 닭, 개 등 여섯 가지 가축을 말한다.

음대로 날뛰고 대낮에도 버젓이 나들며 방에서 부엌으로 마루에서 방으로 들락날락하는구나.

부처께 드리는 물건과 신께 드리는 물건도 네가 먼저 맛보니 너는 신을 업수이여기고 부처를 우습게 알도다.

단단한 물건도 능히 구멍을 뚫으며 궤짝과 장롱에 쉽게 나들고 구들 골을 뚫어서 구석구석에서 연기가 나게 하는구나. 음식을 훔치는 것은 너희들 역시 배를 채우기 위한 것이겠지만, 무엇 때문에 의복을 쏠아 동강 내어 못 입게 만들며, 무엇 때문에 실오리를 씹어 놓아 비단을 못 짜게 만드느냐. 너희들을 잡아 치우는 고양이를 내가 기르지 않는 것은 천성이 인자하여 차마 너희들에게 재난을 씌우지 않도록 함인데, 너희들은 조금도 고마워하지 않고 도리어 분주히 돌아다니면서 쏠고 뚫고 한단 말이냐.

내가 너희들에게 알리노니, 너희들은 버릇을 고치고 지난 일을 뉘우쳐 급히 내 집에서 떠나라. 너희들이 만약 듣지 않는다면 사나운 고양이를 놓아 하루 동안에 너희 족속들을 섬멸할 테다.

고양이 주둥이에 너희들의 기름이 묻고 고양이 뱃속에 너희들의 고기를 장사하게 되면 너희들이 아무리 다시 살고 싶어도 목숨을 찾지 못하리라. 어서 속히 가거라. 이는 결단코 어길 수 없으리라. 급히 시행하라.

이상한 관상쟁이의 대답
異相者對

한 관상쟁이가 있는데 어디서 온 것도 모르며 상서相書를 읽은 것도 아니며 상서의 규례대로 관상을 보지도 않는다. 남다른 술법으로 보기 때문에 '이상한 관상쟁이'라고 하였다. 점잖은 이들, 대신들, 남녀노소가 다투어 청하거나 앞질러 따라가서 상을 보이지 않는 이가 없었다.

관상쟁이는 부유하고 귀하여 살찐 사람을 보고는,

"그대의 얼굴이 몹시 파리하니 가족들이 천하기가 그대와 같은 사람은 없을 것이다."

하고, 가난하고 천하여 여윈 자를 보고는,

"그대 얼굴이 살쪘으니 가족들이 귀하기가 그대와 같은 사람은 드물리라."

하였다. 장님을 보고는,

"눈 밝은 자다."

하고, 민첩하여 잘 달리는 자를 보고는,

"절름발이라 걷지를 못한다."

한다. 요염한 부인을 보고는,

"아름답기도 하고 추하기도 하다."

하며, 관대하고 인자한 사람을 보고는,

"만 사람을 슬프게 할 사람이다."

하고, 몹시 가혹한 사람을 보고는,

"만 사람의 마음을 기쁘게 할 사람이다."

하였다.

그가 상을 본다는 것이 대체로 이와 같았다. 그는 길흉화복에 대해서는 말하지 않을 뿐만 아니라 관상을 보는 법에 맞지도 않아 군중들은 떠들기를,

"그자는 가면을 쓴 자니 붙잡아 신문하여 그 허위를 밝히자."

하였다. 내가 홀로 말렸다.

"대체로 말이란 그른 것을 먼저 말하여 옳은 것을 밝히며 외면으로는 가까운 것을 말하여 내용으로는 먼 것을 알리는 수도 있는 것이다. 저 사람도 눈이 있는 사람인데 왜 살찐 사람, 여윈 사람, 눈먼 사람들을 몰라서 살찐 사람은 여위고 여윈 사람은 살쪘다고 하며 또 눈먼 사람을 눈 밝은 사람이라고 할까. 이것은 반드시 상을 보는 법이 남다른 사람이다."

나는 이렇게 타이른 뒤에 목욕하고 양치하고 옷깃을 여미며 옷고름을 매고 그 관상쟁이에게 가서 사람들을 물리치고는,

"그대가 누구누구의 상을 보고서 어떠어떠하다고 말한 것은 무슨 이유인가?"

하니, 그 관상쟁이가 대답하였다.

"대체로 부하고 귀하면 교만하고 방자한 마음이 자라서 죄가 차면 하늘이 반드시 보복한다. 그러므로 앞으로 겨죽도 없어 못 먹

을 때가 올 것이므로 여위겠다고 한 것이며 장차 우매하고 이름 없는 천한 사나이가 될 것이므로 그 사람의 가족이 천하겠다고 한 것이다. 가난하고 천하면, 마음을 졸이고 자기를 낮춰서 남을 두려워하고 자기를 반성하는 조심성이 있게 되는데, 이것이 운이 제일 막힌 때라 반드시 좋은 운이 돌아와 육식할 징조가 이미 보이므로 살찌겠다고 한 것이며 장차 만석 십륜¹⁾의 부귀를 누리겠으므로 그 사람의 가족이 귀하겠다고 한 것이다. 요사한 맵시와 아름다운 것을 엿보아 접촉하게 하며 진귀하고 보기 좋은 물건을 찾아 욕심대로 하게 하여 사람을 미친 구렁텅이로 빠지게 하며 부정직한 길에 들어서게 하는 것은 눈이다. 이렇기 때문에 뜻밖에 봉변을 당하게 되니 이것이 눈먼 것이 아니겠느냐. 오직 눈먼 사람은 맑고 고요하여 좋은 물건을 욕심내지 않으며 요염한 것에 접촉하지 않으므로 몸을 보전하고 욕을 당하지 않으니 어진 사람보다 나으므로 눈이 밝다 한 것이다. 대개 민첩한 사람은 용맹을 좋아하고 용맹하면 남을 업신여기기 쉬우므로 장래에 자객이 되거나 간수姦首가 되어 정위廷尉에게 잡혀 옥쇄장이 감시하며 발에는 차꼬, 목에는 큰칼이 있으니 아무리 빨리 달리고 싶어도 달릴 수 없으므로 절름발이로 걷지 못하는 자라고 한 것이다. 대저 요염한 여성은 음탕한 자가 보면 광채 찬란한 옥과 같겠지만 순박한 사람이 보면 더러운 진흙이나 다름없으므로 아름답기도 하고 추하기도 하다고 한 것이다. 소위 인자한 사람이 죽으면 그를

---

1) 만석萬石은 봉급이 만 석이고 십륜十輪은 승용 마차가 다섯 대란 말로 높은 벼슬을 하며 부하고 귀하게 된다는 뜻이다.

사모하여 우는 사람들이 마치 어린애가 어미를 여읜 듯이 슬퍼하여 소란하므로 만 사람을 슬프게 할 자라고 한 것이다. 소위 가혹한 자가 죽으면 기뻐 노래하는 자가 길가와 골목에서 서로 화답하고 양고기와 술로 서로 축하하며 웃느라 입을 다물지 못하는 자와 박수치느라 손이 터질 지경인 자가 있을 것이므로 만 사람을 기쁘게 할 자라고 한 것이다."
내 이 대답을 듣고 은근히 놀라 일어서면서 생각하였다.
"과연 내 말과 같이 상을 보는 법이 남다른 사람이다. 그 말은 우리에게 교훈이 될 것이다. 이것이 어찌 낯빛을 살피고 외모를 살펴서 귀하면 '거북 무늬에 물소 뿔'[2]이라 하고 악하면 '벌의 눈과 표범의 목소리'[3]라고 덮어놓고 한가지로만 반복하면서, 스스로 잘 알며 신령하다고 하는 그런 자랴 하랴."
집에 돌아와서 그의 대답을 적어 둔다.

---

[2] 사람 몸에 거북 무늬가 있으면 대신이 되고, 여자 코가 물소 뿔 형상이면 임금 아내가 된다고 한다.
[3] 벌의 눈과 표범의 목소리는 아주 흉악한 사람의 상이라고 한다.

어느 쪽이 진정 미쳤는가
狂辨

　세상 사람들이 다 거사가 미쳤다고 하나 거사는 미친 것이 아니다. 거사가 미쳤다고 하는 자들이 미쳐도 더 심하게 미친 자가 아닌가. 그들이 거사가 미쳤다고 하니 들은 것이 있느냐, 본 것이 있느냐? 거사가 어떻게 미쳤더냐? 알몸과 맨발로 물불에 뛰어들더냐? 이가 부러지고 입술이 터지면서 모래와 돌을 깨물더냐? 하늘을 쳐다보며 욕하더냐? 땅을 굽어보며 꾸짖음이 심하더냐? 머리를 풀어헤치고 고함을 지르더냐? 잠방이를 벗어던지고 날뛰더냐? 겨울에 추운 줄을 모르더냐? 여름에 더운 줄을 모르더냐? 바람을 붙잡으려 하더냐? 달을 따려 하더냐?

　이러한 일이 있었다면 모르거니와 없지 않느냐. 무얼 보고 미쳤다고 하느냐? 슬프다. 세상 사람이 평범하게 지내면서 하는 일 없을 때에는 외모도 언어도 남과 같으며 의관 범절도 남과 같은데, 한번 벼슬자리에 앉아서 공사를 처리하게 되자 같은 손으로 하는 모든 일이 한결같지 않으며 마음이 하나면서 엎칠 데 뒤치고 뒤칠 데 엎치며 거꾸로 보고 뒤집어 판단하며 동을 서라 하고 서를 동이라 하며 어지럽게 서로 뒤섞여 어디가 중심인지를 모르며, 마침내 고삐 풀린 말이 마차를 비탈로 끌고 가서 말은 넘어지고 마차는 엎어지고야 마는 것과 같으니, 이러한 것이야말로 겉으로는 점잖으나 안으로는 사실 미친 것이로다.

  이렇게 미친 것이 물불에 뛰어들거나 모래와 돌을 깨무는 것들보다 더 심한 것이 아니겠는가. 슬프다, 세상 사람들이 이런 미친병이 많아서 제 몸도 스스로 구하지 못하면서 무슨 겨를이 있어 거사를 미쳤다고 웃느냐.

  거사는 미치지 않았도다. 행동은 미친 듯이 하면서 그 주장은 옳게 가지는 자로다.

게으름 병을 조롱한다
慵諷

거사가 게으름 병이 있어 손에게 그 병증을 말한다.
"덧없는 세상이지만 게을러서 서두르지 않고 하잘것없는 신세지만 게을러서 변통을 못하고 지낸다.

 텃밭 한 뙈기가 있어 풀이 우거졌건만 귀찮아서 손을 대지 않고 천 권의 책이 있어 좀먹어도 읽지 않으며 머리털이 흐트러져도 빗기가 싫다. 몸이 가려워도 게을러서 치료하지 않고 남을 대하여 반가이 웃는 것도 싫다. 남과 함께 뛰어가는 것도 귀찮고 입을 벌려 말하기도 싫으며 발로 걷기도 귀찮다. 걸음마다 일마다 다 귀찮으니 이러한 병을 어떤 방법으로 고칠 수 있을까?"
손은 대답이 없더니 집으로 돌아가 그 게으름 병을 해결하려고 노력하였다.
 십여 일이 지나서 손이 다시 거사를 찾아왔다.
"그동안 만나지 못하여 그리운 정 참지 못해서 찾아왔으니 만나기를 원합니다."
 거사는 역시 게으름 병 때문에 서로 만나 보기를 반가워하지 않았다. 손이 굳이 청하여 거사를 만났다.

"내가 오랫동안 거사의 조용한 웃음과 이야기를 듣지 못하였더니 지금이 바로 늦은 봄입니다. 새도 동산에서 울고 날씨는 화창하여 온갖 꽃들이 곱게 피었습니다. 내게 좋은 술이 있어 바야흐로 술거품이 뜨고 그 향기가 방에 찼으며 익는 기운이 술독에 가득하니, 내가 혼자 마시기는 아깝고 청할 이란 선생밖에 없습니다. 또한 내 집에 시중드는 계집애가 있어서 시속의 노래에도 능하고 피리도 불며 호쟁胡箏도 탈 줄 아니, 이도 역시 혼자서 들을 수 없어 선생을 기다립니다. 그런데 선생이 가시기를 싫어하실까 염려됩니다. 잠깐 가 보실 생각이 없으신지요?"

거사는 반가이 옷을 털면서 일어났다.

"그대가 늙고 하잘것없는 사람을 싫어하지 않고 입에 맞는 약과 세상에 드문 인물로 울울한 심사를 위로하고자 하니 내가 어찌 굳이 사양하리오."

허리띠를 찾아 띠고 더딜세라 신발을 찾아 신고 부산히 서두르며 떠나려고 하는데, 갑자기 손이 게으름 병의 증세를 나타내며 입이 굳어지고 대답을 못하는 듯하더니 이윽고 말하기를,

"선생이 내 청에 응하였으니 두말할 것은 없으나 선생이 지난날에는 말하기를 싫어하더니 지금은 말이 민첩하고, 지난날에는 무엇에나 마음에 두는 것이 느리더니 지금은 긴장하며, 지난날에는 걸음이 굼뜨더니 지금은 걸음이 빠르니 선생의 게으름 병이 지금부터 없어지려는 것이 아닙니까?

양심을 찍는 도끼로는 여자가 첫째요, 내장을 상하게 하는 약은 술을 가리킨다 하는데 선생이 오직 이 두 가지에 대하여서는 게으름 병이 언제 풀렸는지도 깨닫지 못하고 출입을 분주히 하시

니, 선생이 이로부터 양심을 잃고 몸을 망치고야 말까 두렵습니다. 나도 선생의 이 같은 것을 보고는 서글퍼져서 선생과 말하기도 싫고 선생과 한자리에 앉기도 싫으니, 선생의 게으름 병이 아마 내게 옮았는가 싶습니다."
하였다. 거사는 낯이 붉어지고 이마에 땀을 흘리면서 사과하였다.
"그대가 내 게으름 병을 풍자하였도다. 내가 전날 그대에게 게으름 병을 말하고도 지금 그대가 청하는 말 한마디에 따라가기에 다급하여 게으름이 어느새 사라진 줄 몰랐도다. 사람에게는 자기가 즐거이 하고 싶은 것에 마음이 빨리 끌리며 또 귀에 들어오기도 잘한다는 것을 알았도다. 그것이 사람의 몸에 화를 입히는 것은 더 빠를 것이니, 이제부터는 참으로 이를 삼가지 않을 수 없도다. 나는 장차 마음을 돌려 인의를 공부하는 곳으로 들어가 그 게으름을 버리고 힘써 배우려 한다. 어떻게 생각하는가. 그대는 두고 보기로 하고 나를 더는 조롱하지 말라."

천명과 사람이 서로 이기는 이야기
天人相勝說

　유자劉子는 말하기를, "사람이 많으면 천명을 이기고 천명이 정해지면 또한 사람을 이긴다." 하였다. 나는 이 말이 옳다고 생각한 지 오래되었는데 지금은 더욱 그것을 믿게 되었다.
　내 일찍이 완산의 장기掌記로 임명되어 갔다가 동료가 참소하여 파면된 일이 있었다. 그뒤 나는 서울로 올라왔고 그 사람은 여전히 요회[1]의 직임에 있어서 교묘한 말로 나에 대하여 참소를 계속하였기 때문에 나는 9년 동안이나 벼슬하지 못하고 있었다. 이것이 사람이 천명을 이긴 것이지 어찌 하늘이 정한 운명이겠는가. 그 사람이 죽은 뒤에야 비로소 한림에 들어갔고 그뒤에 여러 번 청요淸要의 직임으로 옮겼다가 곧 높은 직책을 맡게 되었으니, 이것은 곧 하늘이 사람을 이긴 것이니, 사람이 어찌 끝까지 방해할 수 있겠는가.
　어떤 사람이 내게,
　"강태공은 팔십이 되어 문왕을 만났고 주매신朱買臣은 오십이 되어서야 벼슬하였으니, 이런 이들은 누가 참소하여 그렇게 늦게

---

1) 요회要會는 예산을 출납하는 벼슬 이름이다.

등용된 것이라고 말할 수 있으리까. 사실 운명이 그러한 것이 아니겠소."
하여, 내가 대답하기를,
"두 분이 늦게 등용된 것은 그대 말과 같이 운명일 것이다. 그러나 내 운명으로 미루어 보면 그때 운이 아주 막혔던 것도 아닌데 흉악한 사람들이 틈을 엿보아 큰 사건을 꾸며서 만들었던 것이다."
하니, 그가 다시 말하기를,
"운이 크게 막히지 않았는데 흉악한 사람이 틈을 타서 꾸며 낸 것도 역시 운명이니, 선생의 말이 옳다고 할 수 있으리까?"
하였다. 내가 다시,
"만일 그때 내가 조금만 더 참아서 흉악한 사람과 틈이 생기지 않게 하였던들 반드시 그러한 큰 사건이 생기지는 않았을 것이다. 그렇게 된 것은 내가 자초하여 그리된 것이니 어찌 운명을 탓하랴."
하니, 그는 옳게 여겼다.
"선생이 허물을 뉘우침이 이 같으니 마땅히 앞으로 크게 잘될 것이외다."

거울 이야기
鏡說

거사는 거울 하나를 가졌는데 먼지 끼고 때 묻어 침침한 것이 구름이 달을 가린 듯하였다. 그러나 아침저녁으로 그것을 들여다보는 것이 마치 화장하는 자와 같았다.

손이 보고 물었다.

"거울이란 얼굴을 보는 것이오. 그렇지 않으면 군자들이 그 맑은 것을 사랑하여 가지는 것입니다. 지금 선생이 가진 거울은 부옇고 침침하여 얼굴을 비칠 수도 없고 맑은 것을 사랑할 수 없음에도 불구하고 선생은 항상 비춰 보니 무슨 까닭이 있습니까?"

거사는 대답하였다.

"거울이 밝으면 어여쁜 사람은 적고 추한 사람은 많으므로 만일 한 번 보면 깨뜨려 버리고야 말 것이니, 이렇게 먼지가 끼게 그냥 두는 것만 못하다. 먼지가 끼어 흐린 것은 차라리 외부를 흐리게 할 뿐이고 그 맑음은 없어지지 않으니, 만일 어여쁜 자를 만나게 되면 뒤에 닦고 보아도 늦지 않을 것이다.

슬프다, 옛사람들은 거울을 대하매 그 맑음을 사랑하였지만 내가 거울을 대함은 그 흐린 것을 사랑해서다. 그대 무엇을 괴이하다 하는가?"
손은 대답이 없었다.

우레 이야기
雷說

　우레가 울 때에 누구나 다 함께 마음이 두려워지므로 뇌동雷同이란 말이 있다. 내가 우렛소리를 들을 때 처음에는 간담이 서늘하였으나 내가 잘못한 일이 없는가 여러 차례 반성한 끝에 마음에 꺼릴 만한 잘못을 찾지 못한 다음에야 겨우 마음을 놓았다.
　다만 한 가지 마음에 조금 꺼리는 것이 있으니, 일찍이 《춘추좌씨전》을 읽다가 화보가 눈 맞이하였다[1]는 것을 보고 아닌게아니라 이것은 잘못이라 생각하였다. 때문에 나는 길에서 혹시 아름다운 여인을 만나면 서로 눈이 마주칠까 두려워 머리를 숙여 외면하고 걸음을 빨리하였으나, 머리를 숙이고 외면한다는 것 자체가 벌써 무심하지 못한 까닭이라고 생각되어 이것을 스스로 꺼렸던 것이다.
　또 한 가지 일은 인정상 어쩔 수 없는 일로 남이 나를 칭찬하면 기뻐하고 나를 나무라면 낯빛이 변하였으니, 이것은 비록 뇌성벽력할 때 두려워할 것까지는 아니라 하더라도 또한 경계하지 않을 수

---

1) 노나라의 화보華父라는 사람이 길에서 공보孔父의 아내가 마주 오는 것을 보고 지나간 뒤에 돌아보면서 참 아름답다고 칭찬한 사실을 말한다.

없는 것이다. 어두운 방에서도 속임이 없다는 옛사람을 내 어찌 따를 수 있으랴.

뇌물 주고 배를 타는 이야기
舟略說

 이자(李子, 이규보의 자칭)가 배로 강을 건너려 하니 나룻배가 두 척이 있었다. 두 배의 크기가 같으며 탄 사람과 마소의 수도 거의 비슷한데 잠깐 뒤에 한 배는 나는 듯이 떠나더니 벌써 건너편 언덕에 닿았으나 내가 탄 배는 아직 머뭇거리며 나가지 못하는지라 그 까닭을 물으니 함께 탄 사람이,
 "저 배에는 술이 있어 배 부리는 사람들을 먹였으므로 그 사람들이 힘을 다하여 노를 저었기 때문입니다."
하니, 내 어찌 부끄럽지 않았겠는가. 인하여 탄식하였다.
 "슬프다. 이런 조그마한 나루터에서도 오히려 뇌물이 있고 없는데 따라 배가 빠르고 더디며 앞서고 뒤서는데 하물며 출세하는 경쟁판에서야 오죽하랴. 돌이켜 보면 내게는 돈이 없으니 지금까지 벼슬자리 하나 차례지지 않는 것이 당연하다 하겠다."
 뒷날에 보기 위하여 적어 둔다.

집수리한 이야기
理屋說

내 집에 당장 쓰러져 가는 행랑채가 세 칸이나 되어 할 수 없이 전부 수리하였다. 그중 두 칸은 이전 장마에 비가 새면서 기울어진 지 오래된 것을 알고도 이리저리 미루고 수리하지 못한 것이고 한 칸은 한 번 비가 새자 곧 기와를 바꿨던 것이다. 이번 수리할 때에 기울어진 지 오래였던 두 칸은 들보와 서까래들이 다 썩어서 다시 쓰지 못하게 되어 수리하는 비용도 더 들었으나, 비가 한 번 새었던 한 칸은 재목이 다 성하여 다시 썼기 때문에 비용도 덜 들었다. 나는 이것을 보고 생각하였다.

이러한 것은 사람에게도 있는 일이다. 자기 과오를 알고 곧 고치지 않으면 나무가 썩어서 다시 쓰지 못하는 것과 같고, 과오를 알고 고치기를 서슴지 않으면 다시 착한 사람이 되는 데 방해되지 않으니 집 재목을 다시 쓰는 것과 같은 것이다.

다만 한 사람만이 아니라 한 나라의 정치도 또한 이와 같아서 백성의 이익을 침해하는 일이 심하여도 그럭저럭 지내고 고치지 않다가 백성이 떠나가고 나라가 위태롭게 된 뒤에는 갑자기 고치려고 해도 바로잡기가 대단히 어려우니 삼가지 않아서야 되겠는가.

칠현 이야기
七賢說

 선배로서 글 잘한다는 소문이 높은 아무개 아무개 일곱 분이 스스로 당세의 호걸이라고 자처하여 서로 더불어 칠현이 되니, 그것은 대개 진나라의 칠현[1]을 사모하여 그렇게 함이었다. 항상 서로 모여 술 마시고 시를 지으면서 마치 자기들밖에는 세상에 사람이 없는 듯이 뽐냈다. 그리하여 세상 사람들의 많은 비웃음을 받고 난 뒤에야 비로소 그 기세가 좀 누그러졌다. 그때 내 나이 열아홉 살이었는데 오덕전(吳德全, 오세재)이 나와 망년忘年의 벗이 되어 매양 나를 끌고 그 모임에 갔다. 그뒤 덕전은 경주로 떠나 버렸으나 나는 계속 그 모임에 갔다.
 그랬더니 이청경이 나를 보고,
 "오덕전이 경주 가서 돌아오지 않으니 그대가 그 자리를 보충함인가?"
하기에, 내가 즉시,

---

[1] 진晉나라 때에 해강嵇康 완적阮籍 산도山濤 상수向秀 유령劉伶 완함阮咸 왕융王戎 여섯 사람과 친하여 대숲에 모여 놀았으므로 그때 사람들이 그들을 '죽림칠현'이라고 불렀다.

"칠현이 조정 벼슬도 아닌데 자리를 대신한다는 말이 웬 말인가? 내가 알기에는 진나라 칠현도 빈자리를 채운 일은 없는가 한다."
하니, 모든 사람이 크게 웃었다. 또 시를 지으라며 운자로 '춘春' 자와 '인人' 자를 부르므로 즉시 지어 불렀다.

> 영광스럽게 죽림 모임에 참가하여
> 유쾌히 술을 마시노니
> 나는 몰라라 칠현 가운데
> 누가 오얏 씨 뚫은 사람인고.[2]
> 榮參竹下會 快倒甕中春
> 未識七賢內 誰爲鑽核人

모인 사람들은 대단히 노한 기색을 보였다. 나는 모른 체하고 만취한 뒤에 거기서 나왔다. 나는 젊어서 이같이 미쳤기 때문에 세상 사람들이 다 나를 미친 사람으로 보았다.

---

[2] 왕융은 천성이 인색하여 집에 있는 품질 좋은 오얏나무 씨를 다른 사람이 얻어다 심을 것을 꺼려 오얏 씨를 모두 송곳으로 뚫어버렸는데, 이 사실을 가지고 은근히 모인 사람들을 빈정댄 것이다.

술잔으로 탐오한 자를 친 이야기
椀擊貪臣說

원외랑 최홍렬崔洪烈은 뜻이 굳고 바른 것을 숭상하였다. 일찍이 남경에 장기로 가 있을 때에 당시 권세 있는 신하인 김의문金義文이 보낸 종이 주인의 세력을 믿고 방자히 사람을 해치는 것을 보고 그를 잡아 죽였다. 이로 인하여 유명해졌다. 그가 낮은 벼슬자리에 있을 때 일이다.

여럿이 모인 자리에 한 문사가 있었는데 그는 한 고을을 다스릴 때에 탐오를 자행한 자였다. 최군이 술 마시던 사발을 들어 금방 그를 치려고 하면서 먼저 손가락을 굽혀 입에 대고 크게 휘파람을 불어 그 기세를 높인 뒤에,

"이 좌석에 탐오한 자가 있기에 내 그자를 치려 한다. 옛날에 단수실[1]은 홀을 가지고 간사한 신하를 쳤거니와 지금 나는 사발로 탐오한 자를 치겠노라."

하고 호통하였다. 비록 그 이름은 지적하지 않았으나 그 사람이 스

---

[1] 단수실段秀實은 당나라 산서성 사람인데, 덕종德宗 때 사농경司農卿으로 있으면서 주자朱泚가 반역하자 얼굴에 침을 뱉고 상아홀로 이마를 후려치면서 크게 꾸짖었다.

스로 자기의 탐오를 뉘우치고 슬며시 빠져나가 도망쳐 버렸다.
 그뒤에 이 사실을 가지고 농담하는 이가 있으면 최군은 곧 성을 냈으나 오직 낭중 이원로李元老에게만은 성내지 않고 비록 그가 손가락을 입에 물고 휘파람 부는 시늉을 하더라도 머리를 숙이고 웃을 뿐이었다. 이군과는 서로 가까웠던 까닭이다.

일엄의 사실을 논평한다
論日嚴事

명묘[1]는 27년 동안 태평을 유지한 임금이었다. 비록 말년에 임금 자리에서 폐위당하였지만 그의 밝은 지혜는 형용하지 못할 만한 것이었다. 이제 한 가지 실례를 들겠다.

남쪽 땅에 일엄이라는 중이 있어 스스로 부처라 하는데, 남들이 전하는 말로는 병을 잘 고쳐 비록 귀머거리, 장님, 풍, 문둥병일지라도 곧 낫게 한다는 것이다. 서울에서 이 소식을 듣고 다들 청하여 만나기를 원하였다. 명종은 여러 사람들의 생각을 거스르기 어려워 궁중에서 일 보는 신하를 먼저 보내 사실을 자세히 알아보게 하였더니, 그 신하가 돌아와서 과연 들리는 말과 같다고 아뢰었다. 명종은 부득이 사신을 보내어 일엄을 맞아 오게 할 때에 오거든 동쪽 성 밖 홍법사弘法寺에 머무르게 하라고 명령하였다. 일엄이 처음 서울로 올 때에 채전彩牋으로 만든 수건을 쓰고 준마를 타고 비단 부채로 낯을 가렸는데, 무수한 졸도들이 말머리를 막고서 둘러싸 그의 낯을 정면으로 볼 수 없었다.

---

1) 1170년에서 1197년까지 고려의 왕위에 있은 명종明宗을 말한다.

서울 안의 관리와 백성이 일엄이 있는 절에 밤낮으로 만여 명씩이나 모여 아미타불을 부르니 그 소리가 십 리 밖까지 들렸다. 정승, 양반은 물론이요 그들의 안해와 심하게는 안방의 처녀까지 몰려와서 숲을 이루었고, 머리를 풀어 앞에다 펴고 일엄이 밟고 지나가기를 기다리며 먹다 남긴 음식은 물론이요 목욕한 물까지도 얻기만 하면 비록 한 방울이라도 천금같이 귀하게 여겨 마시지 않는 사람이 없었다. 이때에 만일 임금께서 궁중에 일엄을 맞아들여서 예를 갖추어 공경하였던들 온 나라가 외국 풍속을 본받아 남녀가 한자리에 섞여 음란한 일이 반드시 많았을 것인데, 마침 임금이 그 실체를 경험하여 보고 강남으로 도로 쫓으니 명종의 지혜가 이같이 밝았다. 뒤에 그 자손이 정권을 회복한 것도 어찌 이렇게 밝은 지혜 덕택이 아니겠는가. 다만 원통한 것은 그때 우리 조정에 부처의 뼈를 맞아들이는 것을 반대하던 당나라 한유[2] 같은 신하가 없었던 것이다.

그뒤에 일엄의 사실을 알아본즉 그자가 사람을 대하면 처음 가르치는 말이,

"온갖 것은 오직 마음에 달려 있다. 염불을 부지런히 하면서 내 병이 이미 나았다고 말하면 병이 따라서 낫는 것이니, 삼가 병이 낫지 않았다는 말은 하지 말라."

하였기 때문에, 장님도 나았노라, 귀머거리도 나았노라 하여 듣는 사람이 쉽사리 미혹되었던 것이라 한다. 얼마나 나라를 망칠 요사한 자였던가. 아아, 한 나라를 망칠 뻔하였도다.

---

[2] 한유는 성격이 명철하고 정직하여 이부시랑으로 있을 때 헌종憲宗이 불교를 숭상하여 부처의 뼈를 가져오자 '논불골표論佛骨表'를 지어 간하였다. 그로 인하여 조주자사로 내려갔으나 백성들을 덕으로 다스려 죽은 후에도 그를 칭찬하였다.

명예를 꺼리는 이야기
忌名說

이자가 오덕전에게 물었다.
"삼한에 옛날부터 문장으로 세상에 소문난 사람이 많으나 소 먹이는 아이와 하인들까지 그 이름을 기억하는 이는 적은데, 선생의 성함만은 부녀자와 어린애까지 모르는 사람이 없으니 웬일이오니까?"
선생은 웃으며 대답했다.
"내가 일찍이 나이 많은 서생으로 사방에 돌아다니며 밥을 구걸하였던 때문에 안 가 본 곳이 없으므로 나를 아는 사람이 자연 많게 되었고, 과거에 연거푸 낙제하여 사람들이 '금년에도 아무개는 또 낙제하였다지.' 하고 손가락질하였기 때문에 내 이름이 남의 귀와 눈에 익은 것뿐이지 내게 어떠한 재주가 있어서 그런 것은 아니오. 그런데 실속 없이 빈이름을 얻은 것은 아무것도 하는 일 없이 천종千鐘의 녹을 받는 것과 같소. 내 이 때문에 궁한 것이 이와 같으니, 평생에 꺼리는 것은 이름이 알려지는 것이오."
이 대답은 그가 자기를 낮추어 하는 말이었다. 어떤 이들이 선생을 평하여, '재주를 믿고 남을 업수이여긴다.' 함은 너무도 선생을 이해하지 못한 사람들이라 하겠다.

초당의 작은 정원을 정리하고
草堂理小園記

　내 서울 동쪽에 한 칸 초당을 가지고 있는데 위 정원과 아래 정원이 있다. 위 정원은 길이가 30보며 넓이도 이와 같고 아래 정원은 넓이와 길이가 다 같이 10여 보에 지나지 않는다. 보는 옛날 밭을 측량하던 법에 의하여 계산한 것이다. 해마다 오뉴월이 되면 잡초가 무섭게 번성하여 허리에 닿을 지경이었으나 사람을 시켜서 베는 일도 없었다. 일고여덟 명의 종과 가동들이 이를 보고 부끄럽게 여겨 무딘 호미로 서너 보 김을 매다가 그만두어 버리곤 하였다. 한 열흘쯤 지나서 또 다른 곳을 매는데 전에 맨 곳은 벌써 풀이 무성하게 자라났다. 또 한 열흘이 지나서 풀이 무성한 곳을 맬 때에는 또다시 후에 맨 곳에 풀이 무성하게 자라 올랐다. 이렇듯이 종내 풀을 다 매지 못하였으니 이것은 나의 독촉이 부족하고 일꾼들이 게으른 탓이었다. 드디어 그들이 하는 대로 내버려두고 별로 간참하지도 아니하였다.

　나는 아래 정원을 스스로 정리하기로 하였다. 이 작은 정원은 내 힘으로 정리할 수 있을 것 같기에 게으른 종들에게 맡기지 않고 몸소 이를 정리하기로 한 것이다. 거친 풀을 매고 낮은 데를 메우고 높은 데는 깎아 내려서 바둑판처럼 평평하게 만들었다. 이리하여 이 동산에는 갈포옷에 사모를 쓰고도 거닐 수 있게 되었으며 대자리에 돌베개를 베고 그 위에 누울 수도 있게 되었다. 나무 그림자가 땅을 덮고 맑은 바람이 불어 올 때 아이들은 내 옷에 매달리고 나는 아이들의 머리를 쓰다듬어 주면서 즐겁게 소일할 수 있었다. 그리하여 이곳은 나의 한 즐거운 장소로 되었다.

아하, 30보 되는 정원을 능히 다룰 수 없어 10보 되는 정원으로 손을 옮긴 뒤에야 겨우 정리해 냈으니, 이 어찌 졸렬한 자의 놀음이 아니랴.

이로 미루어 조정의 일을 생각하건대, 또한 자기가 맡은 일을 번다하게 벌여만 놓고 정리하지 않는 것이 있지나 않은가 돌아보게 된다. 그러나 옛날 진중거[1]는 한 칸의 방도 쓸지 않았으니 이는 원대한 일만을 생각했기 때문이다. 이로 보건대 대장부가 품은 뜻을 어찌 간단히 말할 수 있으랴. 인하여 스스로 웃으며 이 글을 쓴다. 쓴 것을 보며 또 때때로 크게 웃노니, 웃음은 또한 즐거운 것이다.

갑인년(1194) 5월 23일에 쓰다.

---

1) 진중거陳仲擧는 후한 때 사람이다.

과수 접붙인 이야기
接菓記

  일이 시작될 때에는 거짓말 같고 홀림수 같던 것이 나중에는 사실로 나타나는 것이 있다면 그것은 바로 과수를 접붙이는 법을 두고 한 말인가 싶다.
  내 가친께서 계실 때에 키다리 전씨라는 이가 과수의 접을 잘 붙였다. 가친께서 시험으로 그에게 시켜 보았다. 뒤 터에 나쁜 배나무 두 그루가 있는 것을 키다리 전씨는 두 그루 다 톱으로 밑동을 베어 버리고 세상에서 좋은 배라고 이름난 배나무의 아지를 몇 개 베어다가 밑동을 베어 버린 배나무 그루에다 붙이고 이긴 흙으로 그것을 봉하여 두었다.
  그 당시에 보아서는 도무지 거짓말 같았다. 비록 움이 나오고 잎이 퍼져도 역시 괴상한 일만 같았다. 그러나 여름에 잎이 무성하고 가을에 과실이 맺힌 뒤에야 사실인 것을 믿어 거짓말만 같고 홀림수만 같던 의심이 그제야 풀렸다.
  가친께서 세상을 떠나신 지 어느덧 아홉 해인데 나무를 보거나 과실을 먹을 때마다 언제나 그리운 생각에 혹 나무를 붙잡고 목메어 울며 차마 떠나지 못하였다. 옛사람도 소백과 한선자 때문에 감당을 베지 말라[1] 하고 좋은 나무를 잘 가꾸라[2] 하였거늘, 하물며 아버지가 가지고 계셨다가 아들에게 물려준 물건이야 받드는 마음이 어찌 베지 않거나 잘 가꾸는 정도뿐이겠는가. 그 과실도 꿇어앉아 먹어야 옳은 것이다.

생각건대 가친께서 이 나무를 나에게 물려주신 것은 어찌 나에게 이 나무를 본받아 나쁜 것을 버리고 옳은 것을 따르라는 교훈이 아니겠는가. 마음에 간직하여 스스로 경계하려 한다.

---

1) 주나라의 소백召伯이라는 어진 재상이 남쪽 지방으로 시찰 갔을 때에 감당나무 아래에 숙소를 정하고 있었다. 그뒤에 그곳 사람들이 소백을 사모하여 그 감당나무를 소중히 여겨 이 노래를 지었다. 감당나무는 팥배나무다.
2) 한 선자韓宣子가 진晉나라 사신으로 노나라에 가서 계무자季武子의 집에서 연회를 열 때 정원에 심은 좋은 나무를 칭찬하자 계무자가 한 선자에게, "저 나무를 잘 가꾸어 우리 두 나라의 친선을 더욱 강화하겠다." 하였다.

소금 뒷등에 쓴다
素琴刻背志

《풍속통風俗通》에, "거문고는 음악의 근본이니 군자가 항상 곁에 두고 몸에서 떠나지 않도록 한다." 하였다. 내 군자는 아니나 일찍부터 소금을 하나 갖고 있다. 줄과 활도 갖추지 못한 것인데 다만 어루만져 즐길 뿐이다. 어느 친구가 이것을 보고 웃으며 다섯 줄을 갖추어 주므로 나도 사양하지 않고 받았다. 이에 나는 장측長側, 단측短側, 대유大遊, 소유小遊를 뜯었는데 대개 뜻대로 되었다.

옛날 도잠은 줄 없는 거문고를 가지고 있어 거기에 뜻을 표시하였을 뿐이었다고 한다. 그러나 나는 구구히 한 오리 실줄에서 그 소리를 듣고자 하니 도잠에게 미치지 못함이 멀다 하겠다. 그러나 이는 내 스스로 즐김이니 어찌 반드시 옛사람을 본받을 것이랴. 한 잔 기울이고 한 곡조 희롱하여 이로써 한도를 삼으니 또한 일생의 한 즐거움이다. 드디어 내 그 뒷등에 '백운거사의 금'이라고 썼나니 뒤에 보는 자가 내 손을 거쳤다는 것을 알게 하고자 함이다.

백운거사라는 호에 대해
白雲居士語錄

　이수(李叟, 이규보의 자칭)는 이름을 숨기고자 하여 무엇으로 그 이름을 대신할까 생각해 보았다.

　옛사람들은 호로 이름을 대신한 이들이 많았다. 그들이 호를 지음에 자기 사는 곳을 호로 정한 이도 있고 자기가 가진 것을 호로 정한 이도 있으며 자기 공부에서 얻은 결과를 호로 정한 이도 있었다. 왕적王績의 동고자東皐子, 두자미의 초당선생草堂先生, 하지장賀知章의 사명광객四明狂客, 백낙천의 향산거사香山居士라는 호는 다 그들이 사는 곳을 호로 정한 것이고, 도잠의 오류선생五柳先生, 정훈鄭熏의 칠송거사七松居士, 구양수의 육일거사六一居士라는 호들은 다 그들이 가진 바를 호로 정한 것이며, 장지화張志和의 현진자玄眞子, 원결元結의 만랑수漫浪叟라는 호는 그들이 공부에서 얻은 결과를 호로 정한 것이다.

　이수는 이들과는 사정이 달라서 사방으로 부평초처럼 떠돌아다니면서 정해 두고 사는 곳이 없으며 쓸쓸하게도 한 가지 물건도 가지지 못하였고 서글프게도 공부에서 얻은 결과가 없으니, 이상 세 가지 호를 지을 수 있는 조건들이 다 옛사람에 미치지 못한다.

호를 짓는데 어떻게 할 것인고?

어떤 이는 '초당선생'이라 하지만 나는 그것이 두자미의 호이기 때문에 사양하여 받지 않았다. 더욱이 내 초당이란 잠시 빌려 있는 것이요, 내 살림집이 아니다. 빌려 있는 곳마다 호로 한다면 그 호가 얼마나 많을 것인가.

내 평생에 거문고와 술과 시, 세 가지를 몹시 좋아하였으므로 처음에는 '삼혹호三酷好선생'으로 호를 지었다. 그러나 거문고 타는 것이 거칠고 시 짓는 것도 능치 못하며 술 마시는 것도 많이는 못하니, 그러면서 이러한 호를 가진다면 세상에서 듣는 이마다 소리쳐 웃지 않으랴. 그러므로 즉시 고쳐 '백운거사'라 하였더니, 어떤 이가,

"그래 장차 산속에 들어가서 흰 구름을 벗하여 누우려 하느냐. 어찌하여 그렇게 지었는가?"

하고 물었다. 나는 이에 대답하기를,

"그런 것이 아니라, 흰 구름을 본받으려는 것이다. 본받아서 그것을 배운다면 내가 공부하여 얻은 것만큼은 못 되더라도 역시 어느 정도까지는 이르게 될 것이다. 대체로 구름이라는 것은 뭉게뭉게 솟고 훨훨 피어서 산에 걸리거나 하늘에 매이지 않고 동으로 서로 마음대로 가고 오는 데 거리낌이 없다. 또 잠깐 동안에 변화하여 앞뒤를 짐작할 수 없으며 활활 퍼질 때에는 군자가 세상에 나타난 것 같고 슬며시 걷힐 때에는 고인高人이 종적을 감춘 것 같으며 비가 되어서는 가물에 마르던 것을 살리니 어질다 할 것이요, 와도 반갑지 않고 가도 그립지 않으니 탁 트였다 할 것이다. 빛은 푸른 것, 누른 것, 붉은 것, 검은 것이 다 구름의 본빛이 아니요 오직 희고 문채 없는 것이 본빛이다. 덕이 벌써 그러하니

빛도 그러한 것이다. 만일 이것을 본받아 배워서 세상에 나가면 사물에 이익을 주고 들어오면 허심하여 그 흰빛을 지키고 언제나 한결같아 귀 있어도 들리지 않고 눈이 있어도 보이지 않는 신선의 경지에까지 이르러서 구름이 나인지 내가 구름인지 모르게끔 되리니, 이렇게 되면 옛사람이 공부에서 얻은 결과에 가까울 것이 아니겠는가.”

하였더니, 그가 또 묻는 것이었다.

"거사라 함은 무슨 이유인가?"

"거사란 산에 살든지 집에 있든지 오직 도를 즐기는 자만이 가지는 호다. 나는 집에 있으면서 도를 즐기는 자이기 때문이다."

"과연 그러하다. 그대의 말이 사리에 밝으니 기록해 두는 것이 좋겠다."

그러므로 기록하여 둔다.

큰 가난뱅이가
작은 가난뱅이에게

아, 물도 예전 물이요
마음도 예전 마음인데
보기도 싫던 것이
이제 도리어
즐겨 보는 것으로 되었다
마음은 내 마음이나
스스로 제어할 수 없어
때를 따라 변하며
바꾸어짐이 이러하다

남행월일기
南行月日記

　일찍이 나는 사방을 여행하며 내 발끝이 닿는 곳에서 어떤 이상한 일이라도 보거나 들은 게 있으면 반드시 그것을 시문으로 표현하여 훗날 다시 볼 수 있게 하였다. 무슨 까닭으로 그리하였던가? 만일 내 나이 늙어 다리가 약해지고 허리가 굽어 방문 밖을 나서지 못하고 보는 것이 방 안을 벗어나지 못하게 되면 손수 써 둔 것을 꺼내서 옛날 젊었을 때 사방으로 달리며 구경하던 자취를 더듬으며 장쾌하던 그 당시를 회상하면서 답답한 회포를 풀 수 있겠기 때문이었다. 내 시집 가운데는 '강남시江南詩' 몇 편이 있는데 지금도 그 시를 읽으면 당시 놀던 일이 똑똑히 눈앞에 나타난다.

　5년 뒤 전주 막부에 복무하면서 2년 동안 그 일대를 여행한 곳이 또한 적지 않았다. 그러나 매번 아름다운 강산의 경치를 만날 때마다 시구를 읊었지마는 막부의 문서와 서류와 소송을 처리하기에 겨를이 없어 다만 한 연과 한 구절을 얻었을 뿐 시를 완성하지 못한 것이 많았다. 그러므로 전편을 완성한 것은 불과 60여 수였다. 당시 여러 고을의 풍토와 산천의 형세는 기록할 만하였으나 갑자기 노래로 형상할 수 없기 때문에 초초히 짧은 종이에 간단히 기록하되 매일일기처럼 구분하여 방언과 속어를 섞어 썼다.

경신년(1200) 겨울에 서울에 돌아와 한가하게 있으면서부터 비로소 그것을 내어 보니 모두 거칠고 산만하여 읽을 만한 것이 거의 없었다. 나는 스스로 웃으면서 원고를 모두 불살라 버리고 읽을 만한 한두 편을 골라 내어 다음과 같이 정리하였다.

전주는 완산이라고도 하는데 옛적 백제국이다. 인구가 번성하고 집들이 즐비하여 옛날 모습이 남아 있다. 그러므로 백성들이 소박하지 않고 아전들도 의관을 차려입은 선비와 같아 그들의 행동을 자세히 살피면 볼 만한 것이 있었다.

전주에는 중자산中子山이란 산이 있어 초목이 아주 울창한데 이 고을의 큰 진산鎭山이다. 이른바 완산은 그중 조그마한 봉우리 이름이다. 한 고을 이름이 여기서 생기게 된 것은 이상한 일이다.

고을에서 천 보쯤 떨어져서 경복사景福寺가 있고 절에는 비래 방장[1]이 있다. 나는 전부터 소문을 들었으나 잡무에 분망하여 찾지 못하다가 하루는 휴가를 이용하여 가 보게 되었다. 이른바 비래 방장은 옛적 보덕普德이란 중이 반룡산盤龍山에서 날아온 불당이라 한다. 보덕의 자는 지법智法인데 일찍이 고구려 반룡산 연복사延福寺에 있었다. 하루는 갑자기 제자에게,

"고구려는 도교만을 숭상하고 불법을 숭배하지 아니하니 나라가 반드시 오래 가지 못할 것이다. 안전하게 피신할 만한 곳이 어데인고?"

---

[1] 방장이란 불교에서 화상, 국사, 주실 등 이름 있는 중들이 거처하는 곳을 말한다. 비래 방장飛來方丈은 날아서 온 방장이라 하여 이렇게 이름 지었다 한다.

하니, 제자 명덕明德이 대답하였다.

"전주 고달산高達山이 평안히 거처할 만한 곳입니다."

건봉 2년 정묘년(667) 3월 3일에 제자가 문을 열고 본즉 불당은 벌써 고달산에 옮겨 와 있었다. 반룡산에서 천여 리나 된다.

"이 산이 비록 기이하나 샘물이 없다. 스승께서 옮겨 오실 줄 알았더라면 반룡산의 샘물도 옮겨 왔을 것이다."

하고 명덕이 말했다. 이에 대해서는 최치원이 전기를 지어 자세히 밝혔기 때문에 여기서는 생략한다.

12월 기사일에 처음으로 지방을 여행하였는데 마령, 진안 등 산골 지방이었다. (이하 원문 33자 번역 생략)

나는 산을 에돌아서 운제에 이르고 운제에서 다시 고산으로 갔다. 높은 봉우리와 깎은 듯한 마루가 만 길이나 높고 길은 매우 좁고 험하기 때문에 말에서 내려 걸었다. 고산은 다른 고을보다 자못 깨끗하였다. 고산에서 예양으로, 예양에서 낭산으로 갔는데 다 하루씩 묵었다. 이튿날 금마군으로 향하였는데 거기에서 '고인돌'이란 것을 보기 위해서였다. 고인돌은 옛적 성인이 괴어 놓은 것이라고 전해 오는데 과연 기이하고 이상한 것이었다. 다음 날은 이성으로 갔다. 민가가 낡아 없어지고 마을이 쓸쓸하며 객사마저 초가였고 나와 보는 아전도 네다섯 명에 불과하였다. 내가 보기에도 민망할 정도였다.

섣달에 조정의 명령을 받들어 벌목을 시키기 위하여 변산으로 갔다. 변산은 우리 나라의 목재를 산출하는 곳으로서 궁궐을 짓고 수리하는 데 해마다 나무를 베지 않는 때가 없었다. 그러나 아름드리가 넘는 큰 나무와 하늘을 찌르는 굵은 재목이 늘 뒤를 대었다. 언제나 벌목하는 것을 감독하기 때문에 사람들은 나를 작목사[2]라고 불렀다. 그래 나는 길에서 시를 지어 흥얼거리기도 하였다. (이하 원문 25자 번역 생략)

정월 임진날에 처음으로 변산에 들어가니 높고 낮은 봉우리들이 겹겹이 둘러서 그 머리와 꼬리를 분간하기 어려운데 몇 리나 되는지 알 길이 없었다. 옆으로 바다를 굽어보니 바다에는 군산도, 위도, 구도가 있어 아침저녁으로 출입할 수 있는 가까운 곳이었다. 섬사람들 말에 의하면 순풍을 만나 쏜살같이 달리면 중국도 그리 멀지 않다고 한다. 산중에는 특히 밤이 많아서 이 지방 사람들은 밤을 식량 삼아 먹는다고 했다. 몇 리를 간즉 대가 삼같이 들어선 곳이 수백 보나 되는데 모두 울타리를 둘렀다. 참대 숲을 지나 바로 내려가니 비로소 평평한 길이 나타났다. 그리로 가다가 한 고을에 이르니 보안이라는 곳이었다. 이곳은 밀물이 들어오면 행길까지 무연한 바다로 되어 버리기 때문에 물이 나가기를 기다려서야 길을 간다고 한다. 내가 그곳을 지날 때는 밀물이 바야흐로 들어오는 참이었는데 물은 한 50보 밖에 있었다. 그래서 나는 말을 채찍질하여 밀물이 들기 전에 먼저 건너려 하였으나 따라오는 이들이 놀라며 황급히 길을 멈추라고 하였다. 나는 듣지 않고 건너기를 서두르는데 갑자기 무너지는 듯 달려드는 물결은 그 힘이 마치 천군만마가 급하게 밀려오는 듯 급한 형세였다. 나는 겁을 집어먹고 급히 달아나서 산으로 뛰어올라 겨우 재난을 면하였으나 물결이 따라와서 말의 배를 적셨다.

넓은 바다에 푸른 봉우리가 숨었다 나타났다 하여 볕과 그늘이

---

2) 작목사斫木使는 나무 찍는 일을 보는 벼슬 이름.

서로 교차되는 순간마다 매양 다른 모습을 보여 주며 그 위에 채색 구름이 떠 있는 모양은 아름답기가 마치 그림 병풍을 펼친 듯하였다. 나는 눈을 들어 바라보며 두세 시인과 더불어 말고삐를 나란히 하고 같이 읊지 못함을 한탄하였다. 그러나 온갖 경개는 내 심금에 부딪쳐 한없이 정서를 자아낼 할 뿐 처음에는 한동안 시상이 떠오르지 않아 쉽게 시를 지을 수 없었다.

주사포를 지날 때에는 밝은 달이 영마루에 떠오르고 밝은 빛이 모래터에 비쳐 생각은 더욱 맑아졌다. 말고삐를 잡고 서서 앞바다를 바라보며 오래도록 시상을 가다듬느라 흥얼거리려니 마부가 이상하게 여겼다. 마침내 시 한 수를 지었다.

윤섣달 정미날에 다시 왕의 명령을 받들어 여러 고을의 원옥冤獄을 살피러 우선 진례현으로 갔다. 산이 몹시 높아서 들어갈수록 골짜기가 더욱 깊어지는데 마치 딴 나라 땅을 밟는 듯하였다. 따라서 차츰 지루함을 느끼지 않을 수 없었다. 낮이 지나서야 군 객사에 들었는데 군수도 위관委官도 있지 않았다. 밤 이경(12시경)이 되어서야 군수와 위관이 각각 80보쯤 전후해서 숨을 헐떡거리며 달려와 말을 기둥에 달아매면서 여물을 주지 말라고 사람들에게 이르는 것이었다. 무릇 말이 너무 급히 달렸을 때는 그렇게 하지 않으면 죽어 버리기 때문이다. 나는 자는 체하면서 그 말을 들었다.

두 사람이 나를 매우 정성스럽게 대해 주었기 때문에 할 수 없이 그들이 청하는 대로 술을 마셨다. 기생이 비파를 타는데 꽤 들을 만하였다. 다른 고을에서는 마시지 아니하였으나 여기 와서는 제법 많이 마셨고 또 음악 소리도 들었으니 마치 다른 나라에 든 듯한 기분을 느꼈기 때문이 아니랴.

진례에서 남원으로 갔다. 남원은 옛적 대방국帶方國이다. 객사 뒤에 죽루竹樓가 있는데 고요하고 사랑스러웠다. 남원에서 하룻밤을 묵고서 떠났다.

경신년(1200) 봄 3월에는 또 강 연안의 배를 조사하였는데, 무릇 강촌 어부들의 집과 어등漁燈과 소금 파는 데를 검열하지 않은 곳이 없었다. 만경, 임파, 옥구에 들러 며칠을 묵고 떠나 다시 장사로 향하였다. 거기에 바위 하나가 있는데 그 바위에는 미륵상이 우뚝 서 있었다. 그것은 바위에서 깎아 낸 것이었다. 그 미륵상을 몇 걸음 지나면 속이 텅 빈 큰 바위가 있다. 그 안으로 들어갔더니 바위 안은 점점 넓어지고 위는 훤하게 트였는데 넓고 화려한 그 안에 엄숙하고 환한 불상이 안치되어 있었다. 이것이 바로 도솔사다. 날이 저물어 가므로 말을 빨리 몰아 선운사로 들어가 잤다.

이튿날 장사에 들르고 장사에서 다시 무송으로 갔다. 모두 보잘 것없는 작은 고을이어서 기록할 만한 것도 없었다. 다만 강변에서 배를 조사했을 뿐이다.

전에 샘 하나, 못 하나를 만나도 물 마시고 헤엄치고 즐기면서도 부족하게 여겼던 것은 강과 바다를 그리워하면서 오래 보지 못했기 때문이었다. 이제는 바다를 사귄 지도 오래되어 눈에 보이는 것이 모두 물이요 귀에 들리는 것이 또한 파도 소리라 보기에 싫증이 났다. 하늘은 어찌 나에게 좋은 음식을 너무 많이 먹이기를 굶주린 자를 갑자기 배불리듯이 하여 단 음식도 도리어 역겹게 하는 것인가.

이해 8월 20일은 부친의 기일이었다. 하루 앞서 나는 변산 소래사에 갔다. 벽에는 고인이 된 자현資玄 거사의 시가 쓰여 있으므로 나도 시 두 수를 화답하여 벽에 썼다. 이튿날 부령현재 이군과 기타 예

일곱 사람과 함께 원효방[3]에 이르렀다. 수십 층이나 되는 나무 사다리를 발을 포개 디디며 오마조마 간을 졸이면서 겨우 올라갔다. 층대와 창문은 나무 끝 위에 있는데 종종 호랑이도 기어오르다가 못 오른다는 말을 들었다. 그 곁에 있는 암자는 전하는 말에 의하면 사포蛇包 성인이 살던 곳이라 한다. 원효가 여기 거처하므로 사포도 와서 그를 모시고 있었는데, 차를 달여 드리고자 하였으나 샘물이 없음을 걱정하였더니 물이 바위 틈에서 솟아났다. 그 물맛이 젖같이 달아 이 물로 차를 달였다 한다.

원효방은 8척쯤 되는데 한 늙은 도리[4]가 살고 있었다. 그는 굵은 눈썹에 해진 장삼을 입었고 도를 통한 듯 높은 기품이 보였다. 방은 중간을 막아 안팎 방으로 만들어 안방에는 불상과 원효의 초상을 모셨고 바깥방에는 병 한 개와 신 한 켤레, 그리고 찻종과 책상이 있을 뿐이었다. 밥 짓는 도구도 없고 시중드는 사람도 없었다. 다만 소래사에 가서 하루 한 끼를 먹는다고 하였다. 내가 데리고 간 아전이 슬그머니 내게 말했다.

"이 대사는 일찍이 전주에 살았사온데 힘이 장사였고 횡포하게 행동하므로 모든 사람들이 꺼렸습니다. 그뒤에 어데로 갔는지 몰랐더니 이제 본즉 바로 그 사람입니다."

나는 매우 감탄하였다.

"대개 평범한 사람은 그 기량 역시 평범하여 한곳에 머무르고 변화가 없지만 악으로 사람을 놀랜 자는 그 기량도 반드시 남다르

---

3) 원효는 신라시대 유명한 중으로 원효방은 그가 살았던 암자다.
4) 도리闍梨는 도를 많이 닦은 중.

기 때문에 착한 데로 옮겨 간다면 반드시 이렇게 뛰어난 사람이 될 수 있는 것이다. 전에 한 사냥꾼은 우두 이조대사牛頭二祖大士를 만나 잘못을 고치고 선을 닦아 덕행 있는 중이 되었으며, 우리나라의 명덕明德 대사도 일찍이 매사냥꾼으로서 보덕普德 성사의 제자가 되었다. 이것으로 미루어 보더라도 이 대사가 뜻과 행실을 고친 것은 단연히 훌륭한 일이라 할 만하니 무엇이 괴이하겠는가."

다시 불사의不思議 방장이란 곳을 물어 찾아갔는데 높고 험하기가 원효 방장의 만 배나 되었다. 높이 백 자나 되는 나무 사다리가 절벽에 곧게 붙어 있고 삼면은 다 그 깊이를 헤아릴 수 없는 골짜기였다. 몸을 돌려 층을 세면서 내려가 겨우 방장에 이르렀으나 자칫 한 번 발을 헛디뎠더라면 다시 어찌할 수 없었을 것이다. 내 여느 때에는 높이가 한 길을 넘지 못하는 대나 다락에 올라도 머리가 아프고 어지러워 감히 아래를 내려다보지 못하였다. 그런데 이번에는 더욱 소름이 끼치고 다리가 떨려서 사다리에 들어서기 전부터 머리가 핑핑 돌았다. 그러나 전부터 익히 들어오던 승지를 이제 요행으로 찾게 되었는데 만일 그 방장을 들어가 보지 못하고 또 진표眞表 대사의 화상에 예를 올리지 못하면 뒤에 반드시 후회할 것이었다. 그리하여 기어서 내려가는데 발은 사다리에 있는데도 몸은 마치 떨어진 듯하였다. 드디어 방장에 들어가 부시를 쳐서 불을 붙여 율사의 초상 앞에 향을 피우고 절하였다.

율사의 이름은 진표니 벽골군 대정촌 사람이다. 열두 살에 현계산賢戒山 불사의암不思議巖에 와서 살았는데, 현계산이란 곧 이 산이다. 그는 이곳에 주저앉아 미륵보살과 지장보살을 보고자 하였으나 며칠이 지나도 나타나지 않으므로 마침내 이 절벽에 몸을 던졌다. 이때 두 청의동자가 그를 손으로 받들며, '당신의 법력이 작기 때문에 두 성인이 나타나시지 않는 것입니다.' 하였다. 그는 더욱 노력하여 삼칠일에 이르러 바위 앞 나무 위에 미륵보살과 지장보살이 현신하여 계를 주었다. 미륵보살은 친히 《점찰경占察經》 2권을 주고 또 199개의 장승을 주어 사람을 안내하는 도구로 삼도록 하였다. 그 방장은 쇠줄로 바위에 못질하였기 때문에 기울어지지 않는데 이것은 바다 용이 그렇게 한 것이라고 전해 온다.

장차 돌아오려 할 즈음에 현재가 한 봉우리 위에 주연을 베풀고서 말하였다.

"이곳은 망해대望海臺로다. 내 그대의 수고를 위로하려고 먼저 사람을 시켜 자리를 만들고 기다리게 하였으니 감이 어떠하뇨?"

그곳에 올라 바라본즉 큰 바다가 빙 둘러 있는데 산에서 겨우 백여 보쯤 되었다. 한 잔 들고 한 수 읊을 때마다 경치는 더욱 아름다웠다. 자못 인간 세상의 한 점 속된 생각도 없이 몸은 표연히 날개를 펼쳐 세상 밖으로 날아가는 듯하였다. 머리를 들어 바라보면 신선들을 손짓해 불러올 것만 같았다. 모여 앉은 십여 인이 모두 취하였다. 다만 내 부친의 기일이기 때문에 음악이 없을 뿐이다.

무릇 지나는 곳에서 기록할 만한 것이 없으면 쓰지 아니하였다.

대개 서울을 몸이라 하고 사방을 손발이라 하면 내가 여행한 곳은 남도의 한 구석이니 한 팔 중에서도 한 손가락이라 할 것이다. 더구나 이 기록은 모두 잊어버리고 깎아 버린 남저지이매 훗날 볼 만한 것이 되지도 못할 것이다. 그러나 간수해 두었다가 장차 동서남북을 끝까지 답사하여 모든 기록이 갖추어졌을 때에 합하여 한 권으로 만들어 늘그막에 심심풀이 자료로 삼는다면 이 또한 괜찮지 아니하랴.

    신유년(1201) 3월에 쓰노라.

계양에서 바다를 바라본다
桂陽望海志

　계양군에서 나가는 길은 오직 한 면이 육지에 통할 뿐이고 삼면이 모두 물이다. 처음 이 고을의 태수로 좌천되어 왔을 때 나는 사면에 둘린 끝없이 푸르고 넓은 물을 바라보고서 섬 가운데 들어왔는가 해서 불쾌한 생각으로 머리를 숙이고 물을 보려고도 하지 않았다.

　2년 뒤 여름 6월 성랑省郞[1]에 임명되어 다시 서울로 떠날 날을 꼽게 된 때에 그 끝없이 푸르고 넓은 물을 향하여 모두 즐길 만하다는 것을 느꼈다. 이리하여 바다를 바라볼 만한 곳을 가 보지 않은 데라고는 없었다. 처음에 만일사萬日寺 다락에 올라 바라보았다. 큰 배는 바다 한복판에 점점이 있어 마치 오리가 헤엄치는 것같이 작아 보이고, 작은 배는 사람이 물에 들어가 머리만 가물가물 보이는 듯하며, 범선은 사람이 높은 모자를 쓰고 가는 듯 작게 보였다. 여러 산과 많은 섬이 아득히 보이는데 혹은 우뚝하고 혹은 벗어져 보이기도 하고 혹은 앉았기도 하고 혹은 엎드렸기도 하고 혹은 잔등을 내놓기도 하고 혹은 상투를 튼 것도 있고 혹은 가운데 구멍이 뚫린 것

---

1) 좌사간 지제고左司諫知制誥를 이른다.

도 있고 혹은 우산 끝같이 머리가 삐죽한 것도 있었다.

중이 와서 같이 바라보며 손가락으로 점을 가리키면서 저것은 먹마기섬이요, 이것은 제비섬이요, 저것은 기린섬이라고 일러 주었으며, 또 산을 가리키면서 저것은 서울의 곡령이며 저것은 승천부昇天府의 주봉이라고 대 주었다. 용산이니 인천이니 통진이니 하며 일일이 세는데 손바닥을 가리키듯 환하였다. 이날 나는 매우 즐거워서 친구와 함께 술을 마시고 취하여 돌아왔다.

며칠 뒤에 다시 명월사明月寺에 가서 놀았는데 역시 그러했다. 명월사는 산이 가려서 만일사처럼 툭 트이지 못하였다.

며칠 뒤에 다시 산을 따라 북으로 가다가 바다를 끼고 동으로 와서 조수가 나드는 것과 바다에 일어나는 여러 가지 변화를 관찰하였다. 더러는 말을 타기도 하고 더러는 걷기도 하며 약간 피곤해진 뒤에야 돌아왔다. 동행한 누구누구들은 모두 술병을 차고 따랐다.

아, 물도 예전 물이요, 마음도 예전 마음인데 보기도 싫던 것이 이제 도리어 즐겨 보는 것으로 되었다. 이 어찌 한갓 구구한 벼슬자리를 얻은 까닭이겠는가. 마음은 내 마음이나 스스로 제어할 수 없어 때를 따라 변하며 바뀜이 이러하다. 일생에 있어 삶과 죽음, 얻고 잃음을 같이 여기기를 어찌 바랄 수 있으랴. 뒤에 오히려 경계할 만한 것이기에 여기 기록해 두노라.

나 홀로 즐거운 집
桂陽自娛堂記

정우 7년(1219) 첫 여름에 나는 좌사간 지제고에서 계양태수로 좌천되었다. 지방 사람들은 심산 기슭 갈대풀이 무성한 사이에 무너져 가는 달팽이 껍질 같은 집을 태수의 거처로 정해 주었다. 그 구조를 보니 구부러진 들보에 시렁 같은 마룻대가 집이라고 하기가 곤란하였다. 우러러 머리를 들기도 무릎을 굽혔다 펴기도 거북한데, 더구나 더운 때면 마치 깊은 시루 안에 들어가서 한증을 하는 듯 무더웠다. 가족과 하인들은 모두 얼굴을 찌푸리고 집에 들기를 원치 않았으나 나만 혼자 기뻐하였다. 방을 쓸고 거처하면서 집 이름을 자오당이라 하였다.

한 친구가 있어 그 이유를 힐난하여 말하였다.

"지금의 태수는 옛날의 방백이다. 뵙기를 청하는 사람이 날마다 그치지 않아 이 집에 오르는 사람은 모두 훌륭한 관원이 아니면 선비나 승려 중에서도 뛰어난 이들로 누구나 태수와 더불어 즐거움을 나누고자 하지 않는 이가 없을 것이다. 그런데 태수는 이 집을 '나 홀로 즐거운 집'이라고 하였으니 이는 손들의 품격을 인정하지 아니함이다. 어찌 사람들에게 그런 너그럽지 못함을 보이고 있는가?"

나는 웃으면서 대답하였다.

"손은 어찌 이런 말을 하시는가? 내 일찍이 성랑으로 있을 때 나가면 화려한 차림으로 잡인을 꾸짖고 들어오면 넓은 방이 시원스러웠다. 그 당시 부귀한 집 자식이라면 부족함을 느꼈을지 모르나 내게는 과분한 생활이었다. 그러나 시인의 박명함은 예로부터 있는 바라, 하루아침에 갑자기 잘못된 지적을 받고 이런 거칠고 비습한 땅에 쫓겨 왔으니 이는 하늘이 한 바요, 사람이 한 일은 아니다. 만일 집이 굉장하고 거처가 화려하여 스스로 고통을 느끼지 않는다면 이는 하늘이 나를 이곳에 보낸 뜻이 아닐 것이며 마침내 더욱 화단을 부르게 될 것이다. 그러므로 이 누추한 곳이야말로 나 홀로 즐거울 것이며 여러 사람에게는 매우 싫어하는 곳이 되는 것이라, 어찌 나의 편벽된 기호를 억지로 남과 함께 나누기를 강요하겠는가. 만일 좋은 음식 차림이나 아름다운 노랫소리를 즐기는 것이라면 내 어찌 혼자 그 즐거움을 누리며 손님과 더불어 함께 놀지 않겠는가. 그러나 이 고을에 살며 이 집에 거처함이 그런 즐거움이 아님은 분명하거니 다시 무엇을 의심하겠는가."

손은 스스로 부끄러워 물러갔다. 그리하여 이를 기록해 둔다.

기묘년(1219) 6월 24일.

그쳐야 할 때 그치는 것은
止止軒記

개성 동문 밖에 있는 봉향리奉香里 서쪽 굽이에 수십 채의 초가집이 있다. 거기가 백운거사가 기거하고 있는 곳이다. 그러나 몸만 그곳에 있고 마음은 그곳에 있지 않다. 거사가 누구냐? 춘경春卿이 스스로 지은 호다.

자기가 거처하는 집에 '지지헌'이라는 현판을 붙였는데 이 이름도 거사 자신이 지은 이름이다. 이 이름은 《주역》의 '득지지수得止之首'에 있는 글귀에서 나온 것이다. '득지지수'의 초일初一에, "그칠 데 그치면 마음이 밝아서 과오를 범하지 않는다." 하였으니, 이것은 군자가 그쳐야 할 때 그치는 것은 지혜의 밝기가 물이 맑고 맑아서 속이 환히 보이는 것과 같다 함이다. 초이初二에, "말은 쉬고 수레는 기다린다." 하였으니, 이것은 초이가 평민이 되어서 숨지도 않고 벼슬하지도 않기 때문에 말과 수레가 한가히 기다리고 있는 것을 말한다.

거사가 기뻐하면서 말하였다.

"이것이 바로 내 생각과 같도다. 내 능히 그칠 데를 알고 그치면 초일의 글귀와 같을 것이요, 나아가도 벼슬하는 데 급하지 않고 벼슬에서 떨어져 물러나도 구태여 숨어 살지 않아 이리하여 평민으로 살면 초이의 글귀와 같을 것이다. 내 이 글귀를 얻어서 집 이름을 '지지헌'이라 지었으니 참으로 내 신세와 같지 않느냐. 대체로 이른바 그칠 데 그친다는 것은 그쳐야 할 데를 능히 알고 그치는 것을 말함이니, 그 그칠 데가 아닌 데서 그친다면 그것이야 그칠 데 그친 것이 아니다.

또한 범, 표범, 사슴, 뿔 없는 용 들은 숲과 못과 굴을 그것들이 그쳐야 할 데로 알고 그치는 것이다. 가령 그것들이 나그네로 떠돌아다니고 길손처럼 붙어살며 성안 장터 가까이에 그친다면 사람들은 변괴가 났다고 하면서 반드시 따라가 해칠 것이다. 거사도 이 세상과는 어긋버긋하여 잘 맞지 않으니 말하자면 세상 물정에 잘 물들지 않는 사람이다. 만일 세상 사람들과 경쟁하여 같이 닫고 같이 뛰면서 자기의 명예와 이익을 추구하는 곳에 그친다면 이것이 범, 표범, 사슴, 뿔 없는 용이 성안 장터 가까이에 그친 것과 무엇이 다르겠는가. 그러므로 내가 그칠 데를 찾아 그치려 하는 것이다. 그렇지 않으면 변괴가 났다고 떠들면서 해치려는 자가 곧 뒤따를 것이다."

어떤 이가 물었다.

"만일 그대의 말과 같을진대 반드시 산림이나 산골에 있으면서 사람들과 복잡하게 한곳에 있지 않아야만 그칠 데 그쳤다고 할 것인데, 지금 그대가 그친 곳은 서울 한복판이면서 그칠 데 그쳤다고 생각하고 범, 표범, 사슴, 뿔 없는 용 들의 숲과 못과 굴에다 비교하는 것은 어떠한 의미인가?"

나는 대답하였다.

"짐승의 숲과 못과 굴은 사람의 도회지와 같아서 각기 보통 사는 곳이다. 가령 사람으로서 무서움 없이 숲이나 못에 가 엎드리거나 까맣게 굴속에 들어가 앉는다면 그것이 도리어 범, 표범, 사슴, 뿔 없는 용이 성안 장터 가까운 곳에 들어온 것과 같아서 이때에는 독한 벌레와 사나운 짐승이 변괴가 났다고 몰려와서 해칠 것이다. 사람으로 사람을 피하여 벌레와 짐승의 해를 받는 것은 나는 차마 할 수 없다. 뿐만 아니라 사람이 사람을 꺼려서 해치려고 도모하는 것은 서울 안이 좁아서 함께 살기에 인색하여 그러는 것이 아니고 한갓 구하는 바를 서로 다투고 이익을 서로 다투기 때문이다. 남과 다투지 않고 경쟁하지 않아 대낮에 내 세간을 뒤지는 자가 있더라도 피하고 보지 않으면 사람의 서울이 범, 표범, 사슴, 뿔 없는 용의 숲과 못과 굴이 될 것이니 어찌 해칠 자가 있겠는가. 거사가 지지헌이라 이름 지은 것은 대개 이와 같기 때문이다."

정묘년(1207) 3월 10일에 쓰노라.

사물에 통달하여 구애되는 바가 없고자 하나
通齋記

　진실로 사물에 통달한 사람이라고 모두가 인정하는 양응재楊應才란 이는 서울 북쪽에 살고 있는데 화초나무를 잘 접붙이고 재배를 잘한다. 그의 정원이 아름다운 것은 자못 서울에서도 소문이 높다. 그리하여 나도 드디어 그곳을 가 보았는데, 사방이 고요할 뿐 얼핏 보아서는 그렇게 볼 만한 경치랄 것도 없어 소문과는 다르다고 생각하였다.

　주인의 안내로 정원을 두루 살피고 난 뒤에야 나는 비로소 소문에 듣던 바와 같이 경치가 볼 만하다는 것을 알았다. 정원은 네모반듯하며 가로세로가 각기 40보쯤 되었다. 거기에는 진귀한 나무와 이름난 과목이 가득 들어서 있고 나무들은 서로 얽히지 않도록 떨어져 있었으나 그렇다 하여 또한 성글지도 아니하였다. 이것은 모두 양생이 적당하게 간격을 두어 심은 때문이다.

　따로 언덕을 만들어 꽃들을 심었는데, 수십 종 되는 꽃은 모두 흔히 보지 못하던 것으로 한창인 것도 있고 이미 시든 것도 있었다. 수풀을 빛내고 땅을 수놓은 듯 서로 얽힌 가운데 햇볕을 받은 붉은 꽃송이는 장려화¹⁾의 어여쁜 태도와 같았으며 이슬에 젖은 꽃잎은 마치 몌 감은 양귀비와 같았다. 바람에 흔들리는 가지는 조비연[2]의 날씬한 맵시라고나 할까. 낙화는 마치 신 부인[3]이 물러나 앉은 듯하고 뒤덮인 것은 마치 이불 덮고 있는 이 부인[4] 같았다. 꽃들이 눈을 즐겁게 함이 이렇듯 화려하기에 차마 꽃을 떠날 수 없어서 풀을 깔고 앉아 오래도록 즐긴 뒤에야 비로소 일어났다.

그 꽃 언덕에서 조금 북으로 발을 옮기면 바둑판같이 평평한 바위가 있는데 깨끗하기가 돗자리를 깔지 않고도 앉을 만하였다. 그리고 포도 넝쿨이 나무에 드리운 것은 구슬 끈인 듯 사랑스러웠다.

그 아래 돌우물이 있는데 물맛이 참으로 시원하였다. 물이 새어 작은 웅덩이를 이루었고 거기에는 어린 갈대가 비죽비죽 돋기 시작하였다. 내가 말하였다.

"이 언저리를 조금 더 높여서 물을 더 고이게 하면 곧 못을 이루어 집오리도 놓을 만하겠다."

다시 바위에 돌아와 두어 잔 술을 마신 뒤에 주인이 내게 말하였다.

"내가 이 서재를 지었으나 아직 현판이 없습니다. 선생 같은 이를 기다리고 있었다고 할 만하니, 한번 수고해 주소서."

나는 이 서재의 이름을 '통재'라고 지어 주었다. 대개 만물의 이치를 살펴보건대 온갖 것은 모두 사라지나니 운이 트인다 막힌다 함은 아무리 해도 이해할 수 없는 일이다. 그러나 하늘의 이치로 말한다면

---

1) 장려화張麗華는 남북조 시대에 진陳나라 후주後主에게 총애받던 미녀다.
2) 조비연趙飛燕은 한나라 성제成帝에게 총애받던 미녀로, 사람 손바닥 위에서 춤을 출 정도로 몸이 가벼웠다고 한다.
3) 신愼 부인은 한나라 문제文帝에게 사랑받던 여자다.
4) 이李 부인은 한나라 무제武帝가 사랑하던 여자다.

해, 달, 별, 산천, 언덕 따위는 비록 큰 물체지만 차고 기울며 통하고 막혀 마침내 변천을 면치 못하는 것이다. 이는 음양의 운수를 떠날 수 없기 때문이거니와 하물며 그 나머지야 말해 무엇하겠는가.

그러므로 사물에 통달하여 구애되는 바가 없고자 하나 사람이 그것을 이해해 주지 않은즉 연기도 수심하고 달빛도 슬퍼서 마침내 통달한 환경이 되지 못하며, 사람이 이미 통달한 사람은 되었으나 환경에 막히면 훌륭한 인재들이 모두 머리를 돌리고 달아나니 누가 통달한 사람이 있음을 알겠는가. 이제 이 서재는 경계가 이미 통하고 통달한 사람이 살고 있으므로 '통재'라고 한 것이다. 비록 주인이 사양하여 받지 않고자 한들 어찌 이 이름에서 도망칠 수 있으랴.

또한 천지는 본래 공평무사한 것이니 어찌 홀로 양생에게만 물과 돌을 주며 꽃과 버들을 주었겠는가. 이는 오로지 마음으로 오묘하게 계획한 데 원인이 있기 때문일 뿐이다. 그렇다면 고운 꽃과 꽃다운 풀은 하늘에서 받은 것이 아니라 양생의 손에서 생긴 것이며 깊은 우물, 맑은 샘도 땅에서 솟은 것이 아니라 양생의 마음에서 생긴 것이다.

아, 내가 알 수 없으나 이 서재가 옛날 다른 사람이 가지고 있었을 때에는 땅은 굳고 풀은 거칠어 모든 경치가 감추어지고 나타나지 않았다가 양생을 만나서 비로소 신선의 마을 같은 정원으로 된 것인가. 만일 양생이 이곳을 버리게 되어 다시 남의 것이 된다면 어찌 알랴, 이곳이 다시 돼지우리나 외양간이 되지 않으리라는 것을.

양생이 서재의 기문을 청하므로 내 눈에 보이는 대로 기록했을 뿐이다. 양생은 의협심이 강한 사람으로 즐겨 남의 급한 일에 달음질하니 친하게 사귀지 않을 수 없는 사람이다.

만물이 태평하니 마음 또한 평안하다
泰齋記

대체로 말해서 환경에 점차 물드는 것은 사람의 일반적인 정이다. 시끄러운 풍악 소리에 익어 맑은 물소리를 듣지 않고 화려한 데 눈이 팔려 청산의 고운 빛을 바라보지 않으면 번거롭고 답답한 마음이 때로 움틀 것이다. 그러나 아름다운 산천의 경치는 먼 데서 찾으면 쉽게 구할 수 있으나 가까운 데서 구하기는 어렵다. 그러므로 성중에서 찾다가 얻지 못하면 교외로 나가고 교외에서 찾다가 얻지 못하면 할 수 없는 것이니, 오직 산천을 그리워하여 세상의 쾌락을 버리고 멀리 달려 강산에서 노닌 뒤에야 얻을 것이다. 산천을 극진히 사랑하는 자는 부귀를 누릴 수 없고 부귀를 너무 탐하는 자는 산천의 아름다움을 즐길 수 없나니 이 둘을 겸하기는 매우 드문 일이다.

지주사知奏事 우공于公은 부귀한 중에서 산수를 즐겼다. 서울에 사는 것도 오히려 궁궐과 사이가 멀다고 여겨서 바로 궁궐 곁에 집을 잡았다. 이곳은 옛날 정 원외鄭員外가 살던 집인데 그때는 한낱 거친 뜰과 낡은 집일 뿐이었다. 공이 이곳을 차지한 뒤에 샘 줄을 찾아서 우물을 파고 돌을 쌓고 기와를 깔았다. 손도 씻고 양치도 하였으며 차 끓이는 물, 약 달이는 물을 모두 이 물로 하였다. 샘에서 넘치는 물을 끌어 못을 만들고 거기에 마름을 띄우며 거위와 오리를 길렀다.

풍헌風軒,[1] 수사水榭,[2] 꽃 언덕과 죽각竹閣들이 정교롭게 되지 않은 것이 없어 삼십육동三十六洞의 경치를 한데 모아 화려한 집 오래에 둘러 갖추도록 하였다. 어찌 반드시 멀리 노닌 뒤에야만 산수의 즐거움을 누린다고 하겠는가.

공이 언덕의 높직한 데를 가리키며,

"저것은 나의 망궐대望闕臺다."

한다. 나는 감탄하지 않을 수 없었다.

"아름답도다, 대의 이름이여. 지금 공은 언론을 맡은 관원으로서 조석으로 임금을 모시면서도 오히려 부족하게 여겨서 궁궐 가까이에 거처를 정하였고, 또 그것도 부족하여 궁궐을 바라보는 대를 만들었으니 이야말로 진정 옛사람이 말한, 마음이 왕실을 떠날 때가 없다는 것이로다."

또 우뚝 높은 곳을 가리켜 망월대望月臺라 하며 날아갈 듯한 것을 가리켜 쾌심정快心亭이라 하였다. 그는 내게 말하였다.

"나의 의사가 이와 같네. 내 아직 이름을 짓지 못한 것들은 그대가 나를 위하여 이름을 지어 주게."

이에 나는 정원 이름은 방화芳華, 우물은 분옥噴玉, 못은 함벽涵碧이라 하고 다락은 종옥種玉이라 하였으니, 모두 그 모양을 따라 지은 것이다. 그리고 그 서재를 '태泰'라고 하였다. 《주역》 태괘泰卦

---

1) 소풍하기 위하여 지은 정자.
2) 연못 같은 데 물 위에 운치로 지은 정자.

에, '천지가 사귀어 만물이 통하며 상하가 사귀어 그 뜻을 같이한다.' 하였다. 평화스러운 이 시기에 공은 임금을 도와 바른길을 걸으며 모든 일을 꼭 맞게 말라 남지 않게 하였으며 서로 도와 부족한 것을 보탬으로써 만물이 융성하고 천지가 태평하게 한 뒤에 비로소 몸이 평안하고 마음이 태연하여 이런 한가한 즐거움을 누리게 된 것이다. 그러니 내가 서재의 이름을 '태재'라고 지은 것이 적당하지 아니한가.

일찍이 공이 내한內翰 이미수(李眉叟, 이인로)에게 '쾌심정기快心亭記'를 짓게 하여 비단으로 만든 장자障子에 써서 정자 오른편에 세웠다. 또 나에게 이 '태재기'를 짓게 하여 정자 왼쪽에 마주 세우려 하는 것이니 공이 하는 일이 이렇듯 풍류스럽다. 미수는 문장이 뛰어난 이라, 이 동산의 모습을 주밀하게 그렸기에 여기서는 생략하고 다만 이름을 짓게 된 까닭을 쓸 뿐이다.

아름다운 손님 있으니
朴樞府有嘉堂記

　조그마한 성에서 수백 보쯤 되는 곳에 경치가 좋고 싱싱한 기운이 서리고 모양이 금잔 비슷한 땅이 있는데 그 끝에 골짜기가 있어 여기를 만석동萬石洞이라 부른다. 부로가 서로 전하여,
　"대개 돌이 많기 때문에 이렇게 부르게 된 것이다."
하지만, 나는
　"그렇지 않다. 이 동네는 마땅히 봉급 팔만 석을 받는 경사가 있을 것이요, 돌이 많은 까닭이 아니다."
하였더니, 그뒤에 과연 사대부가 많이 와서 집을 짓고 살며 지금은 또 본병本兵 추부樞府 상국相國 박공이 와서 살기로 정하고 바야흐로 그 집을 새로 지었다. 나와 또 다른 손과 친구를 맞아 낙성연을 베풀며 그 집의 규모가 어떠한지 자세히 보도록 하였다. 내가 살펴보고 말하였다.
　"아름답고 극진하기가 다시 더 말할 수 없다. 대체로 세상에서 부귀를 누리는 자가 집을 짓는 것을 보건대 만 마리 소가 운반하는 재목으로써 마루와 기둥을 굉장하게 만드니 장하다면 장하고 사치하다면 사치하다. 그러나 깨끗한 품이 없고 속되었으나 이제

공이 지은 것은 그것들과 다르다.

　모두가 꼭 알맞으니 떡 벌어지지도 않고 좁지도 않으며 지극히 화려하기는 하나 그래도 말쑥한 맛이 있으니 나는 그렇게 된 원인을 잘 알지 못한다. 이는 아마 공의 마음의 계획과 설계에 대한 안목이 이렇게 만들었으리라."

　무릇 집은 세 칸으로 되었다. 두 칸은 마루인데 마루의 위쪽은 다 승진(承塵, 먼지받이)으로 메웠으니, 대체로 보아 열두 정간井間 모두 단청이며 조각으로 꾸며서 찬란한 광채가 눈부시다.

　집 이름을 내게 청하기에 나는 '유가당'이라 했다. 이 집에 좋은 경사가 있으리라는 뜻을 취한 것이다. 또 《시경》에 '내게 아름다운 손이 있다.'는 뜻도 취한 것이니, 이 집은 손을 맞는 곳이기 때문이다.

　따로 된 한 칸은 불실佛室을 삼아 마음을 재계하는 방으로 만들었는데, 불실의 설비가 모두 갖추어져 여기 들어가면 마음이 맑아진다. 따라서 이름을 정려실靜慮室이라 하였으니 선나[1]에서 취한 이름이다. 이런 데를 고요히 생각하는 데라고 한 것은 좌우 바깥은 땅이 씻은 듯 깎은 듯 반듯하여 사람이 감히 침을 뱉을 수도 없기 때문이다. 집 둘레에는 어데나 국화를 심었는데 꽃이 모두 열여덟 종류로 성하여 신기하게도 아름답고 곱다. 때가 벌써 겨울에 가까운데 누른 꽃, 흰 꽃이 아울러 피어서 서로 얽혀 아름답기도 하거니와 정면으로 보이는 훌륭한 꽃밭과 저쪽 담 모퉁이에 가려서 안방에 있는 아리따운 부인이 부끄러워하는 모습이 반만 나타나 어렴풋이 보이는 것이 더욱 사랑스러웠다. 참대가 한 40그루 있는데 무성하고 빽빽하

---

1) 선나禪那는 불교에서 조용히 명상하는 것이다.

여 강남에서 본 것과 거의 같았다. 그러나 강남에서 난 것은 비록 크기는 한 아름이 될 듯하고 높이는 구름까지 닿을 듯하나 쑥대와 같이 흔하니, 이는 토질이 그렇게 한 것이어서 그리 귀한 줄 모르니, 어찌 이 대와 같으랴. 이 대는 줄이 쭉쭉 곧아 사람이 깎아 내어 묶어 세운 듯 서로 가까워도 닿지 않으며 서로 떨어져도 그리 멀지도 않아 모두 뜻대로 된 듯하다. 다른 화초들도 기이한 것이 많으나 늦은 봄에 피는 것이니 여기에서는 더 이야기하지 않겠다.

맑은 마음으로 맑은 땅에 사니 이는 곧 신선이다. 신선이 어찌 반드시 옥경玉京 열두 다락에만 산다 하랴. 내가 일찍이 말하였거니와 사내가 세상에 나서 재상 벼슬을 얻기 어렵고 얻어서는 물러나기가 또한 어려운 것이다. 그런데 이제 공은 추부의 좌상으로 있다가 기한에 앞서 사직하고 여기서 편안히 지내면서 날마다 친구와 더불어 담소하는 즐거움을 가지니 이도 또한 사람이 얻기 어려운 것이다. 아, 몸을 보존하고 천성을 즐기는 밝은 군자로구나.

나는 부탁을 받아 짧게 서술하여 장래 참고하게 할 따름이요, 이런 일 하기를 좋아하는 것은 아니다. 아무 해 아무 날에 삼가 쓴다.

산수도 뜻이 있거든
赫上人凌波亭記

어떤 사람은 말하기를,

"세력 있고 돈 많은 사람들이라도 정자 놀음을 즐기는 것은 이를 비난하는 이가 없지 않은데, 하물며 승려로서 이를 좋아하는 것은 사치스러운 짓이며 도리에 어긋나는 것이 아니겠느냐."

한다. 그러나 그렇지 않다고 말하겠다.

대체로 사람이 누구나 청련불계[1]와 백옥선대[2]에 이르기를 원하는 것은 다름이 아니라 그곳이 깨끗하여 티끌 하나도 없기 때문이다. 땅이 깨끗하면 마음도 따라서 깨끗해진다. 마음이 깨끗하면 흐리고 악하고 번뇌스러운 것이 틈을 탈 수 없다. 이렇게 생각한다면 비록 인간 세상에 있을지라도 진실로 깨끗한 땅에서 마음을 청백하게 먹으면 그곳이 바로 불계가 되고 선대가 될 것이니, 어찌 다른 세상을 부러워하랴. 이렇게 익혀 가면 불계와 선대에도 차츰 발을 들여놓게 될 것이다.

---

1) 청련불계青蓮佛界는 연꽃이 가득 피고 경치가 아름답다는 부처의 세계다.
2) 백옥선대白玉仙臺는 신선이 노닌다는 대. 경치가 좋다고 한다.

삼악산인三岳山人 종혁宗赫은 본래 조계曹溪의 풍류스러운 사람으로서 일찍부터 사방에 방랑하며 한 몸을 뜬구름에 붙인 지 오래였다. 지난 정우貞祐 아무 해에 우연히 수춘군의 한 구석인 덕홍이란 곳에서 낡은 절을 얻고 그곳 산천을 아껴 거기에 머물렀다. 기울어진 집을 고치고 무너진 담장도 다시 쌓아서 완전한 건물을 만들어 여러 승려들이 모일 수 있게 하였다.

그리고 나서 '여기 들르는 손이 있으면 또한 응접하는 예를 없앨 수 없으나, 그렇다 하여 절간에서 함부로 떠들며 주연을 즐길 수도 없다.'고 생각하였다. 그리하여 사원 옆에 물결이 잔잔하게 고인 늪을 택하여 깊숙이 주추를 쌓은 뒤 그 위에 정자를 세우고 띠를 이었으니 멀리서 바라보면 마치 말쑥하게 꾸민 배가 물 위에 뜬 것 같다.

정자 위에 잔치를 차리면 앉은 손들의 움직임과 웃고 떠드는 모습이 술잔, 자리, 술병, 바둑을 두는 그림자와 함께 물결에 비쳐 마치 거울 속에 비친 인물과 그릇을 보는 것처럼 똑똑하다. 뿐만 아니라 봄철에는 물이 맑고 햇볕이 밝으면 물고기들이 헤엄치며 노는 모양도 굽어보며 분명히 셀 수도 있다. 혹은 늦은 가을 팔구월에 나뭇잎이 떨어지고 서리가 내리고 물이 맑아 언덕 위의 단풍이 거꾸로 비치면 찬란하기가 마치 비단 필을 씻는 듯하다. 이것이 모두 정자의 좋은 경치다. 그 대략만도 이러한데 지극히 묘하고 기특한 것은 다 형용하여 말하기 어렵다. 이를 보는 사람이 마음으로 스스로 이해할 것이다. 만일 사람에게 알리자면 입은 아무리 해도 눈만 같지 못하며 그림은 그 대강을 그릴 뿐이므로 꾸며 냄이 진실과 같을 수는 없다. 아하, 이렇듯 손님을 대접할 수 있으니 승려라 해서 정자에서 즐겁게 놂이 마땅치 않다고 누가 말하랴.

사신과 고관에서 동서로 여행하는 자에 이르기까지 정자에서 놀지 않는 이가 없다. 바야흐로 거닐다가 거기 걸터앉으면 생각은 마치 푸른 난새를 멍에 메고 흰 두루미를 탄 듯이 멀리 하늘 끝으로 달리니 백옥선대를 말하여 무엇하랴. 이리저리 다니며 산수풍경을 구경하는 자들은 그만두고 항상 한가히 앉아서 맑은 경치를 실컷 바라보는 우리 선로禪老 같은 이는 벌써 청련불계와 이웃이 되었을 것 같다. 어찌 도에 어긋났다고 할 수 있으랴.

종혁 공은 본래 글을 잘하는 이다. 나의 벗 한홍韓鴻을 통하여 정자의 기문을 써 달라고 했는데, 정자에 걸어 두고 후세에 전하고자 함이었다. 나는 2년이 되도록 써 주지 못하였기 때문에 한군이 노여워하지 않을 수 없었다. 그리하여 마침내 이 기록을 대략 초하고 거기에 근거하여 정자의 현판을 '능파'라고 써 주었는데, 그것은 정자가 두드러져 우뚝하기 때문이다.

아, 나도 늙었으니 훗날 관직을 사직하고 명아주 지팡이에 머릿수건을 쓰고 그곳을 유람하면서 풍월주인이 되리라. 그리고 무궁한 경치를 마음껏 읊고 노래하며 오늘 다하지 못한 정을 펴리라. 산수도 뜻이 있거든 아직은 기다리라.

정우 11년(1223) 백운거사 대제전고待制典誥 이춘경은 쓰노라.

먼 길 가는 사람을 위해 지은 집
懸鐘院重創記

　먼 길을 가는 사람이 겪는 어려움은 형용하기 어렵다. 험난한 길을 걸으면 발바닥이 부르트고 더위에 허덕이면 목구멍이 타오른다. 이런 때에 높은 데서 시원히 숨을 돌리며 찬 샘물을 마시면서 몸을 쉬면 몸의 피로가 풀려 즐거워지는 것이 인정의 떳떳한 이치다. 만일 불행히 힘든 것을 참고 견디면서 멀고 험한 길을 오래 걸으면 인정의 떳떳한 이치가 뒤틀리고 거슬려 질병의 싹이 이로부터 움트는 것이다. 혹시 비, 눈이 갑자기 퍼부을 때에 사방을 돌아보아 의지할 곳이 전혀 없으면 할 수 없이 노루, 사슴처럼 수풀 밑에 엎드려야 한다. 그런데 만일 왕이거나 귀한 손님이라면 어찌 벌판에 머물게 할 수 있겠는가. 정자나 관館, 원院을 짓는 까닭이 여기 있다.

　현종원은 남쪽 길 주요한 곳에 있었는데 벌써 무너진 지 오래되어 행인이 묵지 못하니 동서로 왕래하는 사람들이 곤란을 겪었다. 김해부의 아전 아무개가 분발하여 이를 고쳐 세울 뜻을 가지고 자기 재산을 털어 내어 구암사龜巖寺의 중 아무개에게 이 일을 맡겼다. 목수를 모으고 재목을 다듬어 집을 새롭게 하였다. 굵은 들보와 좋은 마룻대로 그 안을 장하게 꾸미고 큰 문과 높은 대문으로 밖을 화려하게 하였으며 다시 높은 담을 둘러 네 모퉁이를 막았다. 그리하여 지금은 나그네로서 여기에 들러 자는 이들은 성안에 든 듯하여 밤에 별로 경계할 것이 없다.

그 앞에 정자를 하나 세워 자리를 깔아 휴식처를 만들고 그릇을 갖추어 두어 물을 떠 마실 수 있게 하였다. 그리하여 발이 부르트고 목이 타는 자가 쉬며 마실 수 있어 그들의 소망을 다 풀어 주었다.

묵는 나그네들이 낮은 데서는 먼 곳을 볼 수 없는 갑갑증을 덜어 주기 위하여 다락을 높이 올렸다. 난간을 거쳐 오솔길에 나서면 남쪽으로는 푸른 바다의 범선을 바라보고 서쪽으로는 질펀한 부락을 굽어볼 수 있다. 아래에는 버드나무 우거진 연못이 있어서 백로와 물새가 오락가락하며 혹은 자맥질하기도 하고 헤엄치기도 하는데 마치 때를 만나 희망에 넘쳐 날뛰는 듯하다.

왕이거나 귀한 손님이거나 오가는 사람들이 행차를 쉬고 이 다락에 오르면 표연히 구름 속에 든 듯하여 여기저기 거닐며 위아래를 살피지 않을 수 없게 한다. 한갓 비바람을 피하며 하인들을 쉬게 할 뿐 아니라 또한 며칠을 묵어도 떠날 줄 모르게 하며, 떠나더라도 또한 아름다운 사람과 친한 벗을 이별하는 듯 차마 떠나지 못하고 자주 뒤를 돌아보게 한다.

아, 세상의 높은 관리와 부귀한 자들은 자기 생활만 돌아보고 세상과 남을 구제하는 데 뜻을 둔 자가 없다. 이 고을 아전 아무개는 직무에 분주하나 생활은 넉넉지 못하였다. 그러나 분연히 마음을 내어 한때의 비용을 가볍게 여겨 오랜 세월을 두고 유익할 일을 하였으며 한 몸의 수고를 잊고 만 사람의 평안함을 이룩하였다. 잠시 동안에 그가 세운 공로가 이러하다. 이는 누가 독촉하거나 누가 명령한 것인가? 실로 마음이 스스로 움직인 것이며 마음속에 일어난 것이 밖으로 응한 것이다. 말하자면 두터운 인정에서 흘러나온 지극히 정성된 것이라 할 만하다.

   그의 형제뻘 되는 김 아무개가 이 사실을 후세에 전하려고 그 이야기를 처음부터 끝까지 자세히 초잡은 뒤에 내게 와서 이 글을 써달라고 간청하므로 대략 기록하였다. 그 집의 크기와 공사를 시작한 날짜와 준공에 대해서는 모두 쓰지 않기를 청하므로 구태여 싣지 않았다.

   승안承安 3년(1198)에 쓴다.

큰 가난뱅이가 작은 가난뱅이에게
與同年盧生手簡

아무개는 드리오. 어제 저녁에 서액[1]에서 수직하고 이튿날 점심 때를 지나 물러 나와서 엊저녁에 준 편지를 보고 온 뜻을 잘 알았소. 다 보기도 전에 마음이 슬퍼졌구려. 나도 또한 요새 나라 창고가 텅 비어 봉급을 제때에 받지 못해서 자주 어려운 꼴을 당하나 이는 그대가 잘 알 수 없는 일이오. 그러나 그대 집 굶주리는 소리가 우리 집보다 더 심하므로 이렇게 된 것이 아니겠소. 이는 매성유가 이른바 '큰 가난뱅이가 작은 가난뱅이에게 빌게 된다.'는 것이니, 어찌 서로 웃을 일이 아니겠소. 자네가 내게 비는 것은 마땅한 일이오. 나는 쌀이 없다고 핑계 대고 그대를 위해 장만하지 않을 수 없으므로 전대를 기울여 입쌀을 약간 보내니 적다고 허물하지 말기 바라오. 나머지는 만날 적에 말하기로 합시다.

---

1) 서액西掖은 중요 문서를 처리하는 중서성中書省을 가리킨다.

농장으로 돌아가는 동갑 노생을 전송하며
送同年盧生還田居序

   처음 나와 그대가 유학하며 사귀면서 탁영 목방[1]하며 청운[2]에 종비[3]하여 평생의 뜻을 분발하려고 하였더니, 나는 비록 높은 벼슬자리에는 이르지 못하였으나 높은 갓에 붉은 띠의 아경亞卿으로 벼슬하고 있으니 내 분수로 보아서는 만족하오. 그런데 그대는 출중한 재주를 지니고서도 한번 등용되지 못하고 전번에 메마른 밭이나마 있는 곳을 찾아 집을 남쪽으로 옮겼소. 바로 그때는 그대의 처지가 불쌍하여 슬픈 마음이 없지 않더니 내가 벼슬길에 나가서 자리가 바뀜에 따라 기쁨은 덜하고 흥미도 적어져 도무지 벼슬살이할 생각이 없게 된 뒤에야 전날에 그대가 용감하게 물러난 것을 높이 여기고 일찍이 남쪽을 향하여 두 번 절하지 않을 수 없었소.
   이제 그대가 험한 길을 걸어서 다시 서울땅을 밟기에 그대가 지

---

1) 탁영 목방濯纓沐芳은 어진 임금 앞에서 벼슬살이한다는 뜻이다.
2) 청운青雲은 세 가지 뜻이 있으니 도덕이 높아서 명예가 세상에 휘날리는 것, 벼슬이 높은 자리에 있는 것, 어진 사람이 세상을 피하여 산중에 숨어 사는 것이다.
3) 종비縱轡는 말 고삐를 놓아주어 마음대로 뛰게 한다는 뜻. 여기서는 벼슬자리를 자유롭게 경쟁한다는 뜻이다.

난날의 희망을 아직도 잊지 못하여 벼슬길 트려는 생각이 있는 것이 아닌가 의심하였더니, 그대가 유숙한 지 몇 날이 안 되어 내게 와서 떠날 날짜를 알리는구려. 이제서야 나는 그대에게 가졌던 기대가 깊지 못한 것을 크게 후회하고 다시 머리를 조아려 거듭 절하면서 그대의 높은 인격에 깊이 탄복하였소.

  슬프구려, 사람이 출세하고 못함은 한바탕 꿈이라는 것을 익히 들어 아는 터이므로 마땅히 사직하고 티끌 같은 세상을 웃으며 하직해야 하건만, 왜 지금까지 헤어나지 못하여 마침내 푸른 산에서 흰 구름을 벗하지 못하느냐고 자탄하였소.

  서로 가는 길이 다르니 다시 만나기를 약속하기 어렵구려. 어서 잔을 들고 쓴 술이라고 사양하지 마오. 날씨 맑고 새들도 벗을 불러 우는데 마침 벗을 만나 놀거늘 차마 그대 나를 버리고 남으로 가시겠소.

시의 잘못을 말해 주는 것은 부모 은혜와 같으니
與兪侍郞升旦手簡

아무개는 머리를 조아려 아룁니다. 제가 소년 적부터 시 짓기를 좋아하여 평생에 지은 시가 넉넉잡아 아마 8천여 수는 되겠지만 다른 사람이 가져가서 돌려보내지 않기도 하고 혹은 불살라 버리기도 하고 혹은 잃어버리기도 하여 책상자를 뒤져도 남은 것이 없습니다. 그래서 책을 만들려는 뜻이 없었는데 요사이 아들 함涵이 아비가 변변치 못한 줄을 모르고 스스로 생각하기를, '자식으로 문학에 힘쓰면서 아버지의 시를 모으지 아니하면 무정한 짓이다.' 하여, 이에 두루 찾더니 더러는 나와 사귀어 놀던 선비나 중에게서 얻고 더러는 후진들에게서 얻어 모은 것이 무릇 천여 수나 되나 아직 분류하지 못하고 다만 세 책으로 나누었을 뿐입니다. 저는 말릴 수도 없어서 하는 대로 맡겨 두었습니다.

저는 일찍이 다른 사람이 쓴 시의 잘못을 말해 주는 것은 영원한 부모라고 여겼습니다. 그래서 먼저 1책과 2책을 각하께 보내어 다듬어 주시기를 바라는 바이니, 학사께서 고쳐 주시면 또한 헤아릴 수 없는 부모의 은혜처럼 여기겠습니다. 황송하여 자세히 밝히지 못하고 이만 마칩니다. 저는 두 번 절하며 삼가 아룁니다.

남산의 참대를 베어 붓을 만든다 해도
與朴侍御犀書

　　아무 달 아무 날 태복소경 보문각대제 지제고 이모는 삼가 시어 각하에게 글을 드리오.
　　대체 사람이 서로 안다는 것은 서로 마음을 잘 아는 것이 귀한 것이오. 내가 평생에 아는 이가 많은데 이름은 안다고 해도 마음은 잘 모르는 이가 있소. 오직 바람 불듯 도끼를 휘둘러 콧등의 흙을 없애주듯이 정신이 절로 합한 이는 홀로 당신 아버지이신 상서뿐이오. 공이 살아 계실 때, 공의 벗 가운데 이기李杞라는 이가 있었는데 또한 기이한 사람으로 더욱 초상화를 잘 그렸소. 일찍이 공의 화상을 그렸는데 신통하게도 공과 꼭 같았소. 그런데 공이 두서너 번이나 내게 보였으니, 아마 나더러 무엇을 써넣어 달라는 뜻인 듯하였으나 나는 사양하고 감히 쓰지 못하였소.
　　엊그저께 우연히 시어의 집에 가서 남겨 놓은 화상을 보게 되어 바야흐로 절하며 바라보니 완연히 평소 한가히 계실 때에 내가 찾아가 섬돌에도 오르기 전에 광채 도는 모습을 우러러보던 그날과 꼭 같았소. 자세히 보니 낯빛이 충실하며 눈썹이며 눈이 자연스러워 장차 이야기하며 웃으실 것만 같아서 허리를 굽히고 우러러보는 동안에 절로 눈물이 떨어졌소. 이날 보고는 얻어 가지고 집으로 돌아와 대청 벽에 걸고 며칠 동안 아침저녁으로 부처나 보살 상에 절하듯 공경히 절하면서 옛날을 생각하여 때로는 목이 메도록 운 적이 여러 번이었소.

대체 글이란 감정이 마음에서 북받쳐 반드시 형상화하여 나타나 막을 수 없는 상태에서 이루어지는 것이오. 이런 감정이 나타남에 따라 사실과 업적을 모아 애오라지 화찬畵贊을 지었소. 그런데 처음에는 공의 업적을 많이 쓰려는 욕심이 있어서 자못 글이 길어졌는데 화폭의 위 가장자리가 매우 좁아서 글자를 계산하여 쓸 수밖에 없으므로 깎고 또 깎아 덜어 버렸더니 이렇게 되었소.

아, 상서는 천하에 거룩한 인물이오. 훌륭한 재주와 큰 도량으로 너그럽고 온순하고 활달하며 문무 지략과 영걸스러운 풍채며, 쾌활한 기상이 큼직하고 높직하여 비록 남산의 참대를 다 베어 붓을 만든다 해도 다 쓸 수 없는데 하물며 조그마한 한 폭 종이에다가 어찌 자세한 글을 두루 다 쓸 수 있겠소.

다만 두려운 것은 백대 뒤에 세월이 오래 지나 그림이 바래면 비록 자손이라도 누구 화상인지 모르게 될 터인데 하물며 다른 사람들이야 어찌 알 수 있겠소. 내가 화찬을 지어 대략이나마 공의 모습을 남겨 놓은 것은 이 때문이오.

글이 비록 각하의 뜻에 차지 않을 터이나 이렇게 스스로 지은 것은 오래도록 남아 있기를 기약한 것이니, 생각한 바도 얕지 않은 것이오. 바라건대 때때로 보면서 망극한 생각을 위로함이 좋을 듯하오.

각하가 어떻게 생각하실지 모르겠소. 이만 줄이면서 아무개는 두 번 절하며 드리오.

거제로 고을살이 가는 이 사관을 전송하며
送李史館赴官巨濟序

내 들으니, 거제라는 고을은 남방의 한끝으로서 물 가운데 집이 있으며 사면으로 영해瀛海가 둘러 있고 독한 안개와 무더운 더위와 태풍이 쉴 틈 없이 불며 여름철에는 벌보다 큰 모기가 떼로 몰려와서 사람을 물어뜯어 참으로 무섭다고 한다.

대개 이 고을로 고을살이 가는 자는 흔히 좌천되는 사람이었다. 그런데 그대는 특출한 재주로 봉산蓬山의 서署(한림원)에 있을 때 한청[1]에 역사를 기록하여 정리된 글을 만세에 전하는 것을 자기 책임으로 삼았다. 그 업적을 평가하면 응당 승진해야 할 것이거늘 도리어 강직되었으니 어찌 슬프지 않으랴.

그러나 축하할 것이 두 가지 있다. 하늘이 한 사람을 발전시키려면 꼭 난관으로 시험하는 것이다. 이것은 운수라, 그대가 아무 죄 없이 그 고을로 정배 가듯 강직되어 가니, 이는 큰 복이 장차 올 징조라 할 수 있다. 이것이 첫째로 축하할 일이다. 또 도가 깊은 사람은

---

1) 한청汗青은 옛날 종이가 없던 시기에 생죽生竹을 불에 구워서 죽력竹瀝을 빼 푸른빛을 없앤 다음 글을 썼으므로 후에 문서와 책의 대명사로 되었다.

흔히 그윽하고 한가하며 고요한 곳에 사는 것이니, 그것은 마음을 오롯이 해야 도에 깊이 들어갈 수 있기 때문이다. 지금 그대가 가는 곳이 지방은 고요하고 사람은 드물며 관청은 한가하고 사무는 간단하여 한 가지 일도 마음에 거리낄 것이 없을 것이므로 항상 허백[2]하게 빈 곳에 자리 잡고 외로이 앉아서 만물이 처음 생겨나던 그곳에다 정신을 두면 그 도에 들어감이 더욱 깊을 것이다. 그리하여 도가 정신에 충만하면 낯빛에까지 나타나는 법이라, 자연 몸도 도로 젊어져서 반드시 신선이 될 것이다. 누가 알랴, 돌아오는 날 장차 노자나 장자가 되어 오는지, 그렇지 않으면 안기생安期生이나 선문자羨門子가 되어 오는지. 우리들은 옷자락을 들어 주면서 그대에게 도를 배우리니, 이것이 두 번째로 축하할 일이다. 가면서 너무 상심하지 말지어다.

때때로 혹시 내 말로 마음을 위로하라. 천리로 갈라지는 이별이니 눈물이 없을 수 있으랴. 소매 잡고 만류하고 싶으나 그야 될 말인가.

---

2) 《장자》의 허실생백虛室生白, 즉 방을 비우면 햇빛이 절로 들어와서 환해진다는 말로 그와 같이 사람 마음도 아무 잡념 없이 비어야 진리에 도달한다는 뜻이다.

산 하나 물 하나를 만날 때마다
送全右軍奉使關東序

　내 듣기에 산과 물이 기묘하고 특출하기는 관동이 제일이라고 하오. 금란(金蘭, 통천)의 총석과 고성의 삼일포와 단혈[1]과 익령(翼嶺, 양양)의 낙산은 더욱 뛰어나 내 비록 봉래와 방장을 보지 못하였으나 이보다 더 좋지는 못하리라고 짐작하오.
　나는 일찍부터 한 번만 보면 죽어도 한이 없겠다고 생각은 하면서도 말을 몰아 떠나지 못하고 다만 천리 길이 아득하여 공연히 섭섭해하면서 동쪽만 바라볼 뿐이었소.
　이제 그대가 용절[2]을 짚고 황화(皇華, 사신)를 빛내면서 가벼운 행장을 수습하여 떠나매 나는 듯한 말을 타고 헌헌히 두 겨드랑이에 나래 돋쳐 이 세상 밖으로 멀리 날아 나가는 듯하니, 보는 사람들을 한없이 부럽게 하오. 높은 데 올라 소매를 잡고 잔을 부어 전송하노니, 이 이별은 오래가지 않을 터인데 구태여 눈물이야 보이리까.

---

1) 고성군에 있는 옛날에 신선 넷이 놀았다는 전설이 있는 곳. 원서에는 단혈丹穴이 통천에 있다고 하였으나, 사실 고성에 있으므로 삼일포 다음으로 옮겨 번역하였다.
2) 용절龍節은 임금이 사신에게 주는 신표. 쇠로 용 모양을 부어서 만들었다.

그대는 산 하나, 물 하나를 만날 때마다 나를 생각할 것이며 맑은 물, 푸른 산을 봉하여 보내지는 못할망정 시로는 그 아름다움을 수습할 것이니 그 시를 바람에라도 붙여 동해의 산과 물을 내 눈앞에 저저이 펼쳐 놓아 주면 족하겠소. 어찌 꼭 직접 보아야만 만족하겠소. 여러 사람이 시를 쓰고 내 서문을 써 머리에 붙이오.

바람처럼 평안히 다녀오시게
送宗上人南遊序

원종源宗이라는 중이 남쪽으로 여행하려 한다고 내게 와서 작별하고 서문을 겸한 시를 써 달라고 청하였다. 그의 청이 하도 간절하므로, 나는 그에게 말하였다.

"불도의 진리는 지극히 초월한 것이기 때문에 동쪽도 서쪽도 없지 않은가. 대체 중은 반드시 마음은 빈 배와 같이 하며 걸음은 떠다니는 구름과 같이 하여 동서로 오간다는 생각이 머리에 없어야 한다. 그대가 나에게 여행할 것을 이야기하니 실로 공문(空門, 불교)의 죄인이다. 내가 잠깐 보면서 그대를 전송하는 것도 도를 닦는 데 한 점 티로 되거든 하물며 이같이 함이랴. 그러나 그대가 요구하니 내 어찌 한 구의 글로 전송하지 않으랴."

또 다음과 같이 말하였다.

"대체로 자신이 무심하게 대하면 아무리 정 있는 물건도 무정해지며 자신이 생각을 가지고 향하면 비록 무정한 물건이라도 도리어 정이 생기는 것이다. 그대는 산과 물이 볼 만하다고 생각하는가, 아니면 강남의 산과 물이 가장 좋다 하여 지금 이같이 여행을 준비한 것인가? 만일 마음이 끌려 향하는 데로 애써 구경 간다면 산은 더 아름답고 물은 더 고와서 정을 머금고 맵시를 자랑하여 앞뒤로 나타날 것이니, 연기 낀 산봉우리는 화장한 여인의 눈썹 같고 맑은 호수는 맵시나고 말쑥하게 단장하여 품위 있고 아름다울 것이다. 물소리는 노랫소리 같고 솔잎은 바람을 맞아 가야금 소리를 낼 것이니 대사는 이를 다 보고 다 들을 겨를이 없어서 잠도 음식도 다 잊어버리게 될 것이다. 아무리 끊고 돌아오려 해도 끌어당기고 놓지 않는 데야 어찌하랴.

 그런즉 그것이 세상 사람이 여색을 즐기고 놀이를 탐하는 것과 무엇이 다르겠는가. 정에 끌려 풀려나지 못함이야 그나 이나 매한가지기 때문이다. 그대가 보아서 산이나 물이 눈을 끌고 마음에 들어서 장차 끌려 놓이지 못할 만한 것이 있거든 마땅히 내 말을 참고로 억제하여 산과 물을 똥이나 진흙같이 보고 속히 인간으로 돌아와서 도로 우리들과 함께 놀면서 홍진을 청산녹수와 같이 보게 되면 도를 통했다 할 수 있을 것이다."
그리고는 시 한 수를 지어 주었다.

  한 조각 흰 구름 한가히
  바람 따라 산에 가 머무누나.
  동이나 서에 본디 매이지 않는 법이니
  평안히 갔다 평안히 오게나.
  一片白雲閑　隨風落底山
  東西本無繫　好去好來還

그대 재주를 시험관이 알아보지 못했으나
送崔先輩下第西遊序

　대체로 공부하는 사람이 시험관에게 시험받는 것은 비유해 말하면 농사짓는 것과 같소. 만일 혼자 생각으로 하늘의 혜택이 반드시 시기를 맞추지 못하리라고 지레짐작하며 땅의 소출도 반드시 볼 것이 없으리라고 미리 의심하여 호미와 낫, 쟁기와 보습 등의 도구를 손질하지도 않고 밭을 갈지도 심지도 않고는 말하되, '농사짓지 못하는 것은 하늘과 땅이 돕지 않은 때문이지 내 잘못이 아니다.' 하면 그것이 옳겠소.
　반드시 호미를 비롯하여 쟁기들을 수리하여 밭을 갈고 부지런히 김을 매 시기를 놓치지 않으려고 애쓴 뒤에 하늘이 시기를 맞춰 주지 않고 땅이 심은 대로 길러 주지 않았다면 그것은 하늘과 땅의 허물이요 밭갈이한 사람의 죄는 아니오.
　지금 그대는 어릴 때부터 글방에서 설경舌耕[1]의 쟁기를 갈아 시험관에게 시험받았으나 시험관이 알아보지 못하였으니 그것은 시

---

1) 한나라 가륙賈逵이란 사람이 글 가르친 보수로 학생들에게 받은 곡식이 창고에 가득하여 남들이 글 가르치는 것을 농사짓는 데다 비유하여 혀로 밭갈이하였다고 하였다.

험관의 수치요 그대의 수치는 아니오.

그대는 물러가서 설경의 쟁기를 좀더 예리하게 갈고 닦아서 눈 밝은 시험관을 기다려 재주를 겨룬다면 아침에 심고 저녁에 추수한 것이 천백 창고에 쌓일 것이니 어찌 풍년이 오지 않으리라고 걱정하겠소. 그대 힘쓰시오.

외기러기 남으로 날고 나뭇잎은 반나마 떨어졌는데 이때에 그대를 보내니 어찌 서글프지 않겠소.

백운거사가 썼노라.

본절로 돌아가는 찬 수좌를 전송하며
送璨首座還本寺序

  대체로 중의 몸은 한번 산으로 들어가면 풀을 먹고 샘물을 마시면서 한세상을 마치도록 속세에 발을 들여놓지 않는 것이니, 이것은 머리 깎고 검은 옷 입은 이들의 직분이 그러하기 때문이다. 그러나 큰 도로 본다면 이것은 역시 사람들을 버리고 홀로 나감으로써 한평생 작은 절개를 지키는 것이니, 또 무엇이 말할 만한 가치가 있겠는가. 사리에 통한 사람이라면 그렇지 않아서 능히 남을 따라 행동하되 남에게 물들지 않으며 능히 세속과 접촉하되 세속에 얽매이는 일이 없어서 자기의 높은 행실은 상하지 않을 뿐더러 혜택을 두루 남에게 미치는 것이다.

  선사가 세상에서 행동함이 이 길을 따름으로써 경전을 강의하기 위하여 임금 앞에 나가는 것도 사양하지 않았고 시주를 받기 위하여 대신들의 집 출입도 마다하지 않았으며 또한 우리들과 함께 시사詩社에 들어오고 술좌석에도 참여하여 놀고 희롱하는 것을 마음대로 하여 옳은 것도 옳지 않은 것도 없었으니 참으로 사리에 통한 사람이라 할 만하다.

  그러나 선사가 서울에 있은 지 이미 오래되어 절이 그리워졌으매

이제부터는 세상 사람을 집집이 찾아가서 설교는 못할 것이매 어찌 사람들이 선사가 인간 세상에 대한 그리운 생각이 없어졌음이라고야 하랴.

이번에 산수가 맑고 고요한 곳에 있는 이름 있는 절을 얻어서 막대 하나를 손에 들고 송낙 하나를 머리에 쓰고 한가로운 구름이 산모퉁이를 돌아가듯 훨훨 떠나가니 분주히 지내는 우리가 어찌 부러운 마음이 없으랴. 그러나 나 또한 늙었으니 어찌하여 모든 것을 훨훨 털어 버리고 선사와 함께 가서 흰 구름과 푸른 산봉우리 곁에서 살지 못하랴.

송별연 자리에서 시를 지어 사랑받는 자들이 있기에 늙은 이 거사는 이 글을 쓰노라.

홀로 맑게
살다 간 이여

자손에게
백금을 남기는 것은
오직 화를 부르는 법
공은 홀로 맑게 살아
만세의 보배를 남겼어라

백성 위해 오셨다가 어찌 그리 빨리 가셨는가
趙公誄書

아, 정우 8년(1220) 9월 3일에 태위평장사 조공이 병으로 죽어서 집에 빈소를 차렸다가 이달 28일 아무 산 아래에 예를 갖추어 장사하였다. 공의 휘는 충冲이요, 자는 담약湛若이니 횡천橫川 사람이다. 아버지의 휘는 영인永仁이니 벼슬하여 문하시중에 이르렀는데 당시에 이름난 재상이다.

공은 어려서부터 학문을 좋아하고 글을 잘 지어 나이 스물에 진사에 급제하여 재상의 아들로 일찍이 벼슬길에 나서 내시로 들어갔는데, 처음부터 벼슬이 3품에 이르기까지 약 30년 동안이나 궁정을 떠나지 아니하였다. 정우 6년(1218)에 국자감대사성 보문각학사 지제고國子監大司成寶文閣學士知制誥가 되고 다시 한림학사를 겸하였다. 무릇 시신侍臣은 성관[1]을 얻지 못하는 것이 전례다. 공이 기뻐하여 말하였다.

"내가 여러 벼슬을 지냈지만 아직 문한文翰 자리를 얻지 못했더니, 오늘날 받은 것은 실로 내 뜻에 맞는다."

---

1) 성관星官은 한림학사를 가리킨다.

이에 더욱 경사經史를 익히고 글에 힘써 무릇 훌륭한 글과 큰 책이 다 그 손에서 나왔다. 조금 뒤에 예부상서로 옮기고 또 나아가 추밀원부사 한림학사 승지가 되었다. 임금이 공의 문무를 겸한 재주를 보아 특별히 상장군을 삼았다. 문신이 상장군을 겸하는 것은 상국 문극겸文克謙부터 시작되었으나 중간에 끊겼다가 공에 이르러 다시 회복되었다. 이때 거란이 국경을 침략하므로 임금이 상국 정영양鄭榮陽을 명하여 원수를 삼고 공을 부원수로 삼았다. 강서에 가 주둔하였는데 얼마 뒤에 원수가 군사를 잘 쓰지 못하여 파면됨에 따라 공도 또한 파면되었으나 실은 공의 잘못이 아니었다. 그 이듬해에 다시 등용되어 수사공 좌복야 정당문학 수문전태학사守司空左僕射政堂文學修文殿大學士가 되었다.

오랑캐는 날로 강성하고 관군은 약하여 이기지 못하자 조정에서 다시 공을 원수로 삼아 독촉하여 보내니 군령이 엄숙하고 분명하여 추호도 틀림없어서 오랑캐들은 기운이 꺾여 강동에 들어가 굳게 지켰다. 이때 마침 달단韃靼이 동진국東眞國과 더불어 크게 군사를 몰아 국경으로 들어오면서 거란을 쳐부수고 우리를 구원하는 것으로 명분을 삼았다. 그러나 달단은 오랑캐 가운데서도 가장 흉측할 뿐 아니라 일찍이 우리와 잘 지낸 일이 없으므로 조정과 백성들 놀라 떨면서 그것이 진실이 아닌 줄로 의심하고 조정의 의론도 미처 결정되지 못하여 화답하지 못하니, 마침내 마주 나가 위로하는 예가 지연되고 있었다. 그러나 공은 홀로 의심할 필요가 없다고 하여 달려가 청하기를 마지않았다. 달단이 회답이 늦음에 대하여 성내면서 책망함이 매우 심했으나 공이 형세에 따라 알맞게 처리하였으므로 곧 화해하였다. 그러다가 오랜 뒤에야 조정이 결정을 내렸다.

달단의 풍속은 칼날로 고깃점을 사람에게 먹이되 주고받음에 있어 조금도 지체하지 않음을 좋아하는데, 순식간에 왔다 갔다 하므로 우리 나라 사람들은 다 어려운 빛을 띠었다. 저편 장수가 공에게도 또한 그렇게 하였는데 공은 홀로 조금도 겁내는 기색이 없이 받아먹기를 아주 익숙하게 하였다. 저쪽 장수가 또 술을 잘 먹었는데 공과 내기를 하여 이기지 못하는 자는 벌을 주기로 약속하였다. 공이 가득 부어 얼른 마셨다. 여러 잔을 거듭 마셔도 조금도 취한 빛이 없다가 마지막 한 잔은 마시지 않으며,

"못 먹는 것이 아니라 만일 내가 이겨 약속대로 시행하면 그대가 반드시 벌을 받게 되리니, 차라리 내가 벌을 받을지언정 주인으로 손을 벌주는 것이 옳겠는가."

하니, 그가 그 말을 중히 여겨 크게 기뻐하였고, 이로 말미암아 깊이 존경하였다. 그가 동진국의 원수로서 우리 군사의 대장과 기타 큰 벼슬아치를 만났을 적에는 무슨 농담이며 장난이든지 서슴지 않고 하다가 공을 보면 비록 사랑하고 정답게 지내더라도 업신여기는 짓은 조금도 없고 공을 형으로 삼아 자기 오른편에 앉혔다. 공이 비록 어려운 듯한 일이라도 부탁만 하면 그는 즉시

"우리 형님의 명령을 감히 어기겠는가."

하였다. 이별할 때가 되자 공의 손을 잡고 목이 메도록 울었으니 참으로 진정이요 꾸밈이 아니었다. 동진국 원수도 자못 사람을 알아보았다. 우리 나라 사람더러 말하기를,

"너희 나라 장수는 기특하고 거룩하며 비상한 사람이다. 너희 나라에 이런 원수가 있는 것은 하늘이 준 바다."

하였다. 공이 일찍이 술이 취하여 그 무릎을 베고 자는데 동진국 원

수가 공이 놀라 깰까 염려하여 조금도 움직이지 못하였다. 좌우 사람들이 베개를 베어 주도록 청해도 원수는 끝끝내 듣지 아니하였다.

아, 이상하구나. 옛적 진인眞人에 용맹한 범과 독사를 길들인 이가 있었다고 하지마는, 달단은 짐승이라 그 악함이 범이나 독사보다 더 심한데 공이 능히 이와 같이 굴복시키니, 충성스럽고 정의로우며 은혜롭고도 믿음직함이 능히 다른 부류를 감동시켰으니, 옛적 진인과 같다. 오랑캐의 난리가 끝난 뒤에 들어와서 수태위 문하시랑 평장사 수국사守太尉門下侍郞平章事修國史가 되었다가 죽으니 나이 쉰이다.

공은 체격이 장대하고 훌륭하며 겉은 장중하고 속은 너그러우며 널리 듣고 힘써 기억하여 옛일을 잘 알았다. 일찍이 은황2)을 차고 청요직을 지냈으며 세 번이나 과거 심사를 맡아 모두 당시 이름난 사람을 뽑았다. 무릇 선비를 만나면 귀한 이나 천한 이나 할 것 없이 괄시하지 아니하고 반갑게 대하며 선비가 찾아오면 문득 술을 내어 즐거움을 다하였다. 누구에게나 다 이렇게 하니 당시 선비들이 다투어 따랐다. 재상으로 이렇게 손을 좋아하기는 당대에 이런 이가 없었다.

평소 일에 임해서는 모나게 행동하는 일이 없었기 때문에 세상 사람들이 한갓 너그럽고 활달한 어른다운 이라고만 이를 뿐이고 그 마음의 깊이가 얼마나 되는지는 몰랐다가 큰 군사를 거느리고 큰일에 다다른 뒤에야 비로소 하늘을 덮고 땅에 가득 차는 큼직한 보통이 아닌 인재임을 알았다. 그러나 이도 또한 공에게는 작은 일이다.

---

2) 은황銀黃은 은도장과 금도장. 재상은 금도장을, 그 아래는 은도장을 찼다.

만일 조금 더 살았더라면 이보다 만 배나 더 되는 훌륭한 공로와 슬기로운 자취를 남겼을지 어찌 알랴. 임금이 부고를 듣고 놀라며 슬퍼하여 관리를 명하여 초상을 치르게 하고 조정 사무를 사흘이나 폐하였으며 시호를 문정공文正公이라 내렸다. 그리고 나에게 명하여 뇌서誄書를 지어 그 덕을 드러내라 하기에 다음과 같이 쓴다.

> 돌문 쇠사슬에 성이 굳고 또 높으며
> 겹겹 겹친 문에 엄한 궁실 깊숙하니
> 이만하면 나라랄까 어찌 그렇다 하리.
> 높고 큰 어진 이 우리 태위 같은 이 아닌가
> 조정에 있어서 국사를 계획하고
> 나가서 장군으로 엄한 호령 비밀한 꾀
> 오랑캐를 꾸짖으면 풀처럼 쓰러진다.
> 이렇게 편케 되어야 나라라 할 수 있지.
> 사나운 범 산에 있어 곽향[3]을 못 캐건만
> 어진 이 나라에 있어 이웃 도적 물러간다.
> 거룩한 우리 공이 나라의 기둥일세.
> 누른 도끼[4] 붉은 기는 서북에 위엄 떨치셨네.
> 달단은 모질어서 승냥이와 범 같으니
> 그 뜻을 거스르면 후닥닥 날뛸 것을
> 인자하고 신의 있는 공의 마음 빛이 나니

---

3) 곽향藿香은 풀 이름. 일명 배초향.
4) 군대의 최고 통수권을 가진 자가 가지는 표.

짐승 같은 오랑캐도 사모하더라.
공의 힘이 아니었던들 우리 백성 못 살 것을
공이 실로 살렸으니 몸과 머리 내어 준 듯
거룩한 삼한의 위업 공이 다시 창조했네.
하늘이 무정하여 큰 명이 다 되다니
아 슬프다 우리 공이 너무 일찍 갔도다.
백성 위해 오셨다가 어찌 그리 빨리 가셨는가.
백성이나 관리나 아이 어른 할 것 없이
두 손 모아 절하며 모두 다 조문하네.
팔다리 없어진 듯 나의 마음 더욱 설워
임금 사랑 끝없이 무덤까지 빛나네.
뇌서 지어 빛내라 소신에게 명령키에
머리 숙여 절하면서 남은 향기 주워 모아
글 지어 조문하니 길이길이 빛나리라.

石門鐵鎖　城堅且峙
重扉複戶　宮室嚴邃
斯謂國耶　子曰非是
有賢言言　如我大尉
矩步廟堂　謨謀論議
不爾出將　令嚴籌祕
叱咤羌戎　使之風靡
於以鎭安　然後曰國
山有猛虎　人莫採藿
國有賢人　隣敵自却

烈烈我公　邦之柱石
黃鉞紅旗　威震西北
達旦剛戾　如角狼虎
一忤其意　翻覆趾扈
公以仁信　披示肺腑
獸心知感　號泣愛慕
微公之力　魚肉吾民
公實活之　賜首與身
三韓之業　公復創新
天胡不弔　大命奄臻
哀哀我公　棄世大早
來旣爲民　去何之暴
搢紳工庶　癡童駭老
聚手彈指　莫不相弔
股肱云違　帝意彌悼
寵終豐縟　窀穸有光
仍命小臣　誄以發揚
臣拜稽首　捃掇遺芳
綴玆鄙詞　焜耀無疆

그대 총명과 재간으로 수명이 이에 그치다니
京山府副使禮部員外郎白公墓誌銘

갑신년(1224) 7월에 경산부수京山府守 백공이 공무 중에 죽었는데 부인이 서울에 와 준비를 마치고 장사하려고 하면서, 내가 백군의 옛 친구임을 알고 그 아들 희심希諗과 숙명叔明 등을 보내 울면서 명[1]을 지어 달라고 하기에 내가 이에 경력을 의논해 기록한다.

백군은 사람됨이 순박하고 인정이 두터우며 착실하고 삼가며 자고자대自高自大하지도 않고 함부로 남을 따르지도 아니하니 실로 순후하고 정직한 군자다. 소년 적부터 학문에 힘쓰고 글을 잘 지어 열아홉 살 적에는 예비시험에 합격하였으니 이때가 무오년(1198) 5월이다. 6월에 이르러 또 대과大科에 급제하였다. 대체 두 달 동안에 두 번이나 합격하는 것은 선비들도 쉬이 될 수 없는 바인데, 더구나 백군은 소년이었으므로 사람들이 더욱 기특하게 여겼다. 태화 6년(1206)에 내시內侍에 들어가 임금 곁에서 19년 동안 있으면서 일을

---

1) 돌이나 나무 같은 데 새기는 글을 명銘이라 하는데 또 문체의 하나이기도 하다. 이 글은 묘지명인데 이 글 전부를 명이라고도 하나 마지막에 있는 문장으로 넉 자씩 운자를 달아서 지은 글을 명이라고도 한다.

정확하게 잘 보았다고 알려졌다.

우리 고려조에서 무릇 불교 무리의 자리를 정할 때에는 근신近臣으로서 글 잘하는 이에게 주장하게 하는데, 임금이 조계曹溪의 자리를 정함에 백군에게 맡겼다. 백군이 세밀하게 가려 얻은 이는 한때 이름 높은 중이어서 뒤에 많은 중의 지도자가 되어 절에서 활약한 자가 많았다. 또 서해 방면[2]이 거란의 침략을 받아 심하게 피폐해지자 임금이 백군을 소복사蘇復使로 삼아서 보내니, 백군은 적절하게 구제해 주어 살아난 사람이 헤아릴 수 없이 많아 백성들이 거의 죽다 살아난 셈이었다. 대체로 벼슬을 지내기는 구복원판관句覆院判官으로부터 비서교서랑祕書校書郎, 위위시주부衛尉寺注簿, 소부시승少府寺丞을 거쳐 다섯 번 옮겨 문지후門祗侯에 이르렀다. 얼마 안 되어 예부원외랑 사자금어대賜紫金魚袋로서 선주 방어부사宣州防禦副使를 삼았으나 병으로 부임하지 못하였다가 일 년 뒤에 다시 경산부로 나갔으나 부임한 지 두어 달 만에 다시 병을 얻어 드디어 일어나지 못하였으니 나이 46세였다. 이해 9월 아무 날에 아무 산에 장사하였다.

아, 백군의 총명과 재간으로 벼슬과 수명이 이에 그친단 말인가. 문장은 미처 임금의 계획을 빛내지 못하였고 도덕은 미처 시대를 구제하는 데 이바지하지 못하였으니 이것이 더욱 아까운 일이다. 백군의 휘는 분화賁華요, 자는 무구無咎니 청주 남포군 사람이다. 고 조의대부朝議大夫 판비서성사 한림학사 지제고 휘 광신光臣의 아들이며 고 태복경 증 삼중대광太僕卿贈三重大匡 휘 사청司淸의 손자다. 상서좌복야 휘 임유겸林惟謙의 딸에게 장가들어 두 아들을 낳았으니,

---

2) 서쪽 바닷가에 있는 황해도, 평안도 지방을 가리킨다.

회심은 머리를 깎고 중이 되었으며 숙명은 겨우 관례를 지내 아직 벼슬에 나서지 못하였다. 백군은 늘그막에 선법을 좋아하여 스스로 참선거사參禪居士라 하였다.
  다음과 같이 명을 쓴다.

>아 백군이여
>여기에 그칠 뿐인가.
>젊어서 날아오를 듯
>뜻이 크더니
>누가 알았으랴
>문득 넘어져서
>뜻을 이루지 못하고
>땅으로 들어가다니.
>무덤이 편안하리니
>자손의 복이 되리라.
>嗚戱白君 止此而已耶
>束髮飛騰 意在千里
>孰云暴顚 齎志入地
>宅兆孔寧 維子孫之祉

공이 끼친 사랑 백성 마음에 남았으니
尹公墓誌銘

　내가 글을 지음에 비, 갈, 명, 지¹⁾는 만일 그 사람을 참으로 알고 그 사실을 참으로 믿지 아니하면 굳이 거절하고 받지 아니하며 마음에 가만히 생각하기를, '산의 돌이 그 무슨 허물이 있기에 고운 바탕을 쪼아 헐어 지나치게 칭찬하는 말을 쓰는가.' 하였다. 그러나 윤공이 죽으니 이미 그 사람을 잘 알고 또 그 사실을 믿기 때문에 서술하지 않을 수 없다.

　공의 휘는 승해承解요, 자는 자장子長이니 수주樹州 수안현守安縣 사람이다. 삼한공신三韓功臣 내사령內史令 명의공明義公 윤봉尹逢의 칠대손이다. 증조는 검교 태자첨사檢校太子詹事 휘 형형이요, 황조皇祖는 태악서승太樂署丞 휘 수수요, 황고皇考는 검교 호부상서 행상서 호부낭중 사자금어대 휘 유연裕延이니 황공皇公은 실로 상서 부군의 둘째 아들이다. 어려서부터 학문에 힘써 열여덟 살 적에 사마시에 급제하였으며 대과는 두 번 보았으나 뜻을 이루지 못하여 음관

---

1) 비碑, 갈碣, 명銘, 지誌는 돌에 새겨 표로 세운 것이다. 모나게 만든 것은 비라 하고 둥글게 만든 것은 갈이라 한다.

으로 벼슬길에 올라 지수주사판관知水州事判官이 되었다.

수주는 백성이 많고 살림이 넉넉하기로 이름난 곳인데 사람들이 욕심을 잘 부리기 때문에 청렴하기 어렵고 정치는 모두 그럭저럭하여 아전들은 그것이 버릇이 되어 자못 해이해져 규율이 없었다. 공이 부임하여 모든 것을 법대로 다스리니, 아전들이 두려워하여 감히 바로 보지 못하였다. 모든 약속을 다 규정대로 실시하니 감히 범하는 자가 없었다. 정치를 잘한다는 소문이 있어 임기가 다한 뒤에 현덕궁玄德宮 녹사가 되었고 그뒤에는 좌우위녹사 참군사左右衛錄事參軍事에 옮겼다. 얼마 뒤에 나가 진도현령이 되었는데, 깨끗이 정치함이 수주를 다스린 것과 같되 위엄과 사랑으로 백성들을 다스렸다.

진도현은 바다 가운데 있어서 추한 오랑캐 풍속이 있었고 손님을 접대하는 것이 다른 고을과 달라 관리들이 괴롭게 여겼는데 공이 다 고쳐서 다른 큰 고을들처럼 만들었다. 또 백성들이 고기잡이와 소금 굽는 것만 믿고 농사는 힘쓰지 아니하여 공이 독촉하여 농사를 짓게 하니 처음에는 꺼리는 빛이 있었으나 농사 수입을 얻은 뒤부터는 즐겁게 좇아서 비록 흉년이 들어도 양식 걱정을 하지 않게 되었다.

그뒤 조정에 들어가 신호위神虎衛녹사 참군사가 되었는데, 계사년(1233) 서울에 병란이 일어나자 벼슬아치들이 모두 도망하였으나 공은 홀로 굳이 자리를 지키면서 얼굴빛이 평시와 같았다. 임금이 듣고 고맙게 여겨서 불러 보고 칭찬하기를,

"전에 그대가 충성스럽고 용맹하다는 소문을 들었더니 이제 그 사실을 보는구나."

하고 다시 신호위별장을 삼으려 하니, 공이 무관은 본뜻이 아니라 하여 받지 않았다. 뒤에 각문지후閣門祗侯가 되었다가 곧 감찰어사

로 뽑혀 나가 서북도의 분대 어사[2]로 되었다.

이에 앞서 성주成州의 세력가들이 함부로 관아 기생을 살해하여 앞뒤로 명을 받고 간 어사들이 처음에는 그 사건을 추궁하려 하였으나 일이 백성들에게까지 미쳐 많은 사람을 옥에 가두어 온 고을이 시끄럽게 되므로 얼마 지나지 않아 그만두고 묻지 않았더니 이로 말미암아 뇌물을 주고받는 온상을 이루었다. 공이 성주에 들어가서 자세히 조사하여 주모자와 하수인만 목 베어 죽이고 나머지는 묻지 아니하니 온 고을이 편안해져 모두 칭송하였다. 다시 서울로 올라와 상식봉어尙食奉御가 되어 비어대緋魚袋를 하사받고, 또 상서도관 원외랑尙書都官員外郎으로 옮겨가 금자金紫를 하사받았다.

임금이 일찍이 간관 송단宋端을 남방에 보내어 10년 이래 전후하여 고을을 다스린 자들의 정치 업적의 우열을 조사시켰더니, 수주에서 공의 치적을 최상으로 뽑은 지가 무릇 30년이다. 송공이 말하기를,

"조정에서는 십 년을 한계로 삼았는데 이는 너무 머니 임금의 뜻에 맞지 않을까 두렵다."

하니, 아전과 백성들이 말하기를,

"천자께서 사신을 보낸 까닭은 특이한 정치를 알려고 하시는 것인데, 윤공이 끼친 사랑이 지금까지 남아 있어서 백성의 마음이 아직 그때와 같으므로 최상으로 뽑힌 것이니, 어찌 멀고 가까움을 논하겠습니까?"

하면서 다 땅에 엎드려 굳이 청함이 매우 간절하므로 송공이 그렇겠

---

[2] 검열관인 어사의 본부는 서울에 있고 지방에 큼직하게 나눈 구역을 분대分臺라고 하는데, 서북도는 평안도와 함경도를 가리킨다.

다 하여 아뢰었더니, 임금이 더욱 칭찬하며 감탄하고 책임자도 또한 감히 헐뜯지 못하였다.

모년 모월 모일에 병을 얻어 집에서 죽으니 나이는 얼마며 모월 모일에 아무 산에 장사하였다. 부인 장씨는 태부경太府卿 휘 충의忠義의 딸이요, 아들 형제를 두었으니 송균松筠과 송죽松竹이다. 송균은 일찍이 밀성密城 원을 지냈는데 맑고 엄하고 굳셈으로써 이름났고, 송죽은 아직 산관散官으로 있고, 외딸은 아직 결혼 전이다.

공은 사람됨이 바탕이 단정하며 곧아서 할 말은 꼭 하고, 가는 데마다 맑고 검소하였다. 집에 쌓아 둔 식량이 없어도 집안일을 묻지 않고 아무 걱정 없는 태도로 아침저녁으로 다만 자리를 지키며 직무를 지키는 데 뜻을 둘 뿐이니 참으로 조정의 바른 사람인데, 벼슬이 원외랑에 지나지 못했으니 아깝구나.

아들 송균 등이 공의 세계와 관작을 써 가지고 나와 친한 사람을 통해 와서 내게 묘지명을 청하였다. 내가 감히 거절하지 못하는 것은 내 선군이 일찍이 공과 동료로 있었는데 늘 찾아와서 길게 이야기하는 것을 보았기 때문이다. 나는 비록 그의 본원은 헤아리지 못하였으나 자못 자연스러운 태도를 엿보았고, 또 여기에 쓴 유적은 다 사람들이 입으로 전하는 것이고 그 아들의 이야기로 비로소 안 것이 아니니, 이것이 그 사람을 잘 알고 그 사실을 믿는 것이 아니냐. 그러므로 붓을 잡아 명하노라.

    자손에게 백금을 남기는 것은
    오직 화를 부르는 법.
    공은 홀로 맑게 살아

만세의 보배를 남겼어라.
나무가 무성한 이 산에
무덤을 정했으니
공은 여기 계시라.
자손이 길이 보존하리.
명을 새겨 무덤에 넣으니
뒷사람의 참고로 되리라.

遺子百金　惟禍之召
公獨以淸　萬世之寶
有鬱斯岡　欵安宅兆
公保於此　迺子孫之保
刻銘納窆　爲後之考

금속활자로 인쇄한 《상정예문》을 보내노라
新序詳定禮文跋尾

　　무릇 제왕의 정치란 예법을 제정하는 것보다 앞서는 것이 없다. 그런데 예법 제정의 연혁이 명확하고 기준이 일정하게 서야만 풍속이 바로잡히며 따라서 인심도 깨끗하게 될 것이다. 어찌 고식적으로 끌면서 떳떳한 규정을 세우지 않은 채 갈팡질팡하는 상태를 그대로 유지할 수 있으랴.

　　고려가 건국된 이래 예절 법도가 왕조가 바뀔 때마다 달라져서 한낱 병집으로 되어 온 지 오래다. 그러다가 인종 때에 평장사 최윤의崔允儀 등 열일곱 명의 신하들에게 명하여 고금의 서로 다른 예문을 모아 참작하고 절충하여 50권 책을 완성하였다. 《상정예문》이라 하여 민간에 널리 배포하였다. 이리하여 예절 법도에 일정한 규례가 짜이게 됨으로써 혼란이 바로잡히게 되었다.

　　그러나 이 서적이 발간된 지 너무 오래되어 글줄이 빠지고 글자가 흐려지고 이지러져서 제 구실을 못하게끔 되었다. 이런 사정을 딱하게 여긴 나머지 가친께서 두 질을 다듬고 보충하게 하여 한 질

■ 진양공晉陽公을 대신해 지었다.

은 예부에 비치하고 한 질은 우리 집에 두었다.

　부친의 예견이 훌륭하다고 하겠는데, 강화도로 서울을 옮길 때 예부에서 급히 서두르는 통에 혼란 중에 이 서적을 챙겨 가지 못했기 때문이다. 그리하여 하마 씨까지 없어지게 되었는데 우리 집에 보관해 둔 한 질이 남아 있으니, 나는 이 일이 있은 뒤에 가친의 뜻을 더욱 알게 되었으며 또 이 책을 잃어버리지 않은 것을 다행으로 여긴다.

　이에 이 서적을 금속활자로 스물여덟 질을 인쇄하여 각 관아에 나누어 보내 보관하게 하니, 이를 담당하는 이들은 앞으로 두고두고 후대에까지 전하도록 하여 나의 성의를 저버리지 않기를 바라는 바이다.

　아무개는 이 글을 쓴다.

《어의촬요방》을 새로 묶고
新集御醫撮要方序

대체로 생물에게 중한 것은 몸과 목숨이다. 비록 나고 죽고 장수하고 젊어서 죽는 것이 다 하늘에 매여 있다 하더라도 만일 몸을 조리함이 적당하지 못하여 병이 났을 때에 좋은 치료법과 묘한 약으로 치료하지 못하면 병든 사이에 어찌 뜻밖에 생명을 잃는 자가 없다고 하랴. 이것이 옛 성현들이 《본초本草》,《천금千金》,《두문斗門》,《성혜聖惠》 등 여러 가지 치료법을 저술하여 뭇사람의 생명을 구제하도록 만든 까닭이다.

그러나 책들이 부피가 너무 커서 찾아보기 어렵다. 만일 병이 나서 오랫동안 낫지 않는다 하더라도 시일이라도 끌어 주면 그 사이 의원에게 보일 수도 있고 여러 책들을 뒤져서 치료법을 찾을 수도 있으나, 갑자기 중한 병이 들어서 사람들은 덤비고 병은 위급한 경우에는 어느 틈에 의원에게 보이고 책을 뒤질 수 있으랴. 그러므로 아예 이 책들의 요점만을 뽑아 책을 만들어 위급한 때에 손쉽게 쓸 수 있도록 하는 것이 낫다.

우리 나라에서는 다방茶房에서 추려 모은 약방문이 한 부 있었는데, 글은 간단하고 효력은 신통하여 만 사람을 구제할 만하였으나 전해진 지 오래되어 누락된 데가 많아 책이 거의 없어지게 되었다.

이번에 추밀상공 최종준崔宗峻이 이것을 애석하게 생각하여 판을 만들어서 널리 전하게 하려고 임금께 말씀드렸더니 임금께서도 기꺼이 허락하셨다. 공이 이에 책을 두 권으로 만들고 또 여러 방문 중에 가장 요긴한 것을 첨부한 뒤에 사람에게 필사시키고 《어의촬요》라 이름을 붙였다. 그리고는 임금의 지시를 받아 서경 유수관留守官에게 신칙하여 보내 판을 새겨서 세상에 펴니, 이도 역시 나라가 백성을 자식같이 보는 어진 시책이요 또한 선비 군자들이 널리 생명을 구제하려는 뜻이다.

아, 착한 것을 덮어 두지 못하는 것이 내 신조인데 공이 또한 서문을 쓸 것을 명하시니 어찌 피할 수 있으랴. 감히 두 번 절하고 대략을 간단히 적는다.

병술년(1226) 4월 아무 날에 이 글을 쓴다.

옛사람은 전쟁에 임해서도 시를 노래하였느니
全州牧新雕東坡文集跋尾

　대체로 보건대 문집이 세상에 퍼지는 것은 한때 그럴 만한 일이다. 그러나 옛날부터 오늘에 이르기까지 《동파문집》같이 널리 퍼지고 사람마다 애독한 책은 없다. 그것은 어휘가 풍부하고 옛날 사실을 인용한 범위가 넓어서 독자에게 주는 감흥이 크고 다함이 없기 때문이다. 국가의 높은 벼슬아치부터 신진 학도에 이르기까지 손에서 놓는 때가 없는 것이 이 책이다.

　그 판본이 전에는 우리 나라 상주에 있었더니 불행히 원나라 침략 군대에 의하여 소각되어 한 조각도 남지 못하였다. 완산수完山守 전 예부낭중 최군지崔君址는 학문을 좋아하고 선한 일을 즐기는 군자로서 이 소식을 듣고 분개하여 당장 판을 다시 새길 결심을 하였으나, 바로 그때 원나라 침략군이 쉴 틈 없이 몰려오고 몰려가고 해서 지방이 뒤숭숭하여 조금도 평안할 날이 없으므로 이 같은 문화 사업을 할 겨를이 없었다. 그러나 태수는 '옛사람은 전쟁에 임해서도 시를 노래하였으며 무기를 놓고 글공부를 하였다 하니, 공부를 폐하는 것이 옳지 않음이 이와 같다. 이 고을만큼 큰 고을이 이만한 일쯤은 순식간에 함 직한데 만일 저 하찮은 외국 군대 때문에 그것을 이루지 못하고 평화 시기를 기다린다면 뒷사람 역시 그럴 것이다. 그렇게 되면 내 뜻이 영영 이루어지지 못할는지 어찌 알랴.' 하고 생각하여 이에 결단하여 임금께 아뢰었다. 임금께서도 학문을 좋아하시므로 반가이 허락하셨다.

이에 침략 군대가 잠시 물러간 때와 농사일이 끝나서 쉬는 틈을 이용해서 판 새기기를 시작한 지 얼마 안 되어서 끝마치니 비용을 크게 들이지 않았는데도 오히려 남은 힘이 있었다. 일을 견실하게 하고 여유가 있는 사람이 아니고야 이런 난리판에 누가 이와 같은 큰 사업을 그렇게 민첩하게 할 수 있으랴. 그의 행정 사업도 대체로 이와 같음을 알 수 있다.

자네는 내 제자라 그 때문에 내게 서문을 청한 것이고 나 또한 군이 남의 고을에서 판본이 없어진 것을 자기의 근심으로 삼아 자기 고을에서 해야 할 일로 정하고 후진을 위하여 애써 판본 새긴 것을 가상히 여겨서 그 전말을 대략 적어 발문으로 하노라.

때는 병신년(1236) 11월 금자광록대부 참지정사 수문전대학사 감수국사 판호부사 태자태보 이규보는 쓰노라.

까닭 없이 자리에 머물러 있는 부끄러움
二度乞退表

운운.[1] 어제 표를 갖추어 벼슬과 사무를 돌려 드리고자 빌었삽더니 허락하지 아니하시는 교서가 내렸사온즉 이에 필부의 괴로움을 고하오면 아마도 두 어깨의 짐을 벗겨 주실 것입니다. 늙은 말이 바야흐로 피로하면 천리 길을 멈출 것이오니 신이 물러가려고 하는 것은 이와 같은 뜻이옵니다. 사정을 스스로 호소하였사온데 허락하시는 조서는 아직 내려 주시지 않으므로 엎드려 사양하옵니다.

신은 학문이 본디 공소空疎하고 성질은 오직 조급하온데 네 대의 조정을 지나 지금에 이르러 비로소 임금을 모시는 반열에 참여하여 한림학사 지제고 벼슬에 오른 지 몇 해 되지 않아서 빠르게 재상에 뽑혔나이다. 실속 없이 글귀나 짓는 재주로 조정의 가장 중요한 자리에 있사오니 보통 때에도 오히려 견디기 어렵사온데, 바야흐로 국가는 적의 침략을 막으면서 적을 잘 헤아려야 되는 때를 당하였사오니 격서檄書로는 무식한 적을 깨우칠 수 없고, 지략으로도 승리할

---

[1] 편지의 처음 혹은 마감에 쓰는 월일, 벼슬 이름, 이름, 드림말들을 실제 편지에는 다 썼으나 여기서는 '운운'이라고만 했다.

수 있는 꾀를 내지 못하오면서 헛되이 붓대를 잡고 있으면 장래 계획에 무슨 이로움이 있겠사옵니까. 하물며 다시 벼슬을 그만둘 나이를 지났사오니 까닭 없이 자리에 머물러 있는 부끄러움을 어찌 면하겠사옵니까. 그러나 공 없이 녹만 먹는 데 대해서는 달게 그 책망을 받으려니와 기한이 차도 떠나지 아니함은 또한 본뜻이 아니옵니다.

폐하께서는 앞서 신의 문서에 적힌 나이가 틀렸다는 이유로 머무르게 하시므로 신이 거역하지 못하였사온데, 이제 삼가 교서를 받사온즉 또 전과 같은 깨우침의 말씀으로 병도 없고 늙지도 않았다고 하셨으니 어찌 거짓으로 병을 핑계 대겠습니까. 누운 지가 벌써 백 날은 넘었삽고 늙음은 스스로 꾸민 것도 아니오니 나이가 바로 일흔에 이르렀나이다. 비록 임금님의 심정은 너그러운 바가 있사오나 사람들의 말을 들어 보면 또한 어찌 두렵지 않겠사옵니까. 이미 들은 것만 해도 충분한데 무얼 다시 더 생각하겠습니까. 물러가기 벌써 늦었사오니 비록 본조의 전례에 맞지 않을지라도 이제 물러감이 오히려 예전의 밝은 기록을 어기지 아니하는 것이옵니다. 형편이 이렇게 딱하온데 물러가도 좋다는 말씀이 어찌 더디겠사옵니까. 전에 이젠 물러나도록 해 줍시사는 청을 이루지 못하였사온데 이제 또 벗어나지 못하오면 다만 한때의 기롱거리가 될 뿐 아니오라 또한 뒷세상의 웃음거리가 될 것이옵니다.

엎드려 바라건대 늙은 것을 불쌍히 여기시고 간절히 하소연하는 저를 딱하게 생각하시어 얽매임을 벗어나 자유로이 쉬게 해 주시면 폐하의 은혜로 죽을 날이 연장될 것이며, 어찌 폐하가 계시는 이때에 임금을 생각하는 마음을 게을리 하겠사옵니까. 운운.

떠도는 백성들을 편히 살게 할 방법[1]
甲午年禮部試策問

  묻노니, 우리 나라가 오랑캐의 난리를 만나 백성을 거느리고 수도를 옮겨 나라를 보존하게 된 것은 이것이 비록 신성한 천자와 현명한 재상의 묘한 계획과 훌륭한 정책이나 또한 하늘이 도운 바다. 그런데 과연 하늘이 도운 바라 하면 반드시 복구되어 흥하는 날도 있을 것이다. 그러나 앉아서 기다리는 것이 옳은가, 반드시 사람 힘으로 할 수 있는 일을 부지런히 닦아서 하늘의 뜻에 호응하는 것이 옳은가? 이른바 사람이 할 일이라는 것은 덕을 베풀고 백성을 편안케 하며 농사에 힘쓰고 수재와 한재를 막는 일이다. 그런데 오늘날의 형세를 보건대 여러 고을의 파리해진 백성들이 이리저리 떠돌아 다니면서 자리 잡고 살지 못하는 자가 거의 전부니 편안케 모여 살게 할 방법은 무엇이며, 밭이 묵어서 땅이 빈 데가 많으니 농업을 일으킬 방법은 또한 무엇이며, 수재와 한재를 막으며 덕화를 베풀자면

---

1) 갑오년(1234)에 몽고군의 침략으로 왕과 벼슬아치들은 강화도로 수도를 옮겨 겨우 피난 하였으나 백성들은 대부분 이리저리 흩어져서 안정된 생활을 하지 못했다. 이 예부시 책문은 그 해 과거 시험 문제다.

무엇이 가장 중요한가?
 여러분은 예나 지금의 다스리는 방법에 밝을 것이니 마땅히 숨김없이 자세히 진술하라.

스스로 기른 범에게 물리겠습니까
答東眞別紙

    운운. 대체 몽고[1]는 매우 모질어서 화친을 하여도 마음 놓고 믿을 수가 없으니, 우리 나라가 더불어 화친한 것이 반드시 본마음에서 나온 바가 아닙니다. 그러나 먼저 편지에서 알린 바와 같이 지난 기묘년(1219)에 강동성에서 어쩔 수 없는 사정이 있어 그로 인하여 화친을 약속하게 된 것입니다. 작년에 저들의 군사가 왔을 적에 저들이 비록 맹세를 배반하고 신의를 저버려 모질게 구는 것이 심했으나 우리 나라는 잘못이 저들에게 있을지언정 그 잘못을 본받지 않기로 하였기 때문에 드디어 대접하기를 처음과 같이 예를 다하였습니다. 이제 우리 나라가 비록 수도를 옮겼으나 그 군사가 오면 오히려 대접하기를 더욱 두터이 하는데, 그들은 오히려 우리의 이런 뜻을 돌아보지 않고 국경 여기저기에 횡행하면서 모질게 약탈함이 전보다도 더욱 심하였습니다.

    이로 말미암아 사방 고을이 다 성을 굳게 지키고 혹은 물로 막으면서 형편을 보고 있으나 저들은 우리 땅을 빼앗을 뜻을 품고 늘 쳐

---

1) 여기서는 원나라를 가리킨다.

들어오니, 각 고을에서야 어찌 반드시 나라의 지휘에 구속되어 모진 무리와 사귀기만 하다가 스스로 기른 범에게 물리는 걱정을 초래하겠습니까? 그래서 들어가 성을 지킬 뿐 아니라 혹은 종종 백성들이 참지 못하여 따라나가 싸워서 우두머리와 군사를 죽이고 사로잡은 것이 적지 않은 모양입니다. 금년 12월 16일에 수주의 속읍인 인부곡仁部曲의 조그마한 성에 의지하여 싸워 괴수 사타리沙打里를 쏘아 죽이고 잡은 포로도 또한 많았으며 나머지 무리들은 흩어졌습니다. 이로부터 저들이 기운을 잃어 안정하지 못하고 이미 군사를 돌려 가는 듯 하나, 일시에 모여서 한꺼번에 돌아가는 것이 아니라 혹은 먼저 가고 혹은 뒤에 가며, 동으로 가려 하고 북으로 가려 하기 때문에 날을 정할 수도 없고 또 어디를 향하여 가는지도 알 수 없습니다. 청컨대 귀국[2]에서는 이를 비밀히 정탐시킴이 좋을 듯하외다. 운운.

---

2) 동진東眞은 간도, 길림 등지에 살던 부족이다.

부록

이규보 연보
이규보 작품에 대하여 — 김하명

이규보 연보

1168년 12월 16일
호부낭중을 지낸 이윤수李允綏와 김씨 사이에서 태어났다.
처음 이름은 인저仁氐이고, 자는 춘경春卿, 호는 백운거사, 늘그막에는 시, 거문고, 술을 좋아해 스스로 삼혹호三酷好선생이라고 했다.

1178년(11세)
작은아버지인 이부李富가 문하성 낭중들과 함께 이규보를 불러들여 시를 짓게 하였다. 이규보가 '종이 위에는 모 학사가 다니고, 술잔 속에는 국 선생이 늘 들어 있네.〔紙路長行毛學士 盃心常在麴先生〕'라고 쓰자, 모두들 신동이라고 칭찬했다.

1181년(14세)
사학의 하나인 문헌공도의 성명재에 들어가 공부했다. 정해진 시간 안에 시를 짓는 데 탁월한 기량을 보였다.

1183년(16세)
봄에 아버지가 수주水州의 원이 되었다. 이규보는 개성에 머물면서 사마시司馬試를 보았지만 합격하지 못하고 가을에 아버지가 있는 수주로 내려갔다.

1185년(18세)
개성으로 올라와 다시 사마시를 보았으나 합격하지 못하였다.

1186년(19세)
수주 원에서 해임된 아버지를 따라 개성으로 왔다.

1187년(20세)
사마시를 다시 보았으나 합격하지 못했다. 지난 몇 년 동안 방탕히 지내면서 오직 시 짓기에만 힘쓰고 과거 공부를 제대로 하지 않았기 때문이었다.

1189년(22세)
사마시에서 첫째로 뽑혔다.
사마시를 보기 전에 문학을 맡은 별인 규성奎星이 장원할 것이라고 일러 주는 꿈을 꾸었다. 그래서 이름을 규보奎報로 바꾸었다. 꿈에서 들은 대로 장원급제했다.

1190년(23세)
예부에서 주관하는 시험을 보아 합격했다. 자신의 재능에 자부심이 강했던 이규보는 낮은 등급으로 합격하자 사양하려 했으나, 아버지가 전례에 없는 일이라고 엄하게 꾸짖어 사양하지 못했다.

1191년(24세)
8월에 아버지가 돌아가셨다.
개성의 천마산에 들어가 스스로 백운거사라 했다. '북산잡제北山雜題'니, '북산에 다시 오르다〔重遊北山〕' 같은 시들은 모두 천마산에서 쓴 것이다.

1192년(25세)
'백운거사라는 호에 대해〔白雲居士語錄〕'를 썼다.

1193년(26세)
4월에 《구삼국사舊三國史》를 읽고 동명왕의 이야기에 흥미를 느껴 '동명왕의 노래〔東明王篇〕'를 썼다.

1194년(27세)

'조수 논문에 대한 편지〔論潮水書〕'를 써서 오세문에게 보냈다. 당나라 역사를 통해 나라가 잘 다스려지는 이치를 읊은 '개원천보영사시開元天寶詠史詩' 43수와 '초당의 작은 정원을 정리하고〔草堂理小園記〕'를 썼다.

1196년(29세)

4월에 서울에서 최충헌이 이의민을 죽이고 정권을 장악했는데, 이때 매형이 황려로 귀양 가자 누이와 함께 황려로 매형을 찾아갔다. 이해 봄에 어머니는 상주원으로 나간 둘째 사위에게 가 있었다.

6월에 황려에서 상주로 가 있다가 한열병寒熱病에 걸려 낫지 않는 바람에 10월에야 돌아왔다. '남유시南遊詩' 90여 편은 모두 이때 쓴 것이다.

1197년(30세)

12월에 조영인趙永仁, 임유任濡, 최선崔詵, 최당崔讜 등이 이규보를 추천하자, 임금이 윤허했다. 그런데 이규보를 미워하던 어떤 이가 문서를 이부吏部에 부치지 않고 잃어버렸다고 거짓말을 하여 등용되지 못했다.

1199년(32세)

5월에 최충헌이 꽃이 아름답게 핀 자신의 정원으로 이인로, 함순, 이담지와 이규보를 불러 시를 짓게 했다. 이때 쓴 시가 '석류꽃〔己未五月日知奏事崔公宅千葉榴花~〕'이다. 최충헌은 이규보의 시를 보고 이규보를 눈여겨보았다.

6월에 전주목사록全州牧司錄에 임명되고 서기를 겸하게 되어 9월에 전주로 부임했다.

이해에 '먼 길 가는 사람을 위해 지은 집〔懸鐘院重創記〕'을 썼다.

1200년(33세)

전주목에서 함께 근무하던 동료가 터무니없는 말로 이규보를 모함해 12월에 파직되었다. 이때 쓴 시가 '전주를 떠나며〔十二月十九日 被讒見替 發州日有作〕'다.

전주를 떠난 이규보는 섣달 그믐날 처형 진공도晉公度가 서기로 있던 광주에 이르렀다. 이때 '광주에 들러서 진 서기에게〔二十九日入廣州贈晉書記公度〕'를 썼다.

1201년(34세)

4월에 죽주로 가서 어머니를 모시고 개성으로 왔다. 이때 '죽주만선사竹州萬善寺' 시를 썼다.

5월에 '사륜정기四輪亭記'를 썼고, 6월에 '남행월일기南行月日記'와 '자죽주여모부장안自竹州舁母赴長安' 시를 썼다.

1202년(35세)

5월에 어머니가 세상을 떠났다.

12월에 경주에서 반란이 일어났다. 조정에서 이 반란을 진압하기 위해 벼슬하지 못한 이들을 뽑아 보내려고 했다. 모두 이를 회피했으나 이규보가 의연히 전쟁터로 나섰다. 이달에 청주淸州로 가서 '막중서회고시幕中書懷古詩' 18운을 썼고, 또 상주로 나가 '관김상인초서觀金上人草書' 15운을 썼다.

1203년(36세)

경주의 군막에 있으면서 싸움터에서 죽은 사람들을 장사 지내는 일을 의논하고 고시와 율시 10여 편을 썼다.

1204년(37세)

3월에 군사들이 반란을 진압하고 돌아왔다.

1205년(38세)

'상최상국서上崔相國書'를 써서 벼슬을 구했다.

1207년(40세)

최충헌이 정자를 짓고 이인로, 이원로李元老, 이윤보李允甫와 이규보에게 기문記文을 지으라고 명하고는 재상들에게 평하게 했다. 이규보의 글이 첫째로 뽑히자 현판에 새겨 정자 벽에 걸고 12월에 직한림원直翰林院에 임시로 임명하였다.

'초입한림시初入翰林詩' 2수를 쓰고 '그쳐야 할 데 그치는 것은(止止軒記)'을 썼다.

1208년(41세)
6월에 한림에 정식으로 임명되었다.

1212년(45세)
1월에 천우위녹사 참군사千牛衛錄事參軍事가 되었다.
6월에 겸직한림원이 되었는데, 이때 쓴 시가 '재입옥당再入玉堂'이다.

1213년(46세)
12월에 최우가 밤에 잔치를 열고 모든 고관을 불러 모았는데, 이규보만 8품 미관말직이었다. 밤중에 최우가 이인로를 시켜 운을 부르도록 하고 이규보에게 시를 쓰게 했다. 이에 이규보가 40여 운에 맞추어 시를 썼다. 최우가 그것을 보고 탄복해 다음날 최충헌에게 시를 보이며 이규보를 불러들여 재주를 시험해 보라고 했다. 최충헌이 이규보를 불러들여 술상을 차려 놓고 취하도록 마시게 한 뒤 뜰에서 오락가락하는 공작새를 시제로 삼아 운을 부르게 했는데 40여 운에 이르도록 이규보가 잠시도 붓을 멈추지 않았다. 최충헌은 감탄하여 눈물까지 흘리면서 이규보에게 원하는 관직을 물었는데 이규보는 지금 8품이니 7품이면 족하겠다고 대답했다. 12월에 6품인 사재승司宰丞에 임명되었다.

1215년(48세)
우정언 지제고가 되었다. 이때부터 순조롭게 벼슬하기 시작했다.
7월에 '초배정언初拜正言' 시를 썼고 10월에는 '조향태묘송朝享太廟頌'을 썼다.

1217년(50세)
2월에 우사간 지제고가 되었다.
이해 가을에 공사公事가 정체되었다는 내용으로 '상진강후서上晉康侯書'를 썼다.

1218년(51세)
부하가 모함하여 좌사간으로 좌천되었다.

1219년(52세)
4월에 외직인 계양도호부부사 병마검할桂陽都護府副使兵馬鈐轄이 되어 5월에 계양으로 부임하였다. 이때 '계양에서 바다를 바라본다〔桂陽望海志〕'와 '나 홀로 즐거운 집〔桂陽自娛堂記〕'을 썼다.

1220년(53세)
6월에 시예부낭중 기거주 지제고가 되어 계양에서 개성으로 돌아왔다. 최우가 정권을 잡았기 때문이다.
12월에 시태복소경에 임명되었는데 기거주 자리도 겸하게 하자 사양하는 글을 썼다.

1221년(54세)
6월에 보문각대제 지제고에 임명되자 사양하는 글을 썼다.

1222년(55세)
6월에 태복소경 즉진卽眞이 되었다.

1223년(56세)
12월에 조산대부朝散大夫 시장작감試將作監이 되었다.
이해에 종혁 상인이 정자를 짓고 글을 써 달라고 해 '산수도 뜻이 있거든〔赫上人 凌波亭記〕'을 썼다.

1224년(57세)
6월에 장작감 즉진이 되었다.
12월에 그 다음해의 사마시 좌주座主가 되자 사양하는 글을 썼다. 또 조의대부 朝議大夫 시국자좨주 한림시강학사가 되었는데, 사양하는 글을 썼다.

1225년(58세)
2월에 사마시 시관을 맡았다.
12월에 좌간의대부左諫議大夫에 임명되자 사양하는 글을 썼다.

'왕륜사장륙영험기王輪寺丈六靈驗記'를 썼으며, 또 명을 받고 '태창니고상량문太倉泥庫上樑文'을 썼다.

1226년(59세)
12월에 좌주 즉진이 되었다.
《어의촬요방》을 새로 묶고〔新集御醫撮要方序〕'를 썼다.

1228년(61세)
1월에 중산대부中散大夫 판위위사判衛尉事가 되었다.

1230년(63세)
11월 21일에 위도로 귀양 갔다. '흰머리의 죄수〔庚寅十一月二十一日將流猬島~〕'와 '배를 타고 위도로 들어가며〔十二月二十六日將入猬島泛舟〕'는 이때 쓴 시다.

1231년(64세)
1월 15일에 고향 황려현으로 귀양지가 옮겨지자 22일에 죽주에 이르러 만선사에서 하룻밤을 지냈다. 이규보가 1201년에 이 절에 왔을 때 여러 사람들이 현판에 지어 놓은 시에 화답하면서 끝 구절에 '푸른 산 좋은 게 있느니, 벼슬 그만두고 다시 찾으려네.〔好在青山色 休官欲重尋〕'라고 했는데 그 시구가 들어맞은 것이다.

7월에 황려를 떠나 개성에 왔는데, 9월에 오랑캐의 침입에 대비하기 위해 백의종군하여 보정문保定門을 지켰다. 이때에도 달단에게 보내는 문서들을 모두 맡아 썼다.

1232년(65세)
4월에 귀양에서 풀려나 정의대부正議大夫 판비서성사 보문각학사 경성부우첨사 지제고에 임명되었다.

6월에 강화로 도읍을 옮겼다. 이규보는 집을 마련하지 못해 객사 행랑채를 빌려 살았다. 이 무렵의 심정을 읊은 시가 '객사의 행랑을 빌려 살며〔寓河陰客舍西廊有作〕'다.

9월에 유수중군 지병마사留守中軍知兵馬事가 되었다.

1233년(66세)

6월에 은청광록대부銀青光祿大夫 추밀원부사 좌산기상시 한림학사 승지에 임명되었는데 아들 이함이 직한림원이 되자 보문각학사로 옮겼다.

8월에 추밀원에서 숙직하면서 시를 지어 상국 김인경金仁鏡에게 보냈다.

12월에 금자광록대부金紫光祿大夫 지문하성사 호부상서 집현전태학사 판예부사에 임명되어 사양하는 글을 썼다.

1234년(67세)

12월에 정당문학 감수국사監修國史에 임명되었다.

명을 받아 송광사주松廣社主 법진각法眞覺 국사의 비명을 썼다.

1235년(68세)

12월에 참지정사 수문전태학사 판호부사 태자태보가 되었다.

1236년(69세)

12월에 벼슬에서 물러나려 했으나 임금은 계속 벼슬에 있도록 명했다. 이규보는 병이 위독하다는 핑계를 대고 사양했다.

최우가 이규보더러 호적의 나이가 잘못되었다고 하면서 머물러 있기를 권하자 이규보는 하는 수 없이 12월부터 다시 일을 보았다. 그러나 늘 불안한 생각을 갖고 여러 차례 시를 지어 편치 못한 뜻을 나타냈다.

이해에 '옛사람은 전쟁에 임해서도 시를 노래하였느니〔全州牧新雕東坡文集跋尾〕'를 썼다.

1237년(70세)

금자광록대부金紫光祿大夫 수태보문하시랑평장사 수문전태학사 감수국사 판예부사 한림원사 태자태보로 벼슬에서 물러났다.

이해에 명을 받고 '대장각판 군신기고문大藏刻板君臣祈告文'을 썼다.

1238년(71세)

12월에 명을 받고 몽고 황제에게 보낼 표장表狀과 진경당고고관인晉卿唐古官人에게 보낼 편지를 썼다.

1239년(72세)
12월에 몽고 황제에게 보낼 표장과 진경晉卿에게 보낼 편지를 썼다.

1241년(74세)
이규보는 비록 벼슬에서 물러나 집에 있었으나 조정의 고문대책高文大冊과 다른 나라에 보내는 문서를 도맡아 썼다.
7월에 병이 심해지자, 최우가 이름난 의원들을 보내 치료하게 했다. 최우는 또 이규보를 위로하기 위해 이규보가 평소에 쓴 시문들을 모두 가져다가 판각하도록 했다. 이규보는 자신의 문집을 미처 보지 못한 채 9월 2일 잠든 듯이 세상을 떠났다. 임금은 사흘 동안 정사를 보지 않았으며 문순공文順公이란 시호를 내렸다. 12월 6일 강화도 진강산 동쪽 기슭에 묻혔다.

* 이 연보는 이규보의 아들 이함이 《동국이상국집》을 만들고 나서 쓴 연보를 참고하여 정리했습니다.

이규보 작품집에 대하여

김하명■

　이규보(1169~1241)는 우리 나라 사상 문화사에서 고려 시대를 대표하는 유물론 철학자며 뛰어난 시인 작가다. 대농민전쟁의 불길이 온 나라를 휩쓸고 있던 12세기 후반기에 창작 활동을 시작하여 거듭되는 외적의 침략에 백성들이 거세게 항전한 13세기 전반기에 애국의 필봉을 높이 들고 우수한 시와 산문 작품을 수많이 써 내어 우리 나라 문학사를 빛나게 장식하였다. 그것은 이 시기 문학 발전의 새로운 지표로 되었다.

　이규보는 첫 이름이 인저이며 자를 춘경이라 하고 백운산인, 백운거사 등의 호를 썼다. 그는 경기도 황려현의 한미한 양반 가정에서 태어나 일곱 살 때에 아버지를 따라 개경으로 와서 청소년 시절을 보냈다. 어려서부터 글공부를 하였는데 총민하여 사람들을 놀라게 했고 특히 시를 잘 지어 '신동'이라는 칭찬을 받았다고 한다.

■ 김하명은 1922년 평안 남도에서 태어났다. 북한의 대표적인 국문학자로, 서울 대학교 사범 대학을 다니던 중 월북해 1948년에 김일성 종합 대학을 졸업했다. 북한의 초창기 국문학 연구에 주요한 역할을 했으며, 1982년 3월부터는 사회과학원 주체문학연구소장을 지냈다.
　논문으로 '연암 박지원의 풍자 작품들과 그 예술적 특성'(《박연암 연구》, 1955), '연암 박지원', '풍자 문학과 사회주의적 사실주의'(1958) 들이 있다. 고전 문학을 연구하여 《조선 문학사 15~19세기》(1962)를 펴냈다. 이것말고도 1990년대까지 근현대 문학 연구에 많은 저술을 남겼다.

이규보의 선진적인 세계관의 형성과 사회 비판적 안목을 키우는 데 긍정적인 영향을 준 것은 1170년 무신정변과, 집권한 무신들의 횡포한 통치를 피하여 산중에 숨어 살거나 방랑 생활을 한 이인로, 임춘, 오세재, 황보항, 조통, 이담지, 함순 등 '해좌칠현'과의 접촉이었다. 이들은 무신정변으로 하루아침에 벼슬자리를 잃고 온 가족이 몰살되었거나 가산을 털려 정처 없이 헤매는 신세가 된 불우한 문인들로서 불평불만에 차 있었으며 당대 현실에 비판적으로 대하였다. 이들은 이러한 처지로 하여 생겨난 현실 비판의 지향을 자기들의 시 창작에 구현함으로써 이 시기 진보적 문학 사조의 하나를 이루었다.

이규보는 젊은 나이로 이들과 사귀었으며 자주 그들의 시회(시 짓기 모임)에 참가하였다. 그중에서도 오세재는 나이가 30년 이상이나 손아래인 이규보를 벗으로 대하여 학문과 창작 세계로 이끌어 주었다. 이규보는 이에 대하여 '동각 오세문의 조수 논문에 대한 편지〔寄吳東閣世文潮水書〕'에서 다음과 같이 썼다.

"제가 완고하고 사리에 어두우며 어리석음을 헤아리지 못하고 관 쓰기 전부터 벌써 동무들을 떠나서 선생 같으신 어른을 모시기 좋아하였습니다. 그리하여 학문이 넓고 깊은 참다운 선비로 선생 같으신 어른이 없으신데, 제가 모시게 되어 날마다 듣지 못한 것들을 배웠습니다.

선생님은 저보다 무려 30여 년이나 연장이시어 자식이나 아우뻘밖에 되지 않는 저를 벗으로 허락하시니 제가 어찌 이를 감히 감당하겠습니까."

이규보는 조달한 편으로 이렇게 젊어서부터 사회적 경난經難이 많은 사람들과 사귀면서 당대 사회 현실을 비판적으로 보게 되었으며 조국 현실에 발을 붙이고 창작적 재능을 꽃피울 수 있었다. 그러나 이규보는 '해좌칠현'이 하는 일을 맹목적으로 따르지 않았으며 부단히 자기의 독자적인 창작 세계를 개척해 나갔다.

당시 양반 사대부들 속에서 숭상되고 있던 과거 시 문체를 멸시하였기 때문에 뛰어난 재능과 견식을 가지고도 사마시에 여러 차례 낙제하였고, 진사 시험에 하등으로 급제한 것 때문에 사퇴하려다가 아버지의 권유로 뜻을 이루지 못한 일도 있었다. 당대 현실에 대한 이러한 부정적 입장으로 하여 과거 시험에 합격한 뒤에도 벼슬하기를 단념하고 천마산에 들어가 은거 생활을 하였다. 이로 인하여 이규보는 당시 집권과 양반들에게서 미친 사람, 불평객으로 지목되었으나 바로 이 천마산 은거 생활에서 창작적 재능이 활짝 꽃피기 시작하였다.

대표적인 대작이라고 할 수 있는 서사시 '동명왕의 노래〔東明王篇〕'는 26세에, 장시 '천보영사天寶詠史'는 27세에, '삼백운시三百韻詩'는 그 다음 해인 28세에, 모두 천마산 시절에 창작되었다.

이규보는 1199년 32세에 전주의 사록 겸 서기로 벼슬길에 들어섰는데 이때부터 50세에 이르기까지 지방과 중앙 관청에서 하급 관리로 지내면서 봉건사회 현실의 깊은 데까지 체험하였다. 그뒤 시인의 명성으로 등용되어 호부상서, 정당문학 등 중앙 관청의 높은 벼슬에까지 올랐으나 말년의 이 시기에도 강직도 되고 유배살이도 하는 등 파란 곡절을 많이 겪었다. 그리하여 자기의 시와 글에서 토로하고 있는 바와 같이 인생의 쓰고 단맛을 다 보았으며 '참된 삶'을 찾아 몸부림치면서 언제나 가난을 면치 못하였다. 시 '초상을 그려 주게〔求寫眞〕'에서 자신의 면모와 성격적 특성을 다음과 같이 그려 보았다.

　　내 비록 몸은 작으나
　　나라의 무거운 소임도 맡았고
　　진리를 찾기에 깊이 힘썼으며
　　마음은 깨끗하여 때 묻지 않았도다.
　　……
　　늙어 벼슬에서 달게 물러나
　　거문고와 술을 벗삼아 살아가니
　　우습도다 의심할 바 없이
　　내 천하의 한가로운 늙은이라.

그대 그려도 무방할 것이네.
이만하면 생각이 떠오르는가.
　　予雖幺麽軀　歷位足馳驟
　　慕道亦云深　心地了無垢
　　年亦過七旬　似可謂之壽
　　怡然乞身退　所樂唯琴酒
　　笑哉復何疑　天地一閑叟
　　寫之尙不妨　以此卜然否

　청소년 시절의 진지한 학구적 생활과 사회 비판적 안목의 형성, 30대 이후 곡절 많은 벼슬살이에서의 심각한 생활 체험은 그의 후기 창작의 사실주의적 경향을 규정하였다.
　이규보는 자기 한생에 참으로 다양한 주제와 형식의 시와 산문들을 수없이 창작하였다. 그 자신이 '시의 잘못을 말해 주는 것은 부모 은혜와 같으니〔與兪侍郎升旦手簡〕'에서 "제가 소년 적부터 시 짓기를 좋아하여 평생에 지은 시가 넉넉잡아 아마 8천여 수는 될 것"이라고 하였다.
　이규보가 서정시 '시 짓는 병〔詩癖〕', '시 짓는 병을 다시 걱정하며〔復自傷詩癖〕' 등에서 병석에 누워서도 나이 일흔이 넘어서도 어느 한때 시 짓기를 멈출 수 없는 스스로를 개탄하고 있는 데서 알 수 있듯이 그는 시를 쓰지 않고는 삶의 보람을 느낄 수 없을 만큼 시 짓기를 생활 그 자체로 여겨 쓰고 또 썼던 것이다.

　　온몸에 기름이 마르고
　　이제는 살점마저 남아 있지 않아
　　뼈만 앙상하여 그래도 시를 읊는
　　이 모양이야 정말로 우스우리.

　　그 시라는 것도 뛰어나지 못하여

천추에 남길 것이 되지 못하니
나 스스로도 손뼉 치며 웃노라.
그러나 웃고 나선 다시 시를 쓰네.

아마 죽는 날까지 이러하리라
이 병은 약으로도 고칠 수 없으리.

滋膏與脂液　不復留膚肌
骨立苦吟哦　此狀良可嗤
亦無驚人語　足爲千載貽
撫掌自大笑　笑罷復吟之
生死必由是　此病醫難醫

그는 일상생활의 나날에 여러 가지 주제로 다양한 형식의 시를 수없이 지었을 뿐 아니라 각종 형태의 산문 작품들도 적지 않게 썼다. 그는 '시 귀신을 몰아내는 글〔驅詩魔文〕', '시를 평론하는 이야기〔論詩說〕'와 같은 문예 평론들, '백운소설白雲小說'과 같은 시화를 위주로 하여 설화 형식의 이야기들을 묶은 패설집, '국선생전麴先生傳'과 같은 의인 전기체 작품, '노극청전盧克淸傳'과 같은 인물 전기, '남행월일기南行月日記'와 같은 여행기, '게으름 병을 조롱한다〔慵諷〕', '어느 쪽이 진정 미쳤는가〔狂辨〕' 등의 풍자 산문들, 그밖에 당시 양반 사대부들의 주요한 공식적 산문 형식으로 되어 있던 논, 설, 기, 서, 서문, 표, 묘지명 등 다양한 형식의 글을 남겼다. 문인 자신이 쓰고 있는 바와 같이 그중의 많은 것은 불살라 버리기도 하고 혹은 잃어버리기도 하여 얼마 남지 않은 것을 두루 찾아 《동국이상국집》 53권을 묶었다. 이규보의 문집 《동국이상국집》에는 2천여 수의 시와 7백여 편의 산문 작품들이 실려 있다.

이 《리규보 작품집 1》과 《리규보 작품집 2》는 《동국이상국집》에서 우수한 작품들을 골라 시와 산문으로 나누어 주제별로 묶은 것이다.

이규보는 자기 시대의 가장 뛰어난 애국 시인으로서 우리 나라의 사실주의적

시 문학의 발전에서 큰 역할을 수행하였을 뿐 아니라 사실주의적 문학 평론의 기초를 쌓아 올린 문학 평론가이기도 하였다. 이규보는 여러 가지 문학 형태를 이용하여 평론 활동을 전개하였다. 《리규보작품집 2》에는 이규보의 미학 사상을 피력하고 문학 작품들을 분석 평가한 평론적 성격의 시와 산문들이 적지 않게 실려 있다.

'시에 대하여〔詩論〕', '이불 속에서 웃노라〔衾中笑〕' 등에서와 같이 미학적인 문제를 시로 읊었으며, '시 귀신을 몰아내는 글', '시를 평론하는 이야기', '시의 구상의 미묘함을 간단히 논평한다〔論詩中微旨略言〕', '나 홀로 말과 뜻을 아울러 창조하였으니〔答全履之論文書〕', '왕문공 국화 시에 대하여〔王文公菊詩議〕', '이산보 시에 대하여〔李山甫詩議〕', '백운소설'에 실린 여러 시화 등 시를 논하고 평한 평론 작품들이 대표적인 실례다.

이규보는 문학 이론의 중요한 원칙적 문제들에 대하여 기본적으로 유물론적인 견지에서 해답을 주었다. 그는 문학 창작에서 현실을 진실하게 반영하는 데 대한 문제를 제기하였으며 이러한 입장에서 남의 작품에서 형식만을 본뜨려고 하는 모방주의를 반대하여 진출하였다. 그는 "대체 글이란 정서가 마음에 북받쳐 반드시 형상으로써 밖으로 나타나 막을 수 없는 상태로서 이루어지는 것"이라고 하였으며, 또 다른 데서 "마음에서 새어 나온 바는 반드시 글에 나타나는 것이기 때문에 그 글로써 족히 그 사람을 알 수 있다.('남산의 참대를 베어 붓을 만든다 해도〔與朴侍御犀書〕')"고 썼다.

이규보는 '시 귀신을 몰아내는 글'에서 시학의 주요한 문제들에 대하여 사실주의적 견해를 보다 전개하여 서술하면서, 시란 바로 사물 현상을 구체적으로 묘사 반영하는 것임을 강조하였다. 그의 견해에 의하면 시는 인간 사회와 자연의 깊은 이치를 밝혀 내는바, 시인은 그 오묘한 세상 이치의 깊은 데를 들이파고 신비한 것을 파헤쳐 기밀을 누설하되 당돌하게 그칠 줄 모르고 위협하여 다달이 병이 들며 마음을 꿰뚫어 세상을 놀라게 하는 것이다.

그는 계속하여 "구름과 노을의 아름다움과 달과 이슬의 정기와 벌레와 물고기의 기이함과 새와 짐승의 기괴함과 움트고 꽃 피는 초목의 천만 가지 현상이

온 천지를 장식하는 것을 너는 서슴지 않고 닥치는 대로 취하여 열에 하나도 남김없이 보는 대로 읊어 웅긋중긋한 삼라만상을 네 붓끝으로 옮기지 않는 것이 없다."('시 귀신을 몰아내는 글')고 썼다.

 이 글에서 이규보는 문학을 한갓 개인의 소일거리나 흥취로서가 아니라 거대한 사회적 미학, 정서적 교양의 기능이 있다는 것을 명백히 밝혔다.

"네 비위에 거슬리면 즉시 공격부터 하니 무슨 무기와 무슨 보루를 가졌느냐. 반가운 사람이면 곤룡포 없이도 임금으로 꾸미며 미운 사람이면 칼 없이도 해하는구나. 네 무슨 부월(옛날 병장기의 종류들)을 가졌기에 싸우고 죽이기를 네 마음대로 하며, 네 무슨 권리를 잡았기에 상 주고 벌 주기를 함부로 하느냐. 네 높은 벼슬자리에 있지 못하면서 국가의 정사를 논하며 네 놀음쟁이가 아니면서 만물을 조롱하여 뱃심 좋게 뽐내며 거만하게 노니, 누가 너를 시기하지 않으며 누가 너를 미워하지 않겠는가."

 이 글은 시를 한갓 유흥거리로, 음풍영월이나 과거 보고 출세하는 수단으로 여기는 보수적이며 반동적인 견해에 날카롭게 대치되어 있다.
 이규보는 '시에 대하여'라는 시에서 자신의 창작 경험을 일반화하여 시에 관한 이론을 더한층 심화시켰다. 그는 우선 시의 예술적 규범의 하나로서 내용과 형식의 통일을 주장하였다.

  시 짓기란 참으로 어려운 것
  말과 뜻이 함께 아름다워
  그 안에는 깊이 숨은 뜻이 있고
  씹으면 씹을수록 맛이 나야 하리.
  뜻은 통하여도 말이 거칠거나
  어렵기만 하고 뜻이 안 통하면 무엇 하랴.
  作詩尤所難 語意得雙美

含蓄意苟深 咀嚼味愈粹
意立語不圓 澁莫行其意

여기서 말과 뜻은 오늘의 문예학적 개념으로 보면 형식과 내용에 해당하는 것이다.

이규보는 이렇게 시란 "말과 뜻이 함께 아름다워" 즉 내용과 형식의 통일이 이룩되어야 한다는 옳은 견지에 서 있었기 때문에 내용이 없이 형식의 분식만을 일삼는 형식주의자들을 배격하였다.

당시 시단에서 형식주의는 과거 제도에 의하여 더욱 조장되었으며 시 문학의 건전한 발전에 가장 엄중한 장애물이었다. 과거에 급제하기 위하여 양반집 자식들은 어려서부터 유학을 배우고 시 짓기에 힘썼으며, 시를 짓는 데서 먼저 시의 틀을 익혀 거기에다 각이한 현상을 맞춰 넣으려고 하였다. 그들이 익힌 '시의 틀'은 중국의 이름 있는 시인들의 아름다운 시구로서 그것을 얼마나 잘 닮았는가에 따라 시의 우열을 가늠하고 또 평가하려고 하였다. 그리하여 많은 사람들이 시를 익히면서 그 내용에 관계 없이 시어를 수사학적으로 아름답게 꾸미는 데 열중하였으며 결국 참다운 시에서 멀어져 갔다.

이규보는 위의 '시에 대하여'에서 이러한 기풍을 그릇된 병집으로 날카롭게 고발하였다.

> 더욱이 버려야 할 것은
> 깎고 아로새겨 곱게만 하는 버릇
> 곱게 하는 것이 나쁘기야 하랴.
> 겉치레에도 품을 들여야 하지만
> 곱게만 하려다 알맹이를 놓치면
> 시의 참뜻은 잃어버린 것이다.
>
> 요즈음 시 짓는 사람들은

시로 사람을 깨우칠 줄 모르도다.
겉으로는 울긋불긋 단청을 하고
내용은 한때 산뜻한 것만 찾누나.
就中所可後　雕刻華艶耳
華艶豈必排　頗亦費精思
攬華遺其實　所以失詩旨
邇來作者輩　不思風雅義
外飾假丹靑　求中一時嗜

이규보는 이 시에서 곱게만 꾸미려고 하다가 시의 참뜻을 잃어버리는 것을 반대하였으며 내용과 형식과의 관계에서 내용의 우위성을 주장하였다. 시란 사람을 깨우치는 데 기본 사명이 있다고 보았기 때문에 "시의 내용이란 진리에서 나옴이라, 되는대로 가져다 붙일 수는 없는 일"이라고 하면서 땅에 떨어진 시정신을 되찾아 시의 본도를 살려 나갈 자신의 결의를 표명하였다.

이규보는 이러한 유물론적인 미학관을 '나 홀로 말과 뜻을 아울러 창조하였으니'에서 보다 전개하여 서술하였다. 그는 이 글에서 당시 시인으로 이름을 날리고 있는 누구누구 두서너 사람들이 모두 다 동파를 본받으면서 "다만 그 말을 훔쳤을 뿐 아니라 그 내용까지 따다 쓰면서 잘한다고 뽐내는데" 이런 모방주의 현상을 가져오게 한 원인의 하나로서 과거 제도의 폐해를 들었으며, 옛날의 우수한 시 작품들이 결코 남의 작품을 모방한 것이 아님을 구체적인 예를 들어 분석하고 논증하였다.

이규보는 이 글에서 남의 글을 본뜨기만 하는 것은 문학 발전에 백해무익함을 밝혔으나, 새것의 창조는 결코 전통의 계승을 배제하지 않을 뿐 아니라 반드시 그것이 필요하다는 것을 강조하였다.

"옛 시인들은 비록 새 뜻을 창조하더라도 그 말이 원만치 않은 것이 없는 것은, 경서와 사서, 많은 학자들과 옛 성현들의 글을 읽어서 마음에 스며들고 입에 익지 않은 것이 없어 창작할 적에 절로 흘러나와 잘 응용되므로, 시와 산문이 비록 다르더라도 그 말을 쓰고 글자를 쓰는 법은 다 같은 것이니 말이 어찌 원만하지 않겠습니까."

이규보는 이 글에서 자기는 마치도 옛글을 학습함이 적기 때문에 부득이 "말과 뜻을 아울러 창조하지 않을 수 없었다."고 겸손하게 말하였으나 남의 글을 본뜨기만 하는 자들을 '도적의 무리'로 낙인하면서 다음과 같이 글을 맺었다.

"아, 이 세상 사람들의 현혹됨이 얼마나 심합니까. 비록 도적의 물건이라도 볼 만한 것이 있으면 구경하니, 누가 알아보고 그 유래를 트집 잡아 욕하겠습니까. 오랜 세월이 지난 뒤에 만일 그대 같은 이가 있어서 진실과 거짓을 판단한다면 남의 글을 잘 훔친 자는 도적으로 잡힐 것이요, 저의 깔깔한 말이 도리어 칭찬받기를 오늘 그대의 칭찬과 같을는지도 알 수 없습니다."

이에는 자신의 미학적 견해의 정당성과 자기 시의 예술적 가치에 대한 확신과 자부심이 나타나 있다.

이규보는 문학의 인식 교양적 의의를 높이 평가하고 생활의 진실한 반영을 주장하면서 작시법상의 문제에 깊은 탐구를 기울여 우리 나라 문학 이론 발전에서 의의 있는 견해들을 내놓았다. '시 구상의 미묘함을 간단히 논평한다', '그대가 보낸 계사에 아직 답하지 못한 까닭은〔與金秀才懷英書〕' 등은 작시법에 관한 문제를 해명한 대표적인 글들이다. 이규보가 '시 구상의 미묘함을 간단히 논평한다'에서 전개한 시 창작에서 피해야 할 아홉 가지의 좋지 않은 시체에 대한 견해라든가, 글을 써 놓고 진지하게 추고하며 다른 사람들의 시평을 성실하게 받아들일 데 대한 견해 등은 창작 실천에서 의의 있는 견해라고 할 수 있다.

이규보가 우리 나라 문예 이론 발전에 기여한 또 하나의 공적은 풍자에 대한 견해를 내놓은 것이다. 그는 당대 사회가 진보적 문학 앞에 제기한 과업을 옳게 이해하고 부패 타락한 고려 말기의 부정적 현상을 날카롭게 비판하였으며, 그 비판에서 풍자적 수법을 능숙하게 이용하였다.

이규보는 시 '이불 속에서 웃노라'에서 웃음의 대상에 대하여 훌륭한 일반화를 주었다. 이 시에서 세상에 우스운 일이 하도 많은데 그 웃음은 위선적인 것, 유명무실한 것에 의하여 환기된다는 것을 명확히 밝혔다. 이규보의 견해에 의하면 글재간이 모자라 보통 때는 쩔쩔매다가도 높은 사람 앞에서는 잘난 체 뽐내는 자, 벼슬아치가 뇌물 받아 깊이 감춰 두고는 물건 하나 가진 것도 사람들은 다 아는데 물같이 맑고 청백하다 떠드는 자들, 거울을 보고도 제 못난 것도 모르고 누가 곱다고 추어나 주면 정말로 잘난 체 아양을 떠는 여자들, 세상살이 거의 다 요행을 바라면서 곧고 굽은 모든 일 사람들은 다 아는데 저 잘나서 이렇게 높아졌다 떠드는 자, 미인을 만나면 가슴은 설레면서 먼 하늘을 바라보며 보지도 않는 척 제 마음은 깨끗하고 싸늘한 체하는 중 따위들이 모두 세상에서 우스운 존재들이다.

이규보는 이렇듯 당시로서는 매우 선진적인 미학 견해를 가지고 시적 탐구에 온갖 넋을 쏟아 부은 정열의 시인이었다.

이규보가 남긴 우수한 시 작품들의 주요한 특성은 편마다에 열렬한 애국 정신이 기본 지향으로 흐르고 있는 것이다.

이규보는 당시 봉건사회에서 백성들과 적대적 관계에 있는 양반 관료였으나 계급적 예속과 외래 침략자들을 반대하여 싸우는 백성들의 생활과 투쟁을 보고 듣고 체험하면서 시 창작에서 이러한 시대의 선진적 지향과 요구를 일정하게 반영할 수 있었다. 그것은 이규보가 20대 시절에 천마산에 들어가 학문에 힘쓰면서 쓴 서사시 '동명왕의 노래'와 장시 형식의 '천보영사', '삼백운시' 등 초기 작품들에서 벌써 뚜렷한 흐름으로 나타나 있다. 이 시들은 청년 시인의 뜨거운 애국적 열정을 구현하고 있는 낭만주의적 경향의 작품들이다.

서사시 '동명왕의 노래'는 고구려의 시조인 동명왕의 건국 설화에 기초하여 우리 나라 역사의 유구성과 우리 백성의 민족적 긍지를 고취하고 있다. 이규보는 이 작품의 서문에서 《구삼국사》의 '동명왕본기'를 보고 동명왕에 대한 이야기가 옛날 "우리 나라가 처음으로 창건될 때의 신성한 자취를 나타내려 한 것"

임을 알게 되었다고 하면서 다음과 같이 썼다.

"이것을 이제 서술해 두지 않으면 뒷세상 사람들이 어떻게 알 수 있으랴. 그러므로 내 노래로 이 사적을 기록하는 것이니 우리 나라가 본디 성인이 이룩한 나라임을 온 세상에 알리고 싶어서다."

이규보는 바로 이러한 동기에서 출발하여 아득한 옛날 나라가 시작되던 시기에 주몽이 해모수의 아들로 태어나 고구려를 건립한 신비로운 이야기를 서사시의 형식으로 자랑차게 노래하였다.

시인이 서문에서 쓰고 있는 바와 같이 "동명왕에 대한 신기한 이야기는 세상에 널리 전파되어 아무리 어리석고 몽매한 사람이라도 이 이야기만은 잘할 줄 안다." 시는 이렇듯 우리 백성들이 오랜 세월 구비로 창조, 전승되어 온 이야기의 주인공 주몽과 그의 아버지인 해모수, 어머니 유화의 형상을 예술적으로 재창조하였다.

이 형상의 원형들은 고대 백성들에 의하여 창조되었지만 서사시에서 형상된 이들의 성격에는 또한 시인의 미학적 이상과 당대 백성들의 지향이 체현되어 있다.

그것은 시인이 주정 토로로 강조하고 있는 바와 같이 건국의 신성한 이야기와 대비해서 당대 고려의 현실을 비판하려고 한 데서 찾아볼 수 있다. 시에서는 앞부분에서 태곳적 인심이 순박할 때는 신비롭고 성스러운 일을 이루 다 기록할 수 없었지만 세월이 흐르면서 사람들의 마음이 야박해지고 풍속이 분에 넘쳐 사치해지면서 세상에 성인이 자주 나지 않고 신비로운 자취도 드물어졌다고 강조하고 있을 뿐 아니라 뒷부분에서 이러한 사상적 지향을 다시 한 번 힘 있게 토로하면서 시를 마무리하고 있다.

　　예부터 제왕이 일어날 때는
　　상서로운 징조 이렇게 많았지만

그다음 자손들이 게으르고 거칠어
조상의 업적을 잇지 못하나니
옛 법을 잘 지키는 임금은
어려움 겪을수록 스스로 경계하도다.

임금은 언제나 너그럽고 어질어
예절과 의리로 백성을 다스리며
이 법 자자손손 전하여
천만년토록 나라를 편히 하리.
自古帝王興　徵瑞紛蔚蔚
未嗣多怠荒　共絶先王祀
乃知守成君　集蓼戒小毖
守位以寬仁　化民由禮義
永永傳子孫　御國多年紀

이처럼 서사시 '동명왕의 노래'는 비록 옛 설화의 신비한 이야기에 토대하고 있지만 시인 이규보의 뜨거운 애국 정신과 민감한 현실 인식과 자기 조국의 부강 발전을 염원하는 낭만주의적 지향을 구현하고 있다. 그리고 시는 현전하는 우리 나라 시가 유산에서 서사시의 첫 작품으로 될 뿐 아니라 인물들의 생동한 성격 창조에 있어서나 정제된 구성 조직과 아름답고 힘 있는 시어의 구사에서 매우 높은 수준에 이르고 있다는 점에서 거대한 문학사적 의의를 가진다.

이규보의 열렬한 애국 정신은 후기 작품들에도 뚜렷이 구현되어 있으며, 특히 외적의 침략을 규탄한 시 작품들에서 더욱 힘차게 울리고 있다. 시 '달단이 강남에 들어왔단 말을 듣고〔聞達旦入江南〕', '이월에 아직도 적들이 남쪽에 있단 말을 듣고〔二月聞虜猶在南〕', '시월의 번개〔十月電〕', '오랑캐가 강 너머에 주둔했다기에〔九月六日聞虜兵來屯江外 國人不能無驚 以詩解之〕1, 2', '전승 소식〔聞官軍與虜戰捷〕1, 2' 등은 뜨거운 애국의 기백, 힘찬 규탄의 목소리, 강한 정론적

호소성으로 하여 거대한 미학 정서적 감화력을 가지고 있으며 우리 나라 시가사에 귀중한 유산으로 빛나고 있다.

오랑캐 무리 사나워도
강을 건너오진 못하리라.
놈들도 그것을 아는 까닭에
저렇게 칼날만 번뜩임이라.

누가 강가에 오랑캐를 끌고 오라.
물에 이르면 모두 죽음을 주리라.

만백성 모두 놀라지 말고
베개를 높여 편히 잠들라.
오랑캐는 고대 물러가리니
나라는 다시금 편안해지리라.
虜種雖云頑　安能飛渡水
彼亦知未能　來以耀兵耳
誰能諭到水　到水卽皆死
愚民且莫驚　高枕甘爾寐
行當自退歸　國業寧遽已

이규보는 시 '오랑캐가 강 너머에 주둔했다기에 1'에서 이렇게 승리의 신심으로 백성들을 고무하였으나 그뒤 오랑캐들의 노략질이 장기화됨에 따라 더욱 거세찬 분노의 목소리로 침략자들을 단죄 규탄하였다.

　그는 시월에 비 내리고 번개 치는 기후의 변조를 두고 오랑캐들의 노략질에 또 시월의 번개는 무슨 일인가 근심도 하였으나 "번개야 너 오랑캐의 머리를 내리치렴. 그러면 제철은 아니어도 때를 맞추었다 하리라."('시월의 번개')라고 하여 하루 빨리 오랑캐를 쳐부술 날이 올 것을 염원하였으며, 또 다른 시에서는 아직도 남아 있는 "원수를 모조리 쪼아 먹으라."('이월에 아직도 적들이 남쪽에 있단 말을 듣고')고 붉은 새에게 의탁하여 침략자들에 대한 격분을 표시하고 그 죄상을 준열히 규탄하였다.

이규보가 우리 백성의 고유한 민속놀이를 시적 계기로 하여 '단옷날 그네뛰기〔端午見鞦韆女戱〕', '꼭두각시놀음를 보고〔觀弄幻有作〕', '칠석날 내리는 비를 두고〔七夕詠雨〕' 등의 시를 지은 것도 바로 이러한 애국적 감정의 발로로 보아야 할 것이다. 이규보는 자기 나라의 민족적인 것을 사랑하고 높은 민족적 자부심을 가지고 우리 나라의 역사와 문화, 조국의 자연을 사랑하였던 것이다.

이규보 시의 주요한 사상과 예술적 특성과 문학사적 의의는 또한 그 많은 작품들을 당대 현실에 기초하여 매우 다양한 주제로 썼을 뿐 아니라 사회 비판의 지향이 강한 것이다.

이규보는 양반 가문 출신으로서 높은 벼슬자리에도 있었고 봉건왕정을 지지하였으며 농민들의 봉기에 대한 그릇된 견해로 하여 과오도 범하였으나, 당시 봉건사회의 조건에서 포악한 양반 통치배 일반과 자신을 구별하려고 노력하였으며 백성들의 처지에 대한 이해와 동정을 표시하여 많은 시를 썼다. 시 '늙은 홀어미의 한숨〔嫠婦嘆〕', '농사군의 노래〔代農夫吟〕', '햇곡식의 노래〔新穀行〕', '소를 때리지 말라〔莫笞牛行〕', '농사군에게 청주와 이밥을 못 먹게 한단 말을 듣고〔聞國令禁農餉淸酒白飯〕', '비 내리는데 밭갈이하는 것을 보고 서기에게 주노라〔雨中觀耕者贈書記〕', '금주 사창 벽 위에 쓰노라〔書衿州倉壁上〕', '남쪽 집을 바라보며〔望南家吟〕' 등은 이러한 주제로 쓴 대표적 작품들이다.

시인은 이 시들에서 백성들의 고통과 불행을 깊이 동정하였으며 그 원인이 바로 부귀영화를 누리는 자들의 수탈에 있다는 것을 적발, 단죄하였으며 농민들, 가난한 사람들의 지향을 반영하였다.

비 맞으며 구부리고 김을 매자니
거칠고 검은 얼굴 사람의 꼴이랴만

> 왕손 공자들아 업신여기지 말라
> 부귀 호사가 우리 손에 매였나니.
> 帶雨鋤禾伏畝中　形容醜黑豈人容
> 王孫公子休輕侮　富貴豪奢出自儂

시 '농사꾼의 노래'의 시구들에 울리는 시인의 목소리는 면바로 정곡을 찌르고 있으며 그 비판과 규탄은 매우 신랄하고 엄격하다.

시인은 다른 시 '햇곡식의 노래'에서는 땀 흘려 일하여 낟알을 생산하는 농민들에게 다함없는 감사와 존경의 마음을 표시하였다.

> 낟알 하나하나 어찌 가벼이 보랴
> 생사와 빈부가 이에 달렸거늘.
> 나는 농부를 부처처럼 공경한다.
> 부처만으론 주린 사람 살리지 못하나니.
> 一粒一粒安可輕　係人生死與富貧
> 我敬農夫如敬佛　佛猶難活已飢人

시 '늙은 홀어미의 한숨'은 당시 백성들의 비참한 생활 처지에 대한 시인의 동정, 그의 고상한 인도주의 정신을 보여주는 서정시의 하나이다. 이 시에서 그려진 홀어미의 신세는 당시 백성들의 처지를 일반화한 것으로서 시인은 이 홀어미의 대답을 통하여 그들의 항의를 전달하였다.

시인 이규보는 이러한 진보적 견해로 하여 당시 백성들에 대한 포악한 착취자, 압제자들에게 항의의 목소리를 높일 수 있었다. 그는 시 '농사꾼에게 청주와 이밥을 못 먹게 한단 말을 듣고'에서 단순한 동정자로서만이 아니라 그들의 '대변자'며 적극적인 '옹호자'로서 항의의 목소리를 높이고 있으며, 시 '군수 몇 놈이 뇌물을 받아 죄를 입었다는 말을 듣고〔聞郡守數人以贓被罪〕'에서는 가렴주구하여 백성들을 거의 죽게 만들고도 모자라서 마지막 피마저 말리려 드는 지방 관료들을 "강물을 마시는 검은 쥐"만도 못한 인간 추물로 낙인하였다.

이규보는 백성들의 생활에 접근하여 그들의 세태 풍속을 잘 알았고 양반으로 거드름을 부리지 않고 그들을 인간적으로 대하였으며 시인다운 민감성으로 인정의 기미를 잘 포착하여 서정 깊이 노래할 줄 알았다.

이규보의 시에는 양반 관료 생활을 하면서 신변 잡사를 읊은 것이 많은데, 그것들은 별반 사회적 의의를 가지지 못하지만 시를 억지로 꾸미지 않아 생활을 실감 나고 정서적으로 깊이 있게 펼쳐 보이고 있는 점에서 당시 모방주의의 진흙탕 속에 빠진 양반 사대부들의 억지로 꾸며 내고 격식화된 '시 아닌 시'와는 구별된다.

특히 농민들을 서정적 주인공으로 하여 그들의 사상 감정을 구현한 작품들은 그리 많은 것은 못 된다고 하더라도 우리 나라 문학사에서 뿐만 아니라 세계 문학사적으로 매우 커다란 의의를 가진다.

《리규보 작품집 2》에는 산문 작품들도 적지 않게 수록하였다. 이규보가 산문 분야에서 이룩한 문학사적 공적의 하나는 패설집 '백운소설'을 집필한 것이다. 패설 문학은 고려 시기에 예술적 산문 형식의 하나로서 새롭게 형성 발전하였는데 '백운소설'은 이인로의 《파한집》, 최자의 《보한집》, 이제현의 《역옹패설》 등과 함께 패설 문학의 발전에서 선구적 의의를 가진다. '백운소설'은 전편이 그대로 온전하게 전하지 못하고 그 일부 내용만이 전한다. 그 작품들은 이 시기 패설집에서 공통적으로 볼 수 있는 시평적 성격의 시화가 기본으로 되어 있다. 이 《리규보작품집 2》에 '백운소설'의 제목으로 수록한 내용만 보더라도 을지문덕 장군이 적장 우중문에게 보낸 시를 비롯하여 신라 말에서 고려 초까지 활동한 이름 있는 문인들인 최치원, 박인범, 박인량 등의 시 작품들을 높은 민족적 긍지를 가지고 소개 논평하고 있다. 그리하여 '백운소설'은 이규보의 미학적 견해를 연구하는 데서 뿐만 아니라 이 시기 우리 나라 문학 발전 정형을 연구하는 데 귀중한 자료다.

이규보는 고려 시기에 새로 형성 발전한 의인 전기체 소설 형식의 '국선생전', '청강사자현부전淸江使者玄夫傳' 등을 남겼는데, 이 선집에는 '국선생전'만을 수록하였다. 의인 전기체 소설이란 일정한 물건들을 의인화하여 전기소설 형식으로 쓴 예술적 산문의 한 종류를 말한다. 고려 시기에 의인 전기체 소설이 많이 창작되었는데, 임춘의 '국순전', 이곡의 '죽부인전' 등이 이규보의 '국선생전'과 함께 대표적인 작품으로 알려졌다. '국선생전'이 술을 의인화하였다면 '청강사자현부전'은 벼루와 먹을 의인화하여 전기 형식으로 이야기를 전개하고 있다. 그리고 끝머리에 사신(역사를 기술하는 신하, 관리)의 논평을 붙여 작자의 창작 의도를 밝히고 있다. 문학사적으로 보면 '국선생전'은 그 내용과 형식이 아울러 16세기 임제의 의인 전기체 우화소설 '수성지(시름에 싸인 성)'에 계승, 발전되었다는 것을 알 수 있다.

이규보는 실재한 인물들의 전기 작품들도 적지 않게 썼는데 '노극청전', '백성 위해 오셨다가 어찌 그리 빨리 가셨는가(趙公誄書)' 등이 그 실례다.

'백성 위해 오셨다가 어찌 그리 빨리 가셨는가'는 13세기 초 외래 침략자들과의 전투에서 애국적 헌신성을 발휘한 조충 장군의 생애와 업적을 찬양한 글이라면, '노극청전'은 고려 봉건사회의 "글러 가는 세상에 서로 다투며 자기 잘살기만 애쓰는 때" 지극히 청렴하고 의리에 두터운 노극청의 행실을 찬양하여 전기 형식으로 쓴 글이다. 이규보는 이 작품의 제목 뒤에 "내가《명종실록》을 편찬하다가 이 전을 지었는데, 탐오를 경쟁으로 하는 패들에게 자극을 줄 수 있으므로 덧붙인다."는 주석을 달았다.

이규보는 또한 자기 자신의 간단한 전기 형식으로 '백운거사전白雲居士傳'을 썼는데 여기서는 자신이 호를 '백운거사'로 지은 까닭을 중심으로 하여 이야기를 전개하였다. '백운거사라는 호에 대해〔白雲居士語錄〕'에 자신이 호를 백운거사로 쓰게 된 까닭을 더 자세히 전개하여 밝히고 있기 때문에 편자는 이 선집에 '백운거사라는 호에 대해'만을 실은 것 같다.

'백운거사라는 호에 대해'는 이규보가 자기의 호를 백운거사로 짓게 된 내력을 수필 형식으로 재치 있게 밝히고 있는 글이다. 어떤 이가 호를 '초당선생'으로 하라고 하였지만 그것이 두자미의 호였기 때문에 사양하였고 또 자기의 초당이란 것이 살림집이 아니고 빌려 있는 곳이기 때문에 더욱이 그 호가 어울리지 않는 것으로 보아 그만두었다. 그는 평생에 거문고와 술과 시 세 가지를 몹시 좋아하였으므로 '삼혹호선생'이라고 호를 지었다가 "거문고 타는 것이 거칠고 시 짓는 것도 능치 못하며 술 마시는 것도 많이는 못하여" 어울리지 않는 것으로 보아 이 역시 그만두고 마침내 '백운거사'의 호를 가지게 되었다. 그는 그 까닭을 스스로 이렇게 밝혔다.

"대체로 구름이라는 것은 뭉게뭉게 솟고 훨훨 피어서 산에 걸리거나 하늘에 매이지 않고 동으로 서로 마음대로 가고 오는 데 거리낌이 없다. 또 잠깐 동안에 변화하여 앞뒤를 짐작할 수 없으며 활활 퍼질 때에는 군자가 세상에 나타난 것 같고 슬며시 걷힐 때에는 고인高人이 종적을 감춘 것 같으며 비가 되어서는 가물에 마르던 것을 살리니 어질다 할 것이요, 와도 반갑지 않고 가도 그립지 않으니 탁 트였다 할 것이다. 빛은 푸른 것, 누른 것, 붉은 것, 검은 것이 다 구름의 본빛이 아니요 오직 희고 문채 없는 것이 본빛이다. 덕이 벌써 그러하니 빛도 그러한 것이다. 만일 이것을 본받아 배워서 세상에 나가면 사물에 이익을 주고 들어오면 허심하여 그 흰빛을 지키고 언제나 한결같아 귀 있어도 들리지 않고 눈이 있어도 보이지 않는 신선의 지경에까지 이르러서 구름이 나인지 내가 구름인지 모르게끔 되리니, 이렇게 되면 옛사람이 공부에서 얻은 결과에 가까울 것이 아니겠는가."

이규보의 이 대답에는 그의 사람됨과 성격적 특성과 삶의 보람의 내용이 잘 드러나 있다.
《리규보 작품집 2》에는 풍자 산문 작품들로서 '게으름 병을 조롱한다', '어느 쪽이 진정 미쳤는가', '토령에게 묻노라〔問土靈〕' 등 이규보의 현실 비판과 작가적 기량을 과시하는 작품들과 미신을 반대하고 자기의 유물론적 세계관과 사회 정치적 견해를 전개한 '이상한 관상쟁이의 대답〔異相者對〕', '조물주에게 묻노라〔問造物〕'를 비롯한 수필, 정론 작품들도 실려 있다.
'조물주에게 묻노라'는 이규보가 자연과 사물의 발생, 소멸 과정을 유물론적으로 이해하고 있었다는 것을 웅변적으로 말해 준다.

그리고 뇌물 행위가 횡행하고 있던 고려 후반기의 부패 타락한 사회적 현실을 폭로 비판한 '뇌물 주고 배를 타는 이야기〔舟略說〕', 탐욕적인 악질 관료를 치려고 한 최홍렬의 이야기를 적은 '술잔으로 탐오한 자를 친 이야기〔塊擊貪臣說〕' 등도 이규보의 사상 경향을 이해하는 데서 가치 있는 산문 작품들이다.

위에서 본 바와 같이 이규보는 다방면에 걸친 창작 활동으로 우리 문학사를 빛내는 우수한 시와 산문 작품들을 많이 남겨 놓았다. 그는 봉건 통치배들의 학정과 외래 침략자들을 반대하는 백성들의 투쟁이 거세차게 벌어지고 있던 시대에 살면서 자기 창작에서 시대가 제기하는 절박한 사회 정치적 문제들을 민감하게 반영함으로써 우리 문학의 보물고를 더욱 풍부히 하고 사상 예술적 수준을 새로운 높은 단계로 발전시키는 데 크게 이바지하였다. 그는 양반 출신으로서 자기 시대와 계급적 토대의 울타리를 벗어날 수는 없었으나 일찍이 청소년 시절부터 '해좌칠현'과의 접촉과 진지한 학구적 생활, 그리고 오랜 기간 지방관으로 벼슬살이와 유배살이를 통한 심각한 현실 체험으로 하여 창작에서 당시 기본 계층인 농민들의 생활과 지향을 어느 정도 반영할 수가 있었으니, 그것은 우리 나라 중세 문학 발전에서 거대한 의의를 가지는 하나의 사변으로 된다. 그리하여 그의 동시대 사람들은 물론 역대로 진보적 경향의 문인들은 한결같이 이규보를 고려 이전의 전 역사를 두고 우리 문학의 제일인자로 높이 평가하였다. 그와 거의 같은 시대 문인으로서 《보한집》의 저자인 최자는 이규보의 문학에 대하여 논하면서,

"문순공 이규보의 문집이 이미 세상에 유포되었다. 그의 시문을 보면 해와 달도 오히려 무색하다."

라고 썼다.

그러나 지난날 봉건사회에서나 일제 식민지 통치 시기에는 이규보의 값 높은 문학 유산이 백성들의 소유로 될 수 없었는데, 해방 후 대중들이 누구나 알기

쉽고 즐겨 읽을 수 있게 우리 말로 번역 출판할 수 있게 되었다. 우리는 이규보 문학의 긍정적인 면과 제한성을 옳게 가려 내어 비판적으로 계승 발전시켜야 할 것이다.

원문

白雲小說

我東方自殷太師東封 文獻始起 而中間作者 世遠不可聞 堯山堂外紀備記乙支文德事 且載其遺隋將于仲文五言四句詩曰 神策究天文 妙算窮地理 戰勝功旣高 知足願云止 句法奇古 無綺麗雕飾之習 豈後世委靡之所可企及哉 按乙支文德高句麗大臣也

新羅眞德女主太平詩 載於唐詩類記 其詩高古雄渾 比始唐諸作 不相上下 是時東方文風未盛 乙支文德一絶外 無聞焉 而女主乃爾 亦奇矣 詩曰 大唐開鴻業 巍巍皇猷昌 止戈戎衣定 修文繼百王 統天崇雨施 理物體含章 深仁諧日月 撫運邁時康 幡旗旣赫赫 鉦鼓何鍠鍠 外夷違命者 翦覆被天殃 和風凝宇宙 遐邇競呈祥 四時調玉燭 七曜巡萬方 維岳降宰輔 維帝用忠良 五三成一德 昭載皇家唐 按小註曰 永徽元年 眞德大破百濟之衆 乃織錦作五言太平詩以獻云 按永徽乃高宗年號也

崔致遠孤雲 有破天荒之大功 故東方學者皆以爲宗 其所著琵琶行一首 載於唐音遺響 而錄以無名氏 後之疑信未定 或以洞庭月落孤雲歸之句 證爲致遠之作 然亦未可以此爲斷案(以下原文七十字削除)

三韓自夏時始通中國 而文獻蔑蔑無聞 隋唐以來 方有作者 如乙支之貽詩隋將 羅王之獻頌唐帝 雖在簡冊 未免寂寥 至崔致遠入唐登第 以文章名動海內 有詩一聯曰 崑崙東走五山碧 星宿北流一水黃 同年顧雲曰 此句卽一輿地志也 蓋中國之五岳 皆祖於崑崙山 黃河發源於星宿海故云 其題潤州慈和寺詩一句云 畫角聲中朝暮浪 靑山影裏古今人 學士朴仁範 題涇州龍朔寺詩云 燈撼螢光明鳥道 梯回虹影落巖肩 參政朴寅亮 題泗川龜山寺詩云 門前客棹洪波急 竹下僧棊白日閑 我東之以詩鳴於中國 自三子始 文章之華國 有如是夫

論詩說

　予昔讀梅聖兪詩 私心竊薄之 未識古人所以號詩翁者 及今閱之 外若苶弱 中含骨鯁 眞詩中之精雋也 知梅詩然後可謂知詩者也 但古人以謝公詩池塘生春草爲警策 予未識佳處
　徐凝瀑布詩一條界破靑山色 則予擬其佳句 然東坡以爲惡詩 由此觀之 予輩之爲詩 其不及古人遠矣 又陶潛詩恬淡和靜 如淸廟之瑟 朱絃疎越 一唱三嘆 予欲效其體 終不得其彷彿 尤可笑已

論詩中微旨略言

　夫詩以意爲主 設意尤難 綴辭次之 意亦以氣爲主 由氣之優劣 乃有深淺耳 然氣本乎天 不可學得 故氣之劣者 以雕文爲工 未嘗以意爲先也 蓋雕鏤其文 丹靑其句 信麗矣 然中無含蓄深厚之意 則初若可翫 至再嚼則味已窮矣 雖然凡自先押韻 似若妨意 則改之可也 唯於和人之詩也 若有險韻 則先思韻之所安 然後措意也 至此寧且後其意耳 韻不可不安置也 句有難於對者 沈吟良久 想不能易得 則卽割棄不惜宜矣 何者 計其間儻足得全篇 而豈可以一句之故 至一篇之遲滯哉 有及時備急則窘矣
　方其構思也 深入不出則陷 陷則着 着則迷 迷則有所執而不通也 惟其出入往來左之右之 瞻前顧後 變化自在 而後無所礙 而達于圓熟也 或有以後句救前句之弊 以一字助一句之安 此不可不思也 純用淸苦爲體 山人之格也 全以姸麗裝篇 宮掖之格也 惟能雜用淸警雄豪姸麗平淡 然後備矣 而人不能以一體名之也
　詩有九不宜體 是予所深思而自得之者也 一篇內多用古人之名 是載鬼盈車體也 攟取古人之意 善盜猶不可 盜亦不善 是拙盜易擒體也 押强韻無根據處 是挽弩不勝體也 不揆其才 押韻過差 是飮酒過量體也 好用險字 使人易惑 是設坑導盲體也 語未順而勉引用之 是强人從已體也 多用常語 是村父會談體也 好犯語忌 是

凌犯尊貴體也 詞荒不刪 是莨莠滿田體也 能免此不宜體格 而後可與言詩矣

　人有言詩病者 在所可喜 所言可則從之 否則在吾意耳 何必惡聞 如人君拒諫終不知其過耶 凡詩成 反覆視之 略不以己之所著觀之 如見他人及平生深嫉者之詩好覓其疵失 猶不知之 然後行之也 凡所論 不獨詩也 文亦幾矣 況古詩者 如以美文句斷押韻者佳矣 意旣優閑 語亦自在 得不至局束也 然則詩與文 亦一揆歟

答全履之論文書

　月日 某頓首履之足下 間闊未覿 方深渴仰 忽蒙辱損手教累幅 奉翫在手 尙未釋去 不惟文彩之曄然 其論文利病 可謂精簡激切 直觸時病 扶文之將墮者 已甚善甚善 但書中譽僕過當 至況以李杜 僕安敢受之 足下以爲世之紛紛效東坡而未至者 已不足道也 雖詩鳴如某某輩數四君者 皆未免效東坡 非特盜其語 兼攘取其意 以自爲工 獨吾子不襲蹈古人 其造語皆出新意 足以驚人耳目 非今世人比 以此見褒抗僕於九霄之上 玆非過當之譽耶 獨其中所謂之創造語意者 信然矣 然此非欲自異於古人而爲之者也 勢有不得已而然耳 何則 凡效古人之體者 必先習讀其詩 然後效而能至也 否則剽掠猶難 譬之盜者 先窺諜富人之家 習熟其門戶墻籬 然後善入其室 奪人所有 爲己之有 而使人不知也 不爾 未及探囊胠篋 必見捕捉矣 財可奪乎 僕自少放浪無檢 讀書不甚精 雖六經子史之文 涉獵而已 不至窮源況諸家章句之文哉

　旣不熟其文 其可效其體盜其語乎 是新語所不得已而作也 且世之學者 初習場屋科擧之文 不暇事風月 及得科第 然後方學爲詩 則尤嗜讀東坡詩 故每歲牓出之後 人人以爲今年又三十東坡出矣 足下所謂世之紛紛者是已 其若數四君者 效而能至者也 然則是亦東坡也 如見東坡而敬之可也 何必非哉 東坡近世以來富贍豪邁 詩之雄者也 其文如富者之家金玉錢貝 盈帑溢藏 無有紀極 雖爲寇盜者所嘗攘取而有之 終不至於貧也 盜之何傷耶

　且孟子不及孔子 荀楊不及孟子 然孔子之後 無大類孔子者 而獨孟子效之而庶幾矣 孟子之後 無類孟子者 而荀楊近之 故後世或稱孔孟 或稱軻雄荀孟者 以效

之而庶幾故也 向之數四輩 雖不得大類東坡 亦效之而庶幾者也 焉知後世不與東坡同稱 而吾子何拒之甚耶 然吾子之言 亦豈無所蓄而輕及哉 姑藉譽僕 將有激於今之人耳 昔李翶曰 六經之詞 創意造言 皆不相師 故其讀春秋也 如未嘗有詩 其讀詩也 如未嘗有易 其讀易也 如未嘗有書 若山有恒華 瀆有淮濟 夫六經者 非欲夸衒詞華 要其歸 率皆談王霸論道德 與夫政教風俗興亡理亂之源者也 其辭意宜若有相襲 而其不同如此 所謂今人之詩 雖源出於毛詩 漸復有聲病儷偶依韻次韻雙韻之制 務爲雕刻穿鑿 令人局束 不得肆意 故作之愈難矣

就此繩檢中 莫不欲創新意臻妙極 而若攘取古人已導之語 則有許底功夫耶 請以聲律以來近古詩人言之 有若唐之陳子昂李白杜甫李翰李邕楊王盧駱之輩 莫不汪洋闊肆 傾河淮倒瀛海 騁其豪猛者也 未聞有一人效前輩某人之體 刲剝其骨髓者 其後又有韓愈皇甫湜李翶李觀呂溫盧仝張籍孟郊劉柳元白之輩 聯鑣幷轡 馳驟一時 高視千古 亦未聞效陳子昂若李杜楊王而屠割其膚肉者 至宋又有王安石司馬光歐陽脩蘇子美梅聖俞黃魯直蘇子瞻兄弟之輩 亦無不撑雷裂月 震耀一代 其效韓氏皇甫氏乎 效劉柳元白乎 吾未見其刲剝屠割之迹也 然各成一家 梨橘異味 無有不可於口者

夫編集之漸增 蓋欲有補於後學 若皆相襲 是沓本也 徒耗費楮墨爲耳 吾子所以貴新意者 蓋此也 然古之詩人 雖造意特新也 其語未不圓熟者 蓋力讀經史百家古聖賢之說 未嘗不熏鍊於心 熟習於口 及賦詠之際 參會商酌 在抽右取 以相資用 故詩與文雖不同 其屬辭使字一也 語豈不至圓熟耶 僕則異於是 旣不熟於古聖賢之說 又恥效古詩人之體 如有不得已及倉卒臨賦詠之際 顧乾涸無可以費用 則必特造新語 故語多生澁可笑 古之詩人 造意不造語 僕則兼造語意無愧矣 由是世之詩人 橫目而排之者衆矣 何吾子獨過美若是之勤勤耶

嗚乎 今世之人 眩惑滋甚 雖盜者之物 有可以悅目 則第貪翫耳 孰認而詰其所由來哉 至百世之下 若有人如足下者 判別其眞贗 則雖善盜者 必被擒捕 而僕之生澁之語 反見褒美 類足下今日之譽 亦所未知也 吾子之言 久當驗焉 不宣 某再拜

驅詩魔文 效退之送窮文

　　夫累土而崇曰丘陵 瀦水而濬曰溝井 其或木也石也屋宇也墻壁也 是皆天地間無情之物 鬼或憑焉 騁怪見妖 則人莫不疾而忌之 且呪且驅 甚者 夷丘陵塞溝井 斬木椎石 壞屋滅牆而後已 人猶是焉 厥初質樸無文 淳厚正直 及溺之於詩 妖其說怪其辭 舞物眩人 可駭也 此非他故 職魔之由 吾以是敢數其罪而驅之曰
　　人始之生 鴻荒樸略 不賁不華 猶花未萼 鋼聰塗明 猶竅未鑿 孰闖其門 以挺厥鑰 魔爾來闖 僋然此託 耀世眩人 或揉或臞 舞幻騁奇 敎屑翕霍 或媚而嫟 筋柔骨弱 或震而聲 風屃浪搉 世不爾壯 胡踊且躍 人不汝功 胡務刻削 是汝之罪一也 地尚乎靜 天難可名 咎乎造化 睢若神明 沌沌而漠 渾渾而冥 機開悶鍨 且鐍且扃 汝不是思 偵深諜靈 發洩幾微 搪突不停 出脅兮月病 穿心兮天驚 神爲之不怠 天爲之不平 以汝之故 薄人之生 是汝之罪二也 雲霞之英 月露之粹 蟲魚之奇 鳥獸之異 與夫芽抽萼敷 草木花卉 千態萬貌 繁天麗地 汝取之無愧 十不一棄 一瞩一吟 雜然坌至 攢羅戢矛 無有窮已 汝之不廉 天地所忌 是汝之罪三也 遇敵卽攻 胡礉胡壘 有喜於人 不衰而賁 有慍於人 不刃而刺 爾柄何鉞 惟戰伐是恣 爾握何權 惟賞罰是肆 爾非肉食 謀及國事 爾非俳儒 嘲弄萬類 施施而夸 挺挺自異 孰不猜爾 孰不憎爾 是汝之罪四也 汝着於人 如病如疫 體垢頭蓬 鬚童形腊 苦人之聲 矉人之額 耗人之精神 剝人之胸膈 惟患之媒 惟和之賊 是汝之罪五也
　　負此五罪 胡憑人爲 憑於陳思 凌兄以馳 豆泣釜中 果困于箕 憑於李白 簸作顚狂 捉月而去 江水茫茫 憑於杜甫 狼狽行藏 羈離幽抑 客死來陽 憑於李賀 誕幻怪奇 才不偶世 夭死其宜 憑於夢得 譏訐權近 偃蹇落拓 卒躓不振 憑於子厚 鼓動禍機 謫柳不返 誰其爲悲
　　嗟乎爾魔 爾形何乎 歷誤幾人 又鍾於吾 自汝之來 萬狀崎嶇 怳然如忘 戇然如愚 如痞如癩 形熱跡拘 不知飽渴之逼軆 不覺寒暑之侵膚 婢怠莫詰 奴頑罔圖 園翳不薙 屋痈不扶 窮鬼之來 亦汝之呼 傲貴凌富 放與慢俱 言高不遜 面强不婾 着色易惑 當酒盎齇 是實汝使 豈予心歟 猖猖吠怪 寔繁有徒 我故疾汝 且呪且驅 汝不速遁 搜汝以誅
　　是夕疲臥 而枕上騷 窣然有聲 若色袖文裳而煌煌者卽而告余曰 甚矣 子之訊我

也斥我也 何疾我之如斯 我雖魔之微 亦上帝所知 始汝之生 帝遣我以隨 汝孩而赤 亦潛宅而不離 汝童而丱 竊竊以窺 汝壯而幘 騫騫以追 雄子以氣 飾子以辭 場屋較藝 連年中之 欻天動地 名聲四飛 列侯貴戚 聳望風姿 是則我之輔汝不薄 天之豐汝不貲 惟口之出 惟身之持 惟色之適 惟酒之歸 是各有使 非吾所尸 子胡不愼 以狂以癡 實子之咎 非予之疵

居士於是 是今非昨 局縮忸怩 磬折以拜 迎之爲師

李山甫詩議

詩話又載李山甫覽漢史詩曰 王莽弄來曾半沒 曹公將去便平沈 予意謂之此佳句也 有高英秀者譏之曰 是破船詩也
予意以爲凡詩有言物之體者 有不言其體而直言其用者 山甫之寓意 殆必以漢爲之船 而直言其用曰 半沒平沈也 若其時山甫在而言曰 子以吾詩爲破船詩 然也 予以漢擬之船而言之也 而善乎子之能知也 則爲英秀者 其何辭以答之耶 詩話亦以英秀爲惡喙薄徒 則未必用其言也 但詩話不及是議 予所未知也

王文公菊詩議

予按西淸詩話 載王文公詩曰 黃昏風雨暝園林 殘菊飄零滿地金 歐陽脩見之曰 凡百花皆落 獨菊枝上黏枯耳 何言落也 永叔之言 亦不爲大非 文公大怒曰 是不知楚辭云夕飱秋菊之落英 歐陽九不學之過也
予論之曰 詩者興所見也 予昔於大風疾雨中 見黃菊亦有飄零者 文公詩旣幸云 黃昏風雨暝園林 則以興所見 拒歐公之言可也 强引楚辭則其曰 歐陽某何不見此 亦足矣 乃反以不學 一何褊歟 脩若未至博學洽聞者 楚詞豈幽經僻說 而脩不得見

之耶 況脩一代名儒也 而以不學目之 又何大甚也 予於介甫 不可以長者期之也

吳德全戟巖詩跋尾

吳德全爲詩 遒邁勁俊 其詩之膾炙人口者 不爲不多 然未見能押强韻儼若天成者 及於北山欲題戟巖 則使人占韻 其人故以險韻占之 先生題曰 北嶺巉巉石 邦人號戟巖 廻捲乘鶴晉 高刺上天咸 揉柄電爲火 洗鋒霜是鹽 何當作兵器 敗楚亦亡凡 其後有北朝使 能詩人也 聞此詩 再三歎美 問是人在否 今作何官 儻可見之耶 我國人茫然無以對 予聞之曰 何不道今方爲制誥學士之任耶 其昧權如此 可歎哉云

論走筆事略言

夫唱韻走筆者 使人唱其韻而賦之 不容一瞥者也 其始也 但於朋伴間使酒時 狂無所洩 遂託於詩 以激昂其氣 供一時之快笑耳 不可以爲常法 亦不可於尊貴之前所爲也 此法李湛之淸卿始倡之矣 予少狂 自以爲彼何人予何人 而獨未爾耶 往往與淸卿賦焉 於是乃始之

然若予者 性本燥急 移之於走筆 又必於昏醉中乃作 故凡不慮善惡 惟以拙速爲貴 非特亂書而已 皆去傍邊點畫 不具字體 若其時不有人隨所不輒問別書于旁 則雖吾亦莽莽不復識也 其格亦於平時所著 降級倍百 然後爲之 不足以章句體裁觀之 實詩家之罪人也 初不意區區此戱之聞于世矣 乃反爲公卿貴戚所及聞知 無不邀飮勸令爲之 則有或不得已而賦之者 然漸類倡優雜戱之伎 或觀之者如堵牆 尤可笑已 (以下十八字削除) 則後進之走筆者 紛紛踵出矣 但此事初若可觀 後則無用 且失其詩體 若寖成風俗 烏知後世有以予爲口實者耶 其醉中所作 多棄去不復記云

承誤事議

古人錯用故事 而後人承之 又後人以此爲承誤 而不之甚咎者 如李白黃庭杜牧一麾之類是已 予以爲非也 何者 人不能無失 雖大手容或有失 失則因以鑑誡足矣 又承而用之 此何異於尤而效之者歟 此則特小失耳 若或有差大於是者 又以爲古賢所用 而承其誤耶 承誤之說 雖古人有或肯焉 吾不取已

與金季才懷英書

某啓 昔者方僕與足下未第時 寄洪圓六十餘日同學相磨 子尙記否 其後興王寺月師方丈 寫肝膽誓神交 吾今念之 子亦豈忘也否 足下淹貫史家 說唐漢事 如昨所覩 吾久已服之矣 僕所著作 子亦未敢多排 必不以僕爲乏於文者 蒙前月某日所辱啓事 不得修答 又蒙今月日啓事 復不能答 想足下必不以僕乏於文而不能修答 殆謂倨慢不遜 頑然不爲禮節 則計已獲罪左右 然僕之不答 亦必有謂

夫啓者 欲與人有所賀謝陳請 或敍情而爲之者 與表牋同體 獻於上則曰表 於太子王侯則曰牋 贄於搢紳士大夫則曰啓 因高卑別其名耳 要其體未始不同 今之人於表牋則頗或倣古人體 於啓事則率張大其詞 多用古人之文之長且蔓者爲屬對 然後謂佳 不爾 必唾而棄之矣 此習 林宗庇始倡之矣 故林公獻某官啓曰 落落高才崑崙崗上千金難價之美玉 昂昂勁節 峨嵋山西萬歲不長之孤松 此則不甚長蔓 而詞亦信美 其多至二十許字 而詰屈難句斷者亦衆矣 古人亦曰 古事無有不對者 有若雍齒且侯 吾屬何患 則已對以劉賁不第 我輩登科 信哉斯言也 若暇日於書史中努力不倦 收拾掊掇 則何有不對者乎 是亦詩之集句之比也 且百家衣體 亦非古人所甚尙 唯王荊公喜爲之 但貴卽席中急就者耳 迨曠日搜索古人詩集 然後爲之 何有不可乎

今人所以作啓 久已成習 不可克革 苟必用本文與古事 編列成章 則其所自創於心者 能有幾耶 僕欲反之 必爲所笑 若倣而爲之 必爲後世君子所笑 後世之笑 甚

於今人之笑 寧被笑於今人 無爲後人所笑 又反覆思之 則所以投文於人者 欲求媚耳 反爲所笑 如勿投之 然則今人亦不可不懼 爲吾計者 不若皆輟而不作 俱免前後人所笑 是故非有不得已干於王公大人者 則不爲也 故平生所著啓事甚些小 後當覓而見也

　幸吾子勿至深訝 而疑僕之倨也 吾輩親密間 若以詩或以手書往復亦可 何吾子再辱啓事 若後生新進之求之於長者之禮耶 初暑伏惟萬萬自愛云云

書白樂天集後

　予嘗以爲殘年老境消日之樂 莫若讀白樂天詩 時或彈加耶琴耳 加耶琴蓋古秦箏之類 但欠一絃耳 絃不傷指 其聲切切 令衰情易蕩也 白公詩讀不滯口 其辭平澹和易 意若對面諄諄詳告者 雖不見當時事 想親覩之也 是亦一家體也 古之人或以白公詩頗涉淺近 有以囁嚅翁目之者 此必詩人相輕之說耳 何必爾也 其若琵琶行長恨歌 當時已盛傳華夷 至於樂工倡妓 以不學此歌行爲恥 若淺近之辭 能至是耶 　嗚呼 凡譏議樂天者 皆不知樂天者也 吾不取已 但加耶琴 予於老境好彈耳 不可令人人皆同吾嗜也 彈亦不工 可笑

山海經疑詰

　予讀山海經 每卷首標之曰大禹製郭氏傳 則此經當謂夏禹所著矣 然予疑非禹製 何者 傳曰 子爲父隱 父爲子隱 論語曰 其父攘羊 而子證之 蓋惡之也 孔子修春秋 雖直筆之書 以魯爲父母邦 凡大惡 則皆諱避不書 若山海經果是禹製 當諱父之大恥 觀東北經云 洪水滔天 鯀竊帝之息壤 以堙洪水 帝令祝融殺鯀于羽郊 鯀是禹父 不宜斥書此事 若以爲實事不得不書 則不甚言竊 而云取帝之壤 亦不蔽于義也 按獻經表云 昔洪水洋溢 鯀旣無功 高使禹繼 伯益與伯翳驅禽獸別水土

紀其珍怪 益等類物善惡 著山海經 皆賢聖之遺事 據此則疑伯益所著 然其序 則云禹別九州 物無循形 因著山海經云云 此二說亦不同 是皆所惑者
又有一惑焉 尙書曰 高殛鯀于羽山 蓋以鯀理水 績用不成故也 此經云 帝殛鯀于羽郊 所謂帝者上帝也 鯀雖竊帝壤 苟能堙洪水 則於高爲有功 於帝爲有罪 高不宜誅 而帝獨誅矣 若爲帝所誅 又不當爲高所殛 若爲高所殛 則其不竊帝壤堙洪水明矣 上帝其何名而殺鯀耶 此二說亦不同 安所從耶 在醇儒 當以尙書爲正 而以山海經爲荒怪之說矣 然旣曰禹製 禹之說可謂怪乎 待後之明智君子有以辨之耳

韓信傳駁

予讀漢書韓信傳 有不可以不駁者 敢論之曰 信之罪已不足容誅 然高祖不能無非 而班固之筆 有不公焉 夫君有疑臣之心 則伏以待誅 禮也 因其疑而有叛君之心 人臣之罪 莫甚於斯 韓信是已 固已不容誅矣 然信之罪 本高祖養而成之也 何以言之 人有讒信叛 高祖卽信而患焉 是不明也
夫讒言有疑似不明者 有立可斷者 信當劉項相拒時 以國士無雙之才 鷹騰虎視 當此時 與楚則漢危 與漢則楚危 楚漢安危 在一信手 而信卒與漢 與平天下爲功臣 當時已有蒯通說信鼎足天下 信不忍背漢 謝不用其計 夫勢有可爲 其不反如此 豈於天下爲一家之日 以區區一淮陰 欲拒大漢耶 是立可斷者 苟不能明斷 而患其叛逆 則以萬乘之國討之 豈不勝一淮陰 而乃以僞遊雲夢而擒之耶 嗚呼 以天下之主 用詐計給一臣 奈天下萬邦何 械至洛陽 遂赦之者 以無罪也 如知其無罪 宜不奪其王 因以弱其怨可也 反降以爲侯 以此激其意 是謂蹈睡虎尾令寤者也 信由是怨漢 且疑其卒必見誅 故不得已而謀叛 此非高祖養而成之者耶 吾故曰 高祖不能無非也
班固之贊曰 信徼一時之權變 用詐力成功 見疑強大 卒謀叛逆 終於滅亡 其所謂見疑謀逆就亡 信然矣 所謂詐力成功者 未知其何指耶 信爲漢王 破強楚虜魏王 禽夏說擊龍且 皆用奇計 指此而言耶 此奇也 非詐也 兵貴無常 時或用奇計 非信之奇計 高祖亦不應有天下 果謂之詐 則高祖用詐力之臣而得天下 亦非正也 所謂詐計者 若高祖之僞遊雲夢 蕭何之紿信誆呂后者 幾乎矣 班固不以貶者 豈以聖君

賢相而諱之耶 其所謂徵一時之權變 則蕭何曹參張良皆是 何獨信哉 吾故曰 班固之筆 有不公也

衛鞅傳論

　按史 秦將衛鞅 遣書魏公子卬曰 往與公子驩 今爲兩國將 不可相攻 可與面相見 樂飮而罷 以安秦魏 卬以爲然 會飮 鞅伏甲攻卬滅魏軍 予以爲此甚非義也 或曰 傳有兵或用詐謀 則此亦似可 而何謂之甚非也
　予曰 古人所謂用詐者 迺兵權之詐也 吾所以非之者 乃人奸之詐也 何謂兵詐 如聲東出西 左實右虛者之類是已 此亦獨未若羊祜之剋日乃戰 子犯之伐原示信者也 然兵勢或窘 則間或用之可也 夫所謂人詐者 迫人於險 紿殺降卒之類是已 若比之衛鞅 則事雖不同 其姦則類 雖爲國敗敵 吾不取也 抑又公子卬 大將也 信敵人之言 見紿被敗 何智略狹淺之至是也 吾邦俗諺亦云 敵者之言 何可聽也 是庶人之言也 公子卬爲國大將 而反不如庶人之意耶 魏使卬將兵 宜其敗也 夫詐者 一時之利也 信者 長久之計也

唐書杜甫傳史臣贊議

　予讀唐書杜子美傳 史臣作贊 美其詩之汪涵萬狀 固悉矣 其末繼之曰 韓愈於文章 愼許可 至歌詩獨推目 李杜文章在 光焰萬丈長 予以爲此則褒之不若不褒也 何則 士有潛德內朗 不大震耀於世者 史筆於直筆之際 力欲揚暉發華 以信於後世 而猶恐人之有以爲譽之過當 則引名賢之辭 憑以爲固可也 至如李杜 則其詩如熊膰豹胎 無有不適於人口者 其名固已若雷霆星斗 世無不仰其光駭其響者 非必待昌黎詩之一句 然後益顯者也 宋公何苦憑證其句 自示史筆之弱耶 引其詩或可 其曰愼許可 甚矣 凡言某人愼許可人 而獨許可某人者 猶有慊之之意也 愈若不許可

而無此一句 則史臣其不贊之耶 嗚呼 史臣之言弱也
　此贊亦引元稹所謂自詩人已來未有如子美者 此則微之所以直當杜甫切評　而論之者 雖引之或可矣 若退之之一句 則將贈友人而偶發於章句者 而非特地論杜公者也 然韓愈大儒也 雖一句非忘發者 引之或可也 如不言愼許可 則宋公之言　免於弱也

唐史殺諫臣論

　予見唐紀 拾遺侯昌業 以僖宗不親政事 專務遊戲 上疏極諫 帝殺之 又補闕常濬 上書諫藩鎭大甚 猶未之寤 宜振典刑 以威四方 上怒 又殺之 二臣之言 可謂切直 而其不從亦足矣 殺之 何甚 其前後君之殺諫臣 往往多有 今適見僖宗紀 故此獨擧耳 且桀紂之殺諫臣也 暴其惡於百世之下 凡有口者無有不深譏顯刺者 後之君之殺諫臣 雖載之書史 鮮有暴露其虐如桀紂者 予未知其故 夫熊虎之咥人 人不以爲怪 而餘則人皆甚以爲異也 以此觀之 無道之君之殺諫臣 不足爲怪也 若其惡不至如桀紂者 則是可怪已 僖宗唐季之主也 力弱權微 雖欲如桀紂之惡 不可得也 而猶殺諫臣 原其狀 不曰異乎
　噫 漢光武之於韓歆 惡其言切直 旣放歸田里 又追責逼殺 又何甚耶 古今多以光武爲聖 名聖尙爾 餘何足言哉 司馬光以爲仁明之累 而不大言者 豈以聖而諱之耶 予謂惡莫大於殺諫臣 其惡可掩大德 而何謂聖乎 謂之賢君 亦足矣

寄吳東閣世文論潮水書

月日 良醞丞同正李某 謹再拜奉書于東閣大丈先生座下 僕不揆頑駿 自未冠時 已脫略同輩 喜與先生長者遊 然未有博大眞儒如先生輩者 而得與之遊 日聞所不聞也 先生長我無慮三十餘年 則雖子畜之弟畜之尙可 而乃許以忘年 僕安敢當之

日昨枉車騎顧僕於蓬蓽之中 索僕近所著詩文 方垂覽之際 從容謂之曰 吾嘗著潮水論 未曾示人 子好學者也 異日過我 當以見示 僕聞之 自以爲今之能文博古老儒宿學 不爲不多 而獨以僕爲可敎 將示以箱中之祕寶 如僕者宜萬萬榮且感也 迨數日造謁而請之 則翻然改曰 吾之論 不足觀也 子亦嘗若論若說 窮釋潮之所自 然後吾亦示之也 而卒不爲之借觀 僕初不知先生之有此論 以先生及之故 不憚道遠 趨造於門墻 而反不許觀 甚恨甚恨

噫 僕涉學日淺 新進小生也 何足知潮之所以進退盈縮之理哉 如知之 又何必要公之論而痛欲見耶 夫鳥獸草木常生常化之理 陰陽奇耦之數 寒暑往來之變 與夫天地所以玄黃 日月所以盈仄 其道茫昧 宜若不可測知 然經傳子史 講之之詳 故凡老於儒者 雖未能洞然大曉 亦無有不得其彷彿者 而僕尙曚然昧然者 徒以年少識劣 讀書未力故爾 況潮水之源 雖古人猶或罕言 僕是何者 敢以區區之識 紛然辨列 使當世之士 撫掌大笑耶 然而先生有以及此者 吾知之矣 此必料僕之決不能著書論潮 先說所難 杜塞來徑 欲勿出其論耳 意者豈以僕爲狂瞽無識 而不欲使之見耶 苟如是 昨之許以見示 特誑我也戲我也 豈篤信君子與人勿欺之意乎 不然 僕豈昨日爲可敎之人 而今日忽狂瞽無識耶 抑或以爲世無知者 而姑傳于後 將以俟來者之知耶 苟如是 先生忍不令同時作者共甘滋液 而獨使異世之士 得前人所未得嘗希世之味 而咀嚼甘芳 飫於口飽於腹耶 是大不然 想先生必不爾也 然則未識先生之志之何如也 若終祕嗇而不出焉 則非吾分所當得 是吾不復有冀矣

但仰問一言 要識其旨歸耳 伏惟先生聽之 先生立論 必有根據 據何書證何人而言耶 若以水經爲據 則水經已有其說 何更有先生之說乎 若以盧肇爲證 則其賦已詳之矣 先生之論 必不能更及也 抑聞釋氏有論 釋氏則因說法而證引耳 非必特地爲海潮而表量剖析也 況以釋氏爲準 則儒家之短也 儒先釋生 通天地曰儒 儒必待釋氏然後言天地耶 是亦非所以爲證也 其餘古人所云地游應海 介人呼吸 陽侯靈

胥 鼓怒所作 則尤無所可取也 以先生之宏識博學 當別有所論述 博播士林 有以
聳動衆聽 知世有博物君子宜矣 而何深閉固拒若是之甚耶

僕嘗以水經肇賦 私折衷焉 則水經所謂鮨魚出入有候 故潮之進退有期 此則似
爲賤近 雖僕亦未知之信也 盧歊州獨判然決疑 以潮之進退 因乎日其盈其縮 與月
同體 因自設十四問 隨而釋之 窮理盡性 妙入毫芒 其法與易象渾天肳合 吾以此
爲確論 竊謂後雖有論者 殆未能過此 及聞先生有所論著 汲汲然求見之滋切 如渴
者之思飮 痒者之待爬 而未嘗須臾弛念也

伏望閤下不惜祕蘊 還以一言見賜 指其所以證據之意 使小子拂彗披瞽 粲然觀
黼黻之文 鏘然聞韶濩之音 則此亦大君子所以諭掖後進之一端也 不宣 某再拜

爲鼂錯雪寃論

古之人論漢之英明之君 則首稱文景 然以誅錯事觀之 景帝不足謂之明矣 且國
政非臣之所能專斷而行之者也 陳其利害 而取斷於君上者 臣之職也 受下之謀議
商酌可否 而後行之者 君之明也

錯旣爲漢臣 患諸侯之彊大難制 欲因過削地 以尊京師 此可謂忠於國者也 遂以
此奏於上 上亦不能獨裁 與公卿列侯宗室雜議而後行之 則咎不獨在錯矣 脫七國
實爲錯而發兵者 業已用其計而致此 則是朝延之恥也 宜徐觀其變 然後誅之未
晩也 錯之削諸侯 亦非不慮其反逆而策之者也 宜委以制禦之任 有不可而後誅之
亦可矣 況吳王卽山鑄錢 煮海爲鹽 爲反計數十年 而後與六國發之 則名雖誅錯
其意不在錯也 苟其勢可以抗京師 則雖急斬錯以謝 祇自示中國之輕耳 終不爲罷
兵明矣 苟不能以區區七國 能抗京師 則雖不誅錯 其若子何耶 其誅之也

雖斷自上心 猶爲不可 況聽其讐者之讒 以戮忠臣 內爲袁盎復讐 外爲諸侯報仇
其不明孰大焉 又使中慰給載行市 是欺臣也 以天子而斬一鼂錯 何必誑耶 是亦非
人君之政也 過孰甚焉 惜也 銳於爲國遠慮 而反受誅戮 鼂錯之寃 不亦甚乎

以文帝之疎斥賈誼 較諸此 則彼特過之小小者耳 況誼之斥也 未幾復徵 傳上之
愛子 而其策雖未盡見用 其所採而施於世者亦多矣 則不可謂大失其志者也 然後

世猶以不大用 爲之冤也 況如錯者乎 予是以譏景帝之不明 以此雪錯之深冤也 嗚呼 有努力扶我身者 誤而少失其手 則未及踣地 而敢怒斥耶

杜牧傳甑裂事駁

牧傳 有牧之死 炊甑裂 牧曰不祥 予駁之曰 此拘忌小數 淫巫瞽史之說耳 牧曰不祥 非醇儒所當言者 史臣宋公 宜逸而猶書之 亦雜也 書曰 牝鷄之晨 惟家之索 夫牝固無司晨之任 牝而晨焉 家之怪 孰大於是 甚於國之雄雛鼎耳鼠舞端門之妖 故聖人存而不刪 若甑之裂者 或因火烈 或因水燥 而非必以怪 牧之死適會耳 不足以爲的驗

以予所試觀之 予家去歲秋九月 方爨甑剖而裂 予殊不以爲怪 又今歲二月 甑鳴如牛吼 俄而大裂 如人劃破者 竈婦□□然失色 奔告於予 予笑自若 適有術人至曰 此不利主人 非痛祈解 恐不免 室人欲亟從其言 予止之曰 死生有命 苟有死期 怪特先兆耳 祈解何益 苟無焉 甑裂其如予何 果不死至于今 且杜牧以何無狀 遇甑一裂而死 予以何德 被甑再裂而能免耶 此不驗明準也 吾恐後人溺於其說 故書而曉之

書韓愈論雲龍雜說後

愈之說曰 龍噓氣成雲 雲亦靈怪矣 龍之使能爲靈也 若龍之靈 非雲之所使靈也 然龍不乘雲 無以神其靈異乎 其所憑依 乃所自爲也 韓之說如此 予謂之曰 非獨龍也 人亦猶爾 言龍而不及人 何也 詳味韓之意 以龍而喩人 喩人而不及人 欲令意有所蓄而不直洩也

夫粲乎文章 鬱乎詞氣 皆人之所自吐也 絢焉爲錦繡羅縠 岣焉爲高峯絶岸 舒也卷也彤也靑也 皆類雲之紛紜翕霍 千狀萬態也 則可謂靈怪矣 其靈也乃人之所自

爲 而非文章才藝之能靈人也 然人不憑文章才藝 亦無以神其靈也 且乖龍不能興雲 唯神龍然後興之 則非雲之靈其龍 審矣 然龍不乘雲 無以神其靈 庸人不能吐文章詞氣 唯奇人然後吐之 則文章之不能靈人亦審矣 然人不憑文章 亦無以神其靈 則神龍與詩人之變化一也 請以此洩韓之微也

麴先生傳

麴聖字中之 酒泉郡人也 少爲徐邈所愛 邈名而字之 遠祖本溫人 恒力農自給 鄭伐周 獲以歸 故其子孫或布於鄭 曾祖史失其名 祖車徙酒泉因家焉 遂爲酒泉郡人 至父醛 始仕爲平原督郵 娶司農卿穀氏女 生聖

聖自爲兒時 已有沈深局量 客詣父目愛曰 此兒心器 當汪汪若萬頃之波 澄之不淸 撓之不濁 與卿談 不若與阿聖樂 及長 與中山劉伶潯陽陶潛爲友 二人嘗謂曰 一日不見此子 鄙吝萌矣 每見 移日忘疲 輒心醉而歸 州辟糟丘掾 未及就 又徵爲靑州從事 公卿交口薦進 上令待詔公車 居無何 召見目送曰 此酒泉麴生耶 朕飮香名久矣 先是太史奏酒旗星大有光 未幾聖至 帝亦以是益奇焉 卽拜爲主客郎中 尋轉爲國子祭酒兼禮儀使 凡掌朝會宴饗宗廟蒸嘗酌獻之禮 無不稱旨 上器之 擢置喉舌 待以優禮 每入謁 命昇而升殿 呼麴先生而不名 上心有不懌 及聖入見 上始大笑 凡見愛皆此類也

性嗜籍 日親近 與上無小忤 由是益貴幸 從上遊宴無節 子酷醲醒 倚父寵 頗橫恣 中書令毛穎上疏劾奏曰 倖臣擅寵 天下所病 今麴聖以斗筲之用 幸登朝級 位列三品(酒有三品) 內深賊 喜中傷人 故萬人呶號 疾首痛心 此非醫國之忠臣 乃實毒民之賊 夫聖之三子 憑恃父寵 橫行放肆 爲人所訾 請陛下幷賜死以塞衆口 書奏 子酷等卽日飮酖自殺 聖坐廢爲庶人 鴟夷子亦嘗善聖 故亦墮車自死 初鴟夷子以滑稽見幸 與麴聖相友 每上出入 託於屬車 鴟夷子嘗困臥 聖戲曰 卿腹雖大空洞何有 答曰 足容卿輩數百 其相戲謔如此

聖旣免 齊郡鬲州間 盜賊羣起 上欲命討 難其人 復起聖爲元師 聖持軍嚴 與士卒同甘苦 灌愁城一戰而拔 築長樂阪而還 帝以功封爲湘東侯 一年 上疏乞退曰

臣本甕牖之子 少貧賤 爲人轉賣 偶逢聖主 虛心優納 拯於沈溺 容若江湖 有忝洪造 無潤國體 前以不謹 退安鄉里 雖薄露之垂盡 幸餘滴之得存 敢欣日月之明 更發醯鷄之覆 且器盈則覆 物之常理 今臣遇痟渴之病 命迫浮漚 庶一吐愈音 使退保餘生 帝優詔不允 遣中使齎松桂菖蒲等藥物 就其第省病 聖累表固辭 上不得已許之 遂歸老故鄉 以壽終

弟賢 官至二千石 子酖醷醂酺 服桃花汁學仙 族子釀醽醐 皆籍屬萍氏云

史臣曰 麴氏世本農家 聖以醇德淸才 作王心腹 甚酌國政 有沃帝心 幾致太平旣醉之功 盛哉 及其泰寵 幾亂國經 雖禍及於子 無憾 然晚節知足自退 能以壽終 易曰 見幾而作 聖庶幾焉

盧克淸傳

予修明宗實錄 立此傳 有可激貪競 故附之

盧克淸者 不知何許人也 官止散官直長同正 家貧將賣宅未售 而方因事之外郡 其婦與郞中玄德秀 受白銀十二斤賣之 及克淸還京師 見其直多剩 遂持三斤 詣德秀曰 予甞買此宅 只給九斤耳 居數年 無所加修 而剩得三斤 非理也 請還之 德秀亦義士也 拒而不納曰 爾爲獨守公理 而予不爾也 遂不受 克淸曰 予平生義不爲非 豈可賤買貴賣 黷于貨乎 設閤下不從 請盡納其直 復受吾家也 德秀不得已受之 因謂曰 予豈不逮克淸者耶 遂納其銀於佛寺

聞者莫不嘆息曰 末俗奔競之時 亦有如此人者乎 予恨記事者不詳其家世及餘所行而已

答石問

有石磈然大者問於予曰 予爲天所生 居地之上 安如覆盂 固若植根 不爲物轉 不爲人移 保其性完其眞 信樂矣 子亦受天所命 得而爲人 人固靈於物者也 曷不自由其身 自適其性 常爲物所使 常爲人所推 物或有誘 則溺焉而不出 物或不來 則慘然而不樂 人肯則伸焉 人排則屈焉 失本眞 無特操 莫爾若也 夫靈於物者 亦若是乎

予笑而答之曰 汝之爲物 何自而成 佛書亦云 愚鈍癡頑精神 化爲木石 然則汝 旣喪其妙精元明 落此頑然者也 況復和氏之璞見剖也 汝亦從而俱剝 崑崗之玉將焚也 汝亦與之同煎 抑又予若駕龍而升天也 汝必爲之騙石 因得而踐焉 吾將示死而入地也 汝當爲之豐碑 因刻而傷焉 玆詎非爲物所轉 且傷其性而反笑我爲 予則內全實相而外空緣境 爲物所使也 無心於物 爲人所推也 無忤於人 迫而後動 招而後往 行則行止則止 無可無不可也 子不見虛舟乎 予類夫是者也 子何詰哉 石慚而無對

問造物

予問造物者曰 夫天之生蒸人也 旣生之 隨而生五穀 故人得而食焉 隨而生桑麻 故人得而衣焉 則天若愛人而欲其生之也 何復隨之以含毒之物 大若熊虎豺貙 小若蚊虻蚤虱之類 害人斯甚 則天若憎人而欲其死之也 其憎愛之靡常 何也 造物曰 子之所問 人與物之生 皆定於冥兆 發於自然 天不自知 造物亦不知也 夫蒸人之生 夫固自生而已 天不使之生也 五穀桑麻之產 夫固自產也 天不使之產也 況復分別利毒 措置於其間哉 唯有道者 利之來也 受焉而勿苟喜 毒之至也 當焉而勿苟憚 遇物如虛 故物亦莫之害也

予又問曰 元氣肇判 上爲天 下爲地 人在其中 曰三才 三才一揆 天上亦有斯毒乎 造物曰 予旣言有道者物莫之害也 天旣不若有道者而有是也哉 予曰 苟如是

得道則其得至三天玉境乎 造物曰 可

予曰 吾已判然釋疑矣 但不知子言天不自知也 予亦不知也 且天則無爲 宜其不自知也 汝造物者 何得不知耶 曰 予以手造其物 汝見之乎 夫物自生自化耳 予何造哉 予何知哉 名予爲造物 吾又不知也

問土靈

劉夢得曰 天獨陽 不可問 問於大鈞 然則配天尊者后皇 后皇不可問 問於后皇所統五土之靈曰 汝特天地間㻞然一物也 非特埋金玉石鐵瓦礫朽帑無情之物 亦能埋人矣 聖若孔丘 賢若顏氏 淸如伯夷 孝如曾子 剛腸者子儀 烈膽者李愬 文之雄者韓柳 詩之豪者李杜 其鴻識巨量 英精逸狀 與天角壯 汝忍埋之乎 俀若江充 惡如梁冀 罔君者斯高 盜國者安史 其姦腥毒臭 似不堪受 汝亦容埋乎

對曰 甚矣 子之誤也 萬物歸根於土 自然之數也 何擇而不埋乎 我本爲天所命爲地所尸 物無巨細善惡 皆得埋之 雖然於其人也 有埋骨埋精魄者 有埋骨不能埋精魄者 汝得聞乎 若聖若賢 若廉孝忠烈 若才之豪逸者 其精也歸天 否則復生於人間 或爲順子純臣 或爲烈士英人 故其骨可埋 其精魄不可埋也 若俀若賊若欺罔回懸者 則吾能錮其精囚其魄 以我之坎陷之 以我之厚掩之 猶以爲慊 以吾所藏巨石以檻之 以吾所出湧水以墊之 故非特埋其骨 亦能埋其精魄矣 予曰 善乎 遂書其對

命斑獒文

爾毛有文 槃瓠之孫乎 爾捷而慧 烏龍之裔乎 鈴蹄而漆喙 舒節而急筋 戀主之誠可愛 守門之任斯存 予但乃猛愛乃意 育之於家 以寵以飼

汝雖賤畜 斗精所寄 其靈且智 物孰類爾 主人有命 汝宜竦耳 吠嘗無節 人不懼醬不擇人 禍之始 有芰芰戴進賢三梁 言言挾華輴兩廂 帶檷具佩水蒼 驪哄塡坊

鏘鏘琅琅而至者 則汝勿吠 有高文大冊不可稽滯 聖慮念臣儻可奉制 急遣內豎 徵主人詣天陛者至 則雖夜汝勿吠 有飣䬼盤膳皿腌鼎餾 樽醴壺醢 饋先生行束脩者至 則汝勿吠 有衣縫腋挾緗帙 欲與主人橫訊直質 踦駮難詰者林林而至 則汝勿吠

所可吠且齧者 亦聽於吾 覘實虛乘不虞 穴墻壙窺室廬 謀攘金規竊鈇者 則汝速吠速齧勿徐 其或外脂柔內鉗忌 偵人是非 潛毒隱刺者 突梯喎咼而至 則汝吠可也 有老覡淫巫 瞪視橫眹 舞幻引怪 以詿以眩者 款扉而求見 則汝齧之可也 有黠鬼妖魑 緣隙以窺 伺黑以欺 則汝吠而追之可也 有伏狸碩鼠 鑽墻以處 廁匿睥睨 則汝齧而殪之可也

橐有肉毋盜 鼎有湆毋舐 毋登堂 毋撥地 毋離門 毋嗜睡 生雛則惟獝惟獰 豹脣蠣尾 以及于主人之孫子宜矣 嗚呼 汝若敬聽吾言 佩以周旋 千歲之後 主人登仙 飲汝以藥 牽而上天 孰曰不然 敬聽敬聽毋忽焉

呪鼠文 幷序

予家素不畜貓 故羣鼠橫恣 於是疾而呪之

惟人之宅 翁媼作尊 挾而輔之 各有司存 司烹飪者赤脚 司廝牧者崑崙 下至六畜 職各區分 馬司代勞 載驅載馳 牛司引重 或耕于菑 鷄以鳴司晨 犬以吠司門 咸以所職 惟主家是裨
問之衆鼠 爾有何司 孰以汝爲畜 從何産而滋 穿窬盜竊 獨爾攸知 凡曰寇盜 自外來思 汝何處于內 反害主家爲 多作戶竇 側入旁出 伺暗狂跦 終夜窣窣 寢盍橫恣 公行白日 自房歸廚 自堂徂室 凡獻佛之具 與事神之物 汝輒先嘗 蔑神無佛 以能穴堅 善入函櫝 以常穿突 煙生隈曲 飮食之是盜 汝亦營口腹 何故噬衣裳 片段不成服 何故齕絲頭 使不就羅縠
制爾者貓 我豈不畜 性本于慈 不忍加毒 略不德我 奔突抵觸 喻爾懲且悔 疾走避我屋 不然放獰貓 一日屠爾族 貓吻塗爾膏 貓腹葬爾肉 雖欲復活 命不可贖 速去速去 急急如律令

異相者對

　有相者不知何自而來 不讀相書 不襲相規 以異術相之 故謂異相者 搢紳卿相男女幼長 爭邀競往 無不使相焉 相富貴而肥澤者曰 子之貌甚瘠矣 族之賤莫子若也 相貧賤而癯羸者曰 子之貌肥矣 族之貴若子者稀矣 相盲者曰 明者也 相踦而善走者曰 跛躄而不能步者也 相婦人之色秀者曰 或美或醜 相世所謂寬而且仁者曰 傷萬人者也 相時所謂酷之尤深者曰 悅萬人之心者也 其所相 率皆類乎 非特不能言倚伏所自 其察容止 皆尤視也 衆譁傳以爲詭人 欲執而鞫理其僞 予獨止之曰 夫言有先逆而後順者 外近而內遠者 彼亦有眼 豈不知肥者瘠者瞎者 而指肥爲瘠 指瘠爲肥 指瞎爲明者乎 此必相之奇者也

　於是沐浴灌漱 整襟合紐 造相者之所寓 遂屛左右曰 子相某人某人 其曰某某何也 對曰 夫富貴則驕傲陵慢之心滋 罪之盈也 天必反之 將有糠粃不給之期 故曰瘠也 將偭然爲匹夫之卑 故曰子之族賤矣 貧賤則降志貶己 有憂懼修省之意 否之極焉 泰必復矣 肉食之兆已至 故曰肥也 將有萬石十輪之貴 故曰子之族貴矣 窺妖姿美色而觸之 覿珍奇玩好以欲之 化人爲惑 枉人爲曲者目也 由此而至不測之辱 則玆非不明者乎 唯瞎者 淡然泊然 無欲無觸 全身遠辱 過於賢覺 故曰明者也 夫捷則尙勇 勇則陵衆 其終也或爲刺客 或爲姦首 及廷尉繋之 獄卒守之 桎在足木貫胠 雖欲逸走 得乎 故曰跛躄而不能步者也 夫色也 淫侈伏異者視之 則瓊瑤之秀也 直方淳質者視之 則泥土之醜也 故曰或美或醜 夫所謂仁人者 其死之時 蠢蠢蚩蚩 思慕涕洟 怊乎若嬰兒之失母慈 故曰傷萬人者也 所謂酷者 其死也塗歌巷和 羊酒相賀 有笑而口未闔者 有抃而手欲破者 故曰悅萬人者也

　予瞿然起曰 果若吾辭 此實相之奇者也 其言可以爲銘爲規 豈此夫沿色隨形 說貴則曰龜文犀角 說惡則曰蜂目豹聲 滯曲循常 自聖自靈者乎 退而書其對

狂辨

世之人皆言居士之狂 居士非狂也 凡言居士之狂者 此豈狂之尤甚者乎 彼且聞之歟 視之歟 居士之狂 何似乎裸身跣足 其水火是軼乎 傷齒血吻 其沙石是醬乎 仰而話天咄咄乎 俯而叱地㪍㪍乎 散髮而號喝乎 脫裩而奔突乎 冬而不知其寒乎 夏而不知其熱乎 捉風乎 捕月乎 有此則已 苟無焉 何謂之狂哉
噫 世之人當閑處平居 容貌言語人如也 冠帶服飾人如也 及一旦臨官莅公 手一也而上下無常 心一也而反側不同 倒目易聰 質移西東 眩亂相蒙 不知復乎中 卒至喪轡失軌 僵仆顚躓然後已 此則外能儼然 而內實狂者也 玆狂也不甚於向之軼水火醬沙石之類耶 噫 世之人多有此狂 而不能救已也 又何假笑居士之狂哉 居士非狂也 狂其迹而正其意者也

慵諷

居士有慵病 語於客曰 世倏忽而猶慵寓 身微眇而猶慵持 有宅一區 草穢而慵莫理 有書千卷 蠹生而慵莫披 頭蓬慵掃 體疴慵醫 慵與人嬉笑 慵與人趨馳 口慵語 足慵步目慵顧 踏地觸事 無一不慵 若此之病 胡術而攻 客無以對 退而圖所以解其慵者

歷旬日而復詣曰 間闊不面 不勝眷戀 願承英眄 居士復以慵之病 不喜相見 固請而見之曰 僕久不聞居士之軟笑微言 今者暮春之辰 鳥鳴于園 風日駘蕩 雜花綺繫 僕有美酒 玉蛆浮動 其香也滿室 其氣也撲鼻 獨酌不仁 非君誰共 家有侍兒善爲鄭聲 旣工吹笙 又擊胡箏 不忍獨聽(叶韻) 亦以待先生 然恐先生之憚其枉駕也 其無意於暫行乎 居士欣然拂衣而起曰 子以老夫不謂老且衰 欲以甘口之藥 希代之姿 慰其鬱鬱之思 老夫亦何敢固辭 於是束腰以帶 猶恐其晩 納踵於履 猶恐其遲 汲汲然出而將歸矣

客忽然有慵態 口亦慵而似不能對 俄復翻然告曰 子旣領吾請 似不可改 然先生

昔言之懦也 今之言也緊 昔顧之懦也 今之顧也謹 昔步之懦也 今之步也迅 豈先生之懦病 從此而欲盡乎 然伐性之斧 色爲甚 腐腸之藥 酒之謂 先生獨於此 不覺懦之自弛 其趨也如歸市 吾恐先生由此而之焉 至損性敗身而後已 僕懦見先生之如此 戄然與先生懦話 戄然與先生懦坐 意者先生之懦病 無奈移於我哉
　居士赧然泚顙而謝曰 善矣 子之諷吾懦也 吾曩語子以病懦 今聞子之一言 急於影從 不覺懦之去之無蹤也 始知嗜欲之於人 其移心也迅 其入耳也順 繇此而之焉 其禍人身也疾且猷 固不可不慎也 吾將移此之心 入於仁義之廬 去其懦而務其勱 子謂何如 子其姑須 無以嘲吾也

天人相勝說

　劉子曰 人衆者勝天 天定亦能勝人 予早服斯言久矣 今益信之也 何者 予嘗掌記完山 爲同寮者所讒見罷 及到京師 其人亦常在要會 簧其舌而鼓之 故凡九年莫見調 此乃人勝天也 豈天哉 及其人已斃 然後卽其年入補翰林 因累涉淸要 遄登高位 則此乃天勝人也 人豈可終妨哉
　或難之曰 太公八十遇文王 朱買臣五十而貴 此寧有人讒之而晚遇耶 實命數使然也 予曰 二公之晚遇者 如子所言命數也 算予命 雖於其時不至大蹇 有凶人乘之而鍛成其大故也 或又曰 命未大屯 而凶人乘而助之 亦命也 何謂是哉 予曰 我於其時 若小忍之而不與之爲隙 則必無是也 以予所自召而致之也 則何關乎命哉 或者服之曰 子之悔過也如此 宜乎遠到也

鏡說

　居士有鏡一枚 塵埃侵蝕 掩掩如月之翳雲 然朝夕覽觀 似若飾容貌者 客見而問曰 鏡所以鑒形 不則君子對之 以取其淸 今吾子之鏡 濛如霧如 旣不可鑑其形 又

無所取其淸 然吾子尙炤不已 豈有理乎 居士曰 鏡之明也 姸者喜之 醜者忌之 然 姸者少 醜者多 若一見必破碎後已 不若爲塵所昏 塵之昏 寧蝕其外 未喪其淸 萬 一遇姸者而後磨拭之 亦未晚也

噫 古之對鏡 所以取其淸 吾之對鏡 所以取其昏 子何怪哉 客無以對

雷說

天鼓震時 人心同畏 故曰雷同 予之聞雷 始焉喪膽 及反覆省非 未覓所嫌 然後 稍肆體矣 但一事有略嫌者 予嘗讀左傳 見華父目逆事 未嘗不非之 故於行路中遇 美色 則意不欲相目 迺低頭背面而走 然其所以低頭背面 是迺不能無心者 此獨自 疑者耳

又有一事 未免人情者 人有譽己 則不得不喜 有毁之 則不能無變色 此雖非雷 時所懼 亦不可不戒也 古人暗室不欺者 予何足以及之

舟賂說

李子南渡一江 有與方舟而濟者 兩舟之大小同 榜人之多少均 人馬之衆寡幾相 類 而俄見其舟 離去如飛 已泊彼岸 予舟猶遭廻不進 問其所以 則舟中人曰 彼有 酒以飮榜人 榜人極力蕩槳故爾 予不能無愧色

因歎息曰 嗟乎 此區區一葦所如之間 猶以賂之之有無 其進也有疾徐先後 況宦 海競渡中 顧吾手無金 宜乎至今未霑一命也 書以爲異日觀

理屋說

家有頹廡不堪支者凡三間 予不得已悉繕理之 先是 其二間爲霖雨所漏寢久 予知之 因循莫理 一間爲一雨所潤 亟令換瓦 及是繕理也 其漏寢久者 榱桷棟樑 皆腐朽不可用 故其費煩 其經一雨者 屋材皆完固可復用 故其費省
予於是謂之曰 其在人身亦爾 知非而不遽改 則其敗已不啻若木之朽腐不用 過勿憚改 則未害復爲善人 不啻若屋材可復用 非特此耳 國政亦如此 凡事有蠹民之甚者 姑息不革 而及民敗國危 而後急欲變更 則其於扶越也難哉 可不愼耶

七賢說

先輩有以文名世者某某等七人 自以爲一時豪俊 遂相與爲七賢 蓋慕晉之七賢也 每相會 飮酒賦詩 旁若無人 世多譏之 然後稍沮 時予年方十九 吳德全許爲忘年友 每携詣其會 其後德全遊東都 予復詣其會
李淸卿目予曰 子之德全 東遊不返 子可補耶 予立應曰 七賢豈朝廷官爵而補其闕耶 未聞嵇阮之後有承之者 闔座皆大笑 又使之賦詩 占春人二字 予立成口號曰 榮參竹下會 快倒甕中春 未識七賢內 誰爲鑽核人
一座頗有慍色 卽傲然大醉而出 予少狂如此 世人皆目以爲狂客也

塊擊貪臣說

崔員外洪烈 志尙剛正 嘗掌記南京也 縛殺權臣義文所遣蒼頭之怙主勢橫恣割人者 由是著名矣 爲微官時 廣會中有一文士理邑不廉者 崔君擧飮器瓷塊將擊之 先以口銜指大嘯 以斂其氣 敢言曰 坐有貪者 吾欲擊之 昔者段秀實笏擊奸臣 今崔

子將壋擊貪臣矣 雖不斥言其名 其人自省己之不廉 潛出而遁之

後有以此爲戲者 崔君輒怒 唯李郞中元老笑之 則雖以銜指大嚼狀示之 崔君不得怒 但低頭自笑而已 以與李君相好故也

論日嚴事

明廟實三十七年太平之主也 終雖被廢 其明智有不可形容者 臣請粗論之

時南國有浮屠日嚴者 自稱世尊 人皆傳能理人疾病 雖至盲聾風癩 無不立愈 京師聞之 皆欲迎致 上重違衆志 先使內臣驗其實 內臣還奏如所聞 上不得已使使迎之 勅置東城外弘法寺 其始來也 冒綵氎巾乘駁馬 以綾扇障其面 徒衆不可勝計 遮擁馬首 有不得正視其顔者 京師士庶 日夜會其寺 無慮萬餘人 皆唱阿彌陀佛 聲聞十里 乃至公卿搢紳及其配耦幽閨處女 其聚如林 皆以髮布其前 藉日嚴之足 凡日嚴飮食之餘 沐浴之水 苟得之 雖涓滴貴如千金 無不飮服 當此之際 上若迎入大內 痛加禮敬 則一國變爲胡風 以至男女雜處 淫亂必甚矣 上漸驗其實 放遣江南 明廟之智如此 至聖子神孫反正享祚 焉知不以此耶 但恨當時無一諫官如韓吏部諫迎佛骨者耳

後驗其事 則其僧先敎人曰 萬法唯心 汝若勤念佛曰 我病已愈 則病隨而愈矣 愼勿言疾之不愈 以是盲者妄言已視 聾者亦言已聞 所以令人易惑 是豈國之妖者歟 嗚呼 幾誤一國矣

忌名說

李子問吳德全曰 三韓自古以文鳴於世者多矣 鮮有牛童走卒之及知其名者 獨先生之名 雖至婦女兒童 無有不知者 何哉

先生笑曰 吾嘗作老書生 餬口四方 無所不至 故人多知者 而連擧春官不捷 則

人皆指以爲今年某又不第矣 以此熟人之耳目耳 非必以才也 且無實而享虛名 猶無功而食千鐘之祿 吾以是窮困若此 平生所忌者名也 其貶損如此 或以公爲恃才傲物 此甚不知先生者也

草堂理小園記

城東之草堂 有上園下園 上園縱三十步 橫如之 下園縱橫纔十許步 步則依古算田法而計之也 每夏五六月 茂草競秀 至將人腰 而猶不使之剪之也 家有矮奴三 贏僮五 見之不能無愧 以鈍鋤一事 更相刮薙 纔三四步而輟 閱旬日 又理他處 則草生前所理處 翁然莽然矣 又旬日 復理翁然莽然者 則草又生後所理處 翁然滋茂矣 如是而終不能盡去焉 此予之督役弛 而奴之用力怠故也 遂貰而不詰 乃自理下之小園 小園力足勝 故遂去怠奴 而躬自理之 剗剪榴薺 增卑落高 使平如碁局之面焉 於是葛衣紗帽 徙倚乎其上 竹簟石枕 偃臥乎其中 林影散地 清風自來 兒牽我衣 我撫兒項 熙熙怡怡 足以遣日 此亦閑居者之一場樂地也

嗚呼 有三十步之園 不能勝理 移於十步之地 然後僅能理焉 是豈拙者之效歟 推是而移之朝廷 顧復穢其務而不理耶 然昔陳仲擧不掃一室 其志遠也 由是言之 大丈夫之蓄意 亦豈了言哉 因自笑而私志之 志而觀之 亦往往自大笑 笑復以爲樂也 甲寅五月二十三日記

接菓記

事有初若妄誕幻怪 而其終乃眞者 其接菓之謂乎 予先君時 有號長身田氏者 善接菓 先君使試之 園有惡梨凡二樹 田氏皆鋸斷之 求世所謂名梨者 斫若干梢 安於斷株 以膏泥封之 當其時見之 似妄誕矣 雖至茸抽葉茁 亦似幻怪矣 及鬱然夏陰茂 賁然秋實成 然後乃信其終眞者 而妄誕幻怪之疑 始去於心矣

先君沒凡九稔 覩樹食實 未嘗不思嚴顏 或攀樹嗚咽 不忍捨去 且古之人以召伯 韓宣子之故 有勿剪甘棠封植嘉樹者 況父之所嘗有而遺之於子者 其恭止之心 何 翅勿剪封植而已哉 其實亦可跪而食矣 抑慮先君以此及予者 豈使予革非遷善 當 效玆樹耶 聊志而警之耳

素琴刻背志

風俗通曰 琴者樂之統也 君子所常御 不離於身者也 予非君子人也 尙蓄一素琴 絃孔不具 猶撫而樂之 客有見而笑者 因具五絃以與之 予授之不辭 於是彈爲長側 短側大遊小遊 凡皆如意也
昔陶潛有無絃琴 寓意而已 予以區區此一蛹絲 要聽其聲 則其不及陶潛遠矣 然 予自樂之 何必效古人哉 酌一杯弄一曲 以此爲率 是亦遣一生之一樂也 遂刻其背 曰 白雲居士琴 欲使後之見者 知某之手段所嘗經也

白雲居士語錄

李叟欲晦名 思有以代其名者曰 古之人以號代名者多矣 有就其所居而號之者 有因其所蓄 或以其所得之實而號之者 若王績之東皐子 杜子美之草堂先生 賀知 章之四明狂客 白樂天之香山居士 是則就其所居而號之也 其或陶潛之五柳先生 鄭熏之七松處士 歐陽子之六一居士 皆因其所蓄也 張志和之玄眞子 元結之漫浪 叟 則所得之實也 李叟異於是 萍蓬四方 居無所定 寥乎無一物可蓄 缺然無所得 之實 三者皆不及古人
其於自號也 何如而可乎 或目以爲草堂先生 予以子美之故 讓而不受 況予之草 堂 暫寓也 非居也 隨所寓而號之 其號不亦多乎 平生唯酷好琴酒詩三物 故始自 號三酷好先生 然鼓琴未精 作詩未工 飮酒未多 而享此號 則世之聞者 其不爲噱

然大笑耶 翻然改曰 白雲居士 或曰 子將入靑山臥白雲耶 何自號如是

曰 非也 白雲吾所慕也 慕而學之 則雖不得其實 亦庶幾矣 夫雲之爲物也 溶溶焉洩洩焉 不滯於山 不繫於天 飄飄乎東西 形迹無所拘也 變化於頃刻 端倪莫可涯也 油然而舒 君子之出也 歛然而卷 高人之隱也 作雨而蘇旱 仁也 來無所着 去無所戀 通也 色之靑黃赤黑 非雲之正也 惟白無華 雲之常也 德旣如彼 色又如此 若慕而學之 出則澤物 入則虛心 守其白 處其常 希希夷夷 入於無何有之鄕 不知雲爲我耶 我爲雲耶 若是則其不幾於古人所得之實耶 或曰 居士之稱何哉 曰 或居山或居家 惟能樂道者而後號之也 予則居家而樂道者也 或曰 審如是 子之言達也 宜可錄 故書之

南行月日記

予嘗欲遊踐四方 凡吾馬足之所到 若有異聞異見 則詩以拾文以採 以爲後日之觀 其意何哉 假得老以至脚衰腰僂 所處不過房櫳之內 所見不出袵席之間 則取吾手集 覩昔少壯時奔馳步驟遊賞之跡 赫赫若前日事 尙足以舒暢其幽鬱也 予詩集中 有江南詩若干首 至今讀其詩 則當日之遊 了了然若在眼前矣 後五載 出補全州幕府 二年間凡所遊歷 頗亦多矣 然每遇江山風月 嘯才出吻 而簿書獄訟 來相侵軼 止得一聯一句 而其不能卒就者多 故所得全篇 不過六十餘首 然列郡風土山川形勝 有所可記 而倉卒不能形于歌詠 則草草書于短牋片簡 目爲日錄 雜用方言俗語也 及庚申季冬 入洛閑居 始出而見之 莽莽焉不可讀之 其所自爲 而反自笑也 盡取而焚棄之 拾一二可讀者 姑次而記之云

夫全州者 或稱完山 古百濟國也 人物繁浩 屋相櫛比 有故國之風 故其民不椎朴 吏皆若衣冠士人 進止詳審可觀 有中子山者 最翁鬱 州之雄鎭也 其所謂完山者 特一短峯耳 異哉 一州之以此得號也 距州理一千步 有景福寺 寺有飛來方丈 予自昔聞之 以事叢務劇 不得一訪 一日因休暇 遂往觀焉 所謂飛來方丈者 昔普德大士自盤龍山飛來之堂也 普德字智法 嘗居高句麗盤龍山延福寺 一日忽謂弟子曰 句麗唯尊道敎 不崇佛法 此國不久必矣 安身避難 有何處所 弟子明德曰 全

州高達山 是安住不動之地 乾封二年丁卯三月三日 弟子開戶出見 則堂已移於高達山 距盤龍一千餘里也 明德曰 此山雖奇絶 泉水枯涸 我若知師移來 必幷移舊山之泉矣 崔致遠作傳備詳 故於此略之

十一月己巳 始歷行屬郡 則馬靈鎭安 山谷間古縣也 (以下三十三字略) 循山繚繞而行 乃得至於雲梯 自雲梯至高山 危峯絶嶺 壁立萬仞 路極窄 下馬而後行 高山於他郡中 頗爲不陋 自高山至禮陽 自禮陽至朗山 皆一宿而去 明日將向金馬郡 求所謂支石者觀之 支石者 俗傳古聖人所安 果有奇迹之異常者 明日入伊城 民戶凋耗 籬落蕭條 客館亦草覆之 吏之來者不過鶯鶯四五人而已 見之惻然可傷

十二月 奉朝勅 課伐木邊山 邊山者 國之材府 修營宮室 靡歲不採 然蔽牛之大干霄之幹 常不竭矣 以其常督伐木 故呼予曰斫木使 予於路上 戲作詩曰 (以下二十五字略)

正月壬辰 初入邊山 層峯複岫 昂伏屈展 其首尾所措 跟肘所極 不知幾許里也 旁俯大海 海中有羣山島猬島鳩島 皆朝夕所可至 海人云 得便風直若激箭 則其去中國 亦不遠也 山中尤多栗 一方之人 歲相資以爲食焉 行若干里 有美箭植植立如麻 僅數百步 皆以樊籬障之 絶竹林直下 始得平路 行至一縣 曰保安者也 方潮汐之來 雖平路 忽漫然爲江海 故候潮之進退 以爲行期 予始行也 潮方來 尙去人五十許步 於是促鞭馳馬欲先焉 從者愕然急止之 予不聽猶馳之 俄而崩奔蹴踏而至 其勢若萬軍倍道趨來 穹豐然甚可畏也 予□□然急走登山 而後僅得免焉 然亦能追及而蕩馬腹也 其或雲波翠巘 隱見出沒 陰晴昏旦 每各異狀 雲霞綵翠 浮動乎其上 縹緲如萬疊畫屏 擧目眺賞 恨不與二三子之能詩者齊轡而同吟也 然萬景觸惱 使人情張王 初不思爲詩 不覺率然自作也 嘗過主史浦 明月出嶺 晃映沙渚 意思殊蕭洒 放轡不驅 前望蒼海 沈吟良久 馭者怪之 得詩一首云云

閏十二月丁未 又承朝旨 監諸郡冤獄 先指進禮縣 山極高 入之漸幽奧 如蹈異邦別境 邑邑然意漸無聊 日過午 始入郡舍 令尉皆不在 夜二更許 令尉各自八十步許 皆奔喘而來 以馬縛懸於門柱 戒人不給蒭粟 凡馬之極於馳者 不如是 恐斃也 予陽睡而聞之 知二君顧老夫頗誠 故不得已聽置酒 有妓彈琵琶 頗可聽 予於他郡不飮 至是稍痛飮 又聽絃聲 豈以路遠境絶 如入異邦 而觸物易感之然耶 自進禮至南原府 南原古帶方國也 客館後有竹樓 閑敵可愛 一宿而去

庚申春三月 又沿水課船 凡水村沙戶漁燈鹽市 無不遊閱 入萬頃臨陂沃溝 凡留

數日而行 將指長沙 有一巖 巖有彌勒像 挺然突立 是因巖鑿出者 距其像若干步 又有巨巖楞然中虛者 自其中入之 地漸寬敞 上忽通谿 屋宇宏麗 像設嚴煥 是兜率寺也 日侵暮 促鞭絶馳 入禪雲寺宿焉 明日入長沙 自長沙到茂松 皆殘敗小郡 事亦無可記者 但沿江問船計艘而已 平昔遇一泉一池 挹酌游泳 愛翫不足者 慕江海而不見故也 今並海久矣 態於目者 皆水也 聲於耳者 亦水之哮怒也 則倦然已厭見矣 何天之餉人驟過 如使飢者暴飽 而反厭見甘旨耶

是年八月二十日 予先君諱旦也 先一日遂往邊山蘇來寺 壁上有故資玄居士詩 予亦和二首書于壁 明日與扶寧縣宰李君及餘客六七人 至元曉房 有木梯高數十級 疊足凌兢而行 乃得至焉 庭階窓戶 上出林抄 聞往往有虎豹攀緣而未上者 傍有一庵 俗語所云蛇包聖人所昔住也 以元曉來故 蛇包亦來侍 欲試茶進曉公 病無泉水 此水從巖罅忽湧出 味極甘如乳 因嘗點茶也 元曉房才八尺 有一老闍梨居之 尨眉破衲 道貌高古 障其中爲內外室 內室有佛像元曉眞容 外則一甁雙履茶瓷經机而已 更無炊具 亦無侍者 但於蘇來寺 日趁一齋耳 予陪吏竊語予曰 此師嘗遇全州 所至恃力橫暴 人皆病之 其後莫知所去 今見之則其師也 予歎曰 夫中下人 其器有常 故滯而莫遷 凡以惡駭人者 器必有異於人 故其反於善 必炭炭超卓如此者 昔有獵將遇牛頭二祖大士 改過修善 卒成宿德 海東明德大士 亦自捉鷹 爲普德聖師之高弟 推此類言之 此師之折節易行 介然有殊行 殊不爲怪也 又問所謂不思議方丈者 求觀之 其高險萬倍於曉公方丈 有木梯高可百尺 直倚絶壁 三面皆不測之壑 回身計級而下 乃得至於方丈 一失足則更無可奈何矣 予平日登一臺一樓 高不過尋丈者 以頭病故 猶眩眩然不得俯臨 至是益悚然股抃 未入而頭已旋矣 然自昔飽聞勝跡 今幸特來 若不入見其方丈 又不得禮眞表大士之像 則後必悔矣 於是盤桓蒲北而下 足猶在級而若將已墮者 遂入焉 敲石取火 焚香禮律師眞容 律師者名眞表 碧骨郡大井村人也 年十二 來棲賢戒山不思議巖 賢戒山者 卽此山是已 眞心宴坐 欲見慈氏地藏 踰日不見 乃投身絶壑 有二靑衣童子 以手奉之曰 師法力微 故二聖不見也 於是努力益勤 至三七日 巖前樹上 有慈氏地藏現身授戒 慈氏親授占察經二卷 幷與一百九十九柱 以爲導往之具 其方丈 以鐵索釘巖故不歟 俗傳海龍所爲也 將還 縣宰置酒一巓曰 此望海臺也 吾欲勞君 先使人設席而待 請小休焉 予遂登眺 則大海周廻 距山才百餘步 每一杯一詠 萬景自媚 殊無人世間一點塵思 飄然若蛻俗骨傳羽翰 飛出六合之外 而擧首一望 若將以手招羣仙

也 坐者十餘人皆醉 以予先君諱日故 但無管絃歌吹耳 凡所歷無可記則不載
　夫以京師爲身 以四方爲支 則予所遊者 南道之一偏 而特一支之一指耳 況此錄也 皆忘漏剗削之餘 烏足爲後日之觀乎 姑藏之 以待東西南北之窮遊極踐 摠記備錄 然後合爲一通 以爲老境忘憂之資 不亦可乎 辛酉三月日志

桂陽望海志

　路四出桂之徼 唯一面得通於陸 三面皆水也 始予謫守是州 環顧水之蒼然浩然者 疑入島嶼中 悒悒然不樂 輒低首閉眼不欲見也
　及二年夏六月 除拜省郎 將計日上道 以復于京師 則向之蒼然浩然者 皆可樂也 於是凡可以望海者 無不遊踐 始於萬日寺樓上望之 大舶點波心 僅若鳧鴨之遊泳者 小舟則如人入水微露其頭者 帆蓆之去 僅類人揷高帽而行者 羣山衆島杳然相望 有岌者岐者跂者伏者 夯出者嚳攫者 中穿如穴者 首凸如傘頭者 寺僧來佐望 輒以手指點之 島曰 彼紫鷰也 高鷰也 麒麟也 山曰 彼京都之鵠嶺也 彼昇天府之鎭 龍山也 仁州之望也 通津之望也 歷歷而數 如指諸掌 是日予甚樂焉 與與遊者觴之 乘醉而反
　後數日 遊明月寺亦如之 然明月頗有山之掩翳者 不若萬日之豁敞也 後數日 復循山而北 並海而東 觀潮水之激薄與海市之變怪 或乘馬 或步行 稍憊而後還焉 與遊者某某人 皆携壺從之
　嗚呼 水向者之水也 心向者之心也 以向之所忌見者 今反爲嗜觀 豈以得區區一官之故歟 心吾心也 不能自制 使因時貿易之如此 其於一死生齊得喪 得可冀乎 後尚可警故志之

桂陽自娛堂記

貞祐七年孟夏 予自左司諫知制誥 謫守桂陽 州之人 以深山之側葦華之間 一頹然如蝸之破殼者 爲太守之居 觀其制度 則抛梁架棟 强名屋耳 仰不足以擡頭 俯不足以橫膝 當暑處之 如入深甑中而遭蒸灼也 妻兒藏獲 瞰之皆不欲就居 予獨喜焉 灑掃而處之 因榜其堂曰自娛

客有詰其由者曰 今之太守 古之邦伯 賓客請謁 日相踵繼 登是堂者 皆官曹之俊秀 儒釋之魁奇 無不與太守享其樂者 而太守邁稱之曰自娛 則其不以向之賓客置人品中耶 何示人以不廣歟

予笑而應之曰 客安有是言哉 方僕之爲省郎也 出則黃裙喝道 入則方丈滿前 當是之時 在膏梁之子 則雖若不足 於僕則大過矣 然詩人命薄 自古而然 忽一旦被有司所誣枉 而落此幽荒卑濕之地者 殆天也 非人也 若屋宇宏傑 居處華靡 不痛自貶損 則非天所以處我之意 而祇益招禍耳 然則玆陋 獨予之所自娛 而衆人之所深瞰也 豈可以己之所偏嗜 而欲强人以同之哉 如或有籩豆之設 聲色之歡 則予亦何心獨享其樂 而忍不與賓客共之耶 然居是州處是堂 其無此樂也審矣 又何疑哉

客憮而退 因以誌之 時己卯六月二十四日也

止止軒記

城之東奉香之里之西肘 有草堂數十楹 白雲居士所寄也 身寄而已 心不寄也 居士謂誰 春卿自號也 榜其軒曰止止 居士自名之也 蓋以玄筮 得止之首而名之也 止之首(人玄陽家八木)曰 初一 止于止 內明無咎 此言君子時止則止 其智之明 如水之內朗也(陰陽隔絶 各止其所 故能如水之內自淸明) 初二 馬酋止 車軔俟 此言二爲平人 不隱不仕 故車軔俟而馬就止也

居士喜曰 是皆予之志也 予能識其所止而止 則可謂應初一之體 進不急於仕 退

不苟於隱 以是而爲平人 則可謂叶初二之辭 予得是而名軒曰止止 果不類予之行藏耶 夫所謂止止者 能知其所止而止之者也 非其所止而止 其止也非止止也 且虎豹麋鹿蛟龍之於藪澤窟穴 識其所止而止之者也 設客行旅寄 以止于城市之中 則人以爲祅而從而害之必矣 居士之於世 偃蹇寡合 非馴擾之物也 若與人同趣並騖 以止于名利之域 則是何以異於虎豹麋鹿蛟龍之城市哉 此予所以求其所止而止之者也 不然 祅而害之者至矣

或曰 若子之所言 則必山林窮谷之是處 不與人雜然同域 然後可謂止止矣 今子之所止 乃城市之中 而猶謂之止止 譬之虎豹麋鹿蛟龍之藪澤窟穴 何也 曰 蟲獸之藪澤窟穴 人之城市 亦各其所止之常也 假使人厖然伏藪澤 仄然入窟穴 則亦猶虎豹麋鹿蛟龍之入城市也 毒蟲猛獸 亦必以爲祅而羣而害之矣 人而避人 被蟲獸所害 吾不忍爲也 且人所以忌人 規有以害之者 非城市之隘而與處之咎也 徒以競其所求 爭其所利而已 苟與人不爭不競 雖白日有肱吾篋者 避而不見 則人之城市亦虎豹麋鹿蛟龍之藪澤窟穴也 庸有害之者乎

居士之名軒 蓋以此也 丁卯三月十日記

通齋記

衆允通人楊生應才者 卜築于城北 善接養花木 其園林之勝 頗有聞於京都 予遂往觀焉 環堵蕭然而已 初若無奇觀勝致 殊不類所聞者 及主人贊至其園 然後環視周矚 求勝之所從有而得有聞者 則園方可四十步許 有珍木名菓 植植爭立 昵不相侵 離不至迁 是皆生之均疎數而序植者也 別爲塢以居衆花 花各數十種 皆世所罕見 或方開或已落 映林繡地 交錯糾紛 日萼紅 張麗華之嬌醉也 露葩濕 楊貴妃之始浴也 風枝擧 趙飛鷰之體輕也 落者如慎夫人之却座 覆者如李夫人之掩被 以花之諭乎目如此 愛之不能移去 藉草良久而後起 自花塢而少北 有石臺平如局 又潔淨可不席而坐 蒲桃之縁樹下垂者 如纓珞然可愛 下有石井 味極淸甘 洩而爲小泓 有稚葦戢戢始生

予曰 更少高其廉 盆以渟瀦 則可池而放鳧鴨也 還至石臺酒數巡 主人目予曰

僕之有是齋 莫有標榜 若將有待於先生者 請一溷可乎

 予於是遂名之曰通齋 夫由道以冥觀 齊泯萬體 則夫所謂通與塞 了不可得見者也 然以天道論之 日月星宿山川丘陵 爲物之巨者也 然未免盈虛消息否泰通塞之變者 由未嘗離陰陽之數故也 況其餘哉 然則境欲爲通境 而爲人所礙 則煙愁月慘 終不爲通境矣 人已爲通人 而爲境所塞 則高人才子 北首而莫有至者 孰知有通人哉 今是齋也 境已通而通人居之 盍以通既是耶 雖欲讓而不受 又焉逃是名哉 且天地無私 豈獨私楊生以泉石 私楊生以花柳歟 直由心匠之妙耳 若爾則濃花芳草 非受於天也 受於楊生之手也 碧井清泉 非産於地也 産於楊生之心也

 噫 吾不知是齋昔爲人有 則地頑園俗 草荒木老 萬景韜晦而不出 及遇楊生 然後爲神仙別洞耶 假使楊生棄而不居 又屬於人 則又焉知不爲豕槽馬廐之地哉

 生又乞爲記 故因目之所寓而志之耳 楊生頗尙俠 喜趨人之急 不可不與遊者

泰齋記

 夫緣境而漸染者 人之情也 耳厭嘈哳而不聞清溜之聲 目倦華靡而不矚青山之色 則煩懣之心 有時而萌矣 然山水之勝 求諸遠則易 求諸近則難 故求之城中而未得 則之郊圻之外 之郊圻之外而未得 則尙無可奈何矣 惟其慕肥遁樂獨善 高蹈遠遊者 然後得之也 是以愛山水之篤者 不可享富貴之樂 嗜富貴之深者 不得致山水之美 而兼之者鮮矣

 今知奏事于公居富貴之中 致山水之美 以帝城猶謂之遠 遂卜於帝闕之傍 是昔鄭員外所居也 當時茂苑殘莊而已 公得之 尋泉脈之攸出 築石而甃 凡飮吸盥漱煎茶點藥之用 皆仰此井 因泉之汎濫者 瀦作大池 被以菱芡 放鵝鴨其中 至於風軒水榭花塢竹閣 無不侈其制 使三十六洞之景 盡入於朱門華屋之內矣 又何必肥遁遠遊 然後享山水之樂耶 公指崇丘之亞然者曰 此予之望闕臺也 予歎曰 旨哉 公之名是臺也 今公以喉舌之任 朝夕密邇龍顏 猶謂之未足居 必近於帝闕 又尙以爲未足 而乃成望闕之臺 此眞古所謂心罔不在王室者也 又指岌然高者曰望月臺也 翼然如飛者曰快心亭也 因謂予曰 予之標榜也如是 予所未名者 子爲我名之也 予謹名其

園曰芳華 井曰噴玉 池曰涵碧 竹軒曰種玉 皆言其狀也 摠而名其齋曰泰 易泰卦有之曰 天地交而萬物通 上下交而其志同 今公當君子道長之時 佐王同志 財成輔相 使萬物大通而天地交泰 然後體逸心泰 得此優遊之樂 則吾以泰名齋 不中的歟

先是公使內翰李眉叟記快心亭 已書于生絹障子 立其亭之右 又使予作此記 欲對峙於其左 其好事如此 眉叟 文之雄者也 狀物周悉 故於此略之 第敍所以名之之意耳

朴樞府有嘉堂記

距斗城數百許步 有地之控形勝吸秀氣 勢成金盞者 於焉有洞曰萬石 父老相傳云 蓋以多石而名之也 予曰 非也 此洞當有俸八萬石之慶而云耳 非必以石之多也 其後果有士大夫多來家焉 今又本兵樞府相國朴公來卜其居 方新其宅也 邀予及賓友落之 且令閱其所營制度何似 予觀之曰 美矣盡矣 無以復加矣 大抵世之富貴者之構屋也 多以回萬牛之材 豐其棟宏其柱 壯則壯矣 侈云侈矣 然未有蕭洒出塵之意 今公所構 有異於是 大小得中 不侈不陋 其華靡則可謂臻其極 而然中有洒落物外之想 吾不知其所以然而然 此豈公之心匠眼匠所致然耶

凡作堂三間 用二間爲廳事 其上皆以承塵墳之 凡十二井 悉文以丹臒藻繢 光彩煥發 奪人目睛 求名於予 遂名之曰有嘉 蓋取此宅當有嘉慶之意 亦取詩所謂我有嘉賓 以是堂爲迎迓賓客之所故也 隔一間爲佛室 作齋心之所 乃至佛儀 無所不備 入處可以淸心 因名曰靜慮 蓋取禪那 此云靜慮者也 其傍邊左右地 淨如湔洗削平 人不敢唾焉 繞宅環廻 皆植以黃花 花凡十八種 繁艷異常 時已侵冬 黃白交開 爛熳紛糅 其相對正賞外 我有限墻隱映 如嬌饒美婦人半出帷房 作伴羞態度者 此尤可賞 有竹無慮四十餘本 葱籠蒙密 僅類江南所見 然江南所産 雖其大可圍 其高干雲 其賤如蓬 此直地性使然耳 非所可貴也 夫豈若此竹之整齊行伍 如人削出束立 迫不至侵 離不爲迂 凡皆如意者乎 其餘花草之奇 非止此耳 遲春酒見耳 此不得敍

夫以淸淨心 居淸淨地 是卽神仙也 何必玉京十二樓之要處耶 吾嘗言男兒於世

得宰相難 得而得至致政又難 今公以樞府帶左揆 先期得謝 優遊於此 日與親舊作揮金之樂 是亦人所難得者 噫 可謂明哲保身樂性君子者歟
僕也蒙見囑以記 敍萬一以備後之標識而已 非好事爲也 時某年某月日謹記

赫上人凌波亭記

或曰 權豪貴人之有喜爲亭榭遊觀之樂 人猶或非之 況浮屠而務爲此者 其無奈幾於夸浮羨侈 而戾於道耶 予曰非也 且人情之皆欲至於靑蓮佛界白玉仙臺者 無他焉 蓋以其地之淸淨無塵故耳 夫地之淸淨則心亦爾也 未有心淸淨而爲濁惡熱惱之所乘者也 由是觀之 雖在人間世上 苟得値地之淸淨 而有以汰其心慮 則是亦佛界也仙臺也 何羨於彼哉 由是而習焉 其蹈佛仙境界 亦其漸也

三岳山人宗赫者 本曹溪韻士也 嘗放浪方外 浮雲其迹者久矣 越貞祐某年 偶得古院於壽春郡之坤維號德興者 以其山水可愛 故因駐錫焉 其棟宇之欹仄者 悉更之 垣墻之頽圮者 亦新之 乃至恢拓舊制 以廣其羣髡栖集之地 然後意以爲有賓客之經由 吾不可不供其位 廢應接之禮矣 雖然於佛宇中 亦不可置其放情肆體遊賞宴喜之所矣 於是選寺之傍地有水之泓碧漣漪者 遂植礎波底 跨亭於其上 以茅覆之 遠而望之 若輕舟畫舫浮在滄浪然也

有遊讌其上 則凡坐賓之俯仰屈伸一嚬一笑之態 與夫杯盤几席樽壺碁局之影 瀉在波面 若從明鏡中見人物什器之羅列映徹者 至如春水漫淥 日光涵明 有魚可數百尾遊泳族戲 俯鑑之了了然可數 或凉秋八九月時 木葉半脫 霜落水淸 丹楓夾岸倒映波上 爛然若濯錦江中 此皆水亭所以爲勝也 雖大略如此 至絶異處又不可得而名言矣 見之者心自知耳 若傳夸於人 則口不能如眼也 畫之者 狀其粗耳 丹靑不能似其眞也 噫 以此餉客 其誰謂浮屠不宜有亭榭游觀之樂乎 自皇華星節 至于行旅之東西者 莫不遊踐 方其逍遙盤薄也 意若控靑鸞跨白鶴 出乎八極之表矣 何白玉仙臺之足導哉 遊者尙爾 如吾禪老之常宴坐飽淸景者 想已與靑蓮佛界爲鄰矣 何謂戾於道耶

赫公素善文 憑予友韓鴻傳乞予爲記 欲爲亭之飾而傳之後 予不領凡二年 韓君

不能無憫色 然後粗志其一二 而因署其額曰凌波 蓋以亭之拔水斗起也
 嗚戲 僕亦老矣 異日當掛冠高謝 以幅巾藜杖 往遊其中 作風月主人 而於一篇一詠 盡寫無窮之景 以償予今日之懸懸傾佇也 湖山有靈 姑需焉
 貞祐十一年 白雲居士待制典誥李春卿誌

懸鐘院重創記

 甚矣 行路者之難也 觸涉艱梗 足累繭也 奔喘暑熱 喉生煙矣 方是時 息爽塏噫清甘 有以順攝 然後釋然夷泰者 人情之常理也 脫不幸奈勞忍渴 又適遇阻 則其所謂情之常理乖戾反逆 而病之芽蘖 由此而生矣 其或雨雪暴作 顧髣然無所依庇 則無奈草跧林伏 麕鹿之若也 何況如王人大賓者 敢舍於野哉 是亭館院宇之所由作也
 懸鐘院者 南路之要會也 頹壞寢久 行人不得宿 則東西往來者病之 金海府吏某甲 慨然有肯構之志 悉罄其家貨 使龜嚴寺浮屠某句當之 鳩工庀材 一新其宇 豊梁傑棟 以壯其內 崇門大閎 以固其外 繚之以脩築高墉 備捍衛四阿 然後行旅之入宿者 如入金城 夜不相警焉 前立一亭 置床茵以備休息之所 設甌勺以資挹酌之具 向之繭其足者 煙其喉者 求息求飲 各充其望焉 舍賓客 不宜使夷庫而鋼遠目 故樓以崇其居 飛枅走栱 卜出鳥道 南望蒼海 桅檣相望 西望墟落 村閭撲地 下有蓮塘柳渚 白鷺翠禽 飛相往來 浮沈遊戲 其若乘時得意者之樂也 向之王人大賓行使往來者 弭節而登此樓 則飄飄若霞擧 莫不逍遙偃仰 非特避雨雪息驂馭 抑移日忘去 去必屢顧 眷眷焉如遇佳人勝友而不忍別也
 嗚呼 世之有重官豐祿者 顧自奉何如耳 鮮必以濟物利人爲意者 某甲直一州之吏耳 奔公走私 宜若不給 而獨奮然發志 輕一時之費 重萬世之利 忘一己之勞 規萬人之逸 於咄嗟間 其所樹立如此 此孰督之而孰命之耶 良由天機自動 得於中而應於外也 是可謂惇篤謹愿至誠者歟
 其族子進士金某 欲爲不朽之圖 草具本末 乞予爲志 勤且誠 故但次而文之耳 其屋宇楹棟之多少 工役日月之始卒 皆不列以請 故未之載也 承安三年月日記

與同年盧生手簡

某啓 昨直西掖 明日過午漏方退 閱前夕所惠小簡 具悉來意 未及周覽而心已惻然矣 僕亦近以邦廩虛耗 不以時給俸 故屢遭在陳 此非子所不詳知也 想君家鵝鴈之聲 有甚於吾家 所以及之也 此梅聖兪所謂大貧丐小貧 安得不相嗤者也 宜乎子之丐我也 吾不可以有無爲解 不爲之緩急也 罄倒橐貯 白粲若干斛之 幸勿以些少爲誚 餘留面宣云

送同年盧生還田居序

始予與吾子遊學相從 莫不欲濯纓沐芳 縱轡靑雲 奮發平生之志矣 僕也雖未至遠步 亦得峩冠拖紫 待罪亞卿 在吾分足矣 吾子以雋秀之才 猶未霑一命 迺者尋薄田所在 携家南往 方其時勢若可矜 不能無愴心 及僕之從官歷職 鮮歡薄味 殊無有官況 然後高吾子之勇去 未嘗不南向再拜也

今足下間關復蹈京師 則予疑其不能忘疇昔之志 有意於筮仕也 足下留不過數日 來告行期 予然後大悔期君之淺 而復欲頓首再拜 挹其高風也

噫 一夢升沈 僕已諳之矣 行當掛冠 笑謝塵寰 豈汩沒然終未作靑山白雲人耶 出處謬悠 更相見未可期 努力擧爵 無以魯酒而辭也 風日淸淑 鳥鳴嚶嚶 方將與之遊 忍捨我而南乎

與兪侍郞升旦手簡

月日 某頓首 予自弱齡嗜作詩 想平生所著無慮八千餘首 乃緣人取去不還 或焚棄或見失 掃箱篋無遺矣 由是無意於成編 近者愚息涵 不知乃翁無似 自謂有子而業文 不集父詩 大類無情者 於是窮搜貪索 或得於予所交遊儒家釋院 或得於新學兒曹所蓄者 凡集一千餘首 猶未分卷 但以一二三峽標之 予不能止之 任其所爲
僕嘗以爲言人詩病者 曠劫之父母 以是先以一二秩奉閣下 求有以潤色之 伏惟學士小加雌黃 則亦父母不貲之恩也 惶恐不宣 奎報再拜謹啓

與朴侍御犀書

月日 太僕少卿寶文閣待制知制誥李某 謹致書于侍御君閣下
夫人之相知 貴相知心 僕平生有所受知於人 名雖爲知 其實未相知者有之 其惟轉風斤去鼻墍 精神暗契者 獨嚴君尙書而已 公生時公友人有李杞者 亦一段奇人也 尤善寫眞 嘗爲公畫像甚肖 公再三持以示予 意若欲予標誌 予讓不敢當焉 一昨偶詣侍御家 覿向之遺像 方拜而望之也 則宛若平時燕居申申 而予方造謁 未及升階 望見光彩之日也 其卽而對之也 則面色之充然 眉目之肆然 若將語笑者 俛仰之間 不覺墮淚 是日蒙見借 奉以歸于家 掛廳壁凡幾日 朝夕敬拜 如禮佛菩薩像 感念疇昔 或嗚咽不自止者多矣 且文者 緣情而發 有激於中 必形于外而不可遏止者也 是用緣感之所發 乃拾實摭芳 聊爲之贊詞 其始也貪公事業 爲文頗繁 及書 緣幀子上甚窄 要計字然後可書 則刪之又刪 其省若此
噫 尙書天下英偉人也 其雄才大度 寬和豁達 文虎智略 英風爽氣 磊磊焉落落焉 雖盡南山之竹 猶不足書 況於一幅區區之地 豈得馳騁文辭覶縷之周耶 第恐百世之後 日月寢悠 丹青漫暗 則雖雲孫有不識誰像者 況他人哉 予所以贊之而略存標的者 凡以是也 文雖不厭閣下之意 蓋所自而作者 本期以不朽 而屬意非淺淺也 伏惟時或觀覽 有以慰罔極之思 不爲不可矣 未知閣下諒之何如也 不宣 某再拜

送李史館赴官巨濟序

　予固聞之 其所謂縣之巨濟者 炎方之極徼也 家於水中 環四面皆瀛海之浩漾也 毒霧熏蒸 颶風不息 暑月有蚊虻之大於蜂者 羣集嗜人 誠可畏也 凡官于此 多是左遷者也 今足下以英偉之才 處蓬山之署 未嘗不汗靑修史 眉目萬世爲己任 課其績 宜受甄昇之命 迺反落此 能不悲哉
　然可賀者有二 夫天欲成就之 必先試艱險 是陰陽之數也 子無罪而謫 此必大福將至之漸也 是可賀一也 大抵得道之深者 多在幽閑闃寂之地 何則 專其心一其入故也 今子之所之 地寂而人稀 官閑而務簡 無一事敢干於心者 常隱几於虛白之空 嗒然喪耦 遊於物之初 則其道之入也愈深矣 道旣充中 面澤外發 自然還童 必作神仙中人也 不知返轅之日 將莊老其身而來耶 抑爲安期羨門子而至耶 吾輩亦摳衣問道矣 是可賀二也 行矣毋多傷
　時或以吾言慰其情耳 千里遠別 得無垂涕 挽袖欲留 其可得乎

送全右軍奉使關東序

　予聞山水之奇秀 關東爲最 若金蘭之叢石丹穴 高城之三日浦 翼嶺之洛山 則雖未覩蓬萊方丈 想不能過此也 僕嘗以爲苟得一見 雖死無恨 但塵駿未鞭 千里悠然 空悒悒東望而已
　今足下杖龍節耀皇華 振輕裝而言邁 跨逸駕之如飛 軒軒若傳翰兩腋 飛出六合之外 而令人歆豔之不已也 登高挹袖 手酌送行 此別不久 何必多汪涕耶 想足下每遇一山一水 不得不思我也 如不能緘淸漪封紫翠以寄之 尙可詩以收拾 因風有寄 使東海山水森列我眼界足矣 何必親賞也 羣子賦詩 予以序冠之

送宗上人南遊序

釋子有源宗者將南遊 來告行 乞詩與序甚勤 予謂之曰 道境至空 無有東西 凡浮屠者必虛舟其心 浮雲其跡 不以東西去住爲想者也 子之告行於予 實空門之罪人也 予唯以目擊送之 猶爲道境之一點痕纇 況此區區者乎 雖然子欲之 吾不可無辭以贈 請言之曰

夫我以忘懷待之 雖有情之物 泯然無情 我以有想傾之 雖無情之物 反爲有情 子以山水爲可賞 抑以江南爲山水之最者 而今有是遊也 若懸懸傾佇 持地往觀 則山益佳水益美 莫不含情作態 媚嫵於前後 烟岫焉呈翠眉之脩婷 清湖焉作淡粧之嬋姸 水樂交奏 松絃雜彈 上人於是應接不暇 忘寢廢食 雖欲豁斷而來 奈彼牽引不放何 然則其與世之嗜色耽聲者 何以別乎 情之所著一也 子去觀之 若果有山水之牽於目着於心 將挽引而不放者 當以吾言酌損之 視山水如糞溷 悠悠然亟復人間 還與吾輩雜遊 視紅塵如靑山綠水 然後可謂得道者也

贈詩曰 一片白雲閑 隨風落底山 東西本無繫 好去好來還

送崔先輩下第西遊序

夫士之求售於有司也 譬之農業 則若先自疑天澤之必不時 地力之必不利 迺不理鎡錤耒耜之具 而便不耕不種曰 是天地也 非我也 則可乎 要必磨礪其器用 旣耕之 又繼以耘耨 汲汲欲及時 然後天時地利之不相答 則是天地之咎也 非耕者之罪也

今吾子自妙齡 栖息於書圃 礪舌耕之具 求試於有司 而有司不取 是有司之恥也 非子之恥也 子退焉 益復利其器銳其用 待明有司而較藝 則朝種暮穫 積至千庾 何不稔是懼 吾子勉之 一鴈南飛 木葉半脫 送君此時 能不哀哉 白雲居士序

送璨首座還本寺序

夫浮屠有一入靑山 草喫泉吸 竟一生不迹紅塵者 是誠髡首被緇者之所職然也 然以大道觀之 此亦孤立獨行 守一世之細節耳 又安足導哉 達人則不爾 能與物推移 而不染於物 能與世舒卷 而不滯於世 故不傷高行 而其慈液之及人也亦周矣

吾師之行乎世 遵此道也 赴經筵於王宮帝殿不辭也 受檀施於相門侯邸不拒也 亦與吾輩入詩社參酒場 遊戲自在 無可無不可 眞可謂達者也 然久於京輦 不能無桑下之戀 則世之人 不可戶曉 焉知不以師爲不能無眷春於人間世耶

今也得名藍於山水淸幽之地 手一筇頂一笠 飄飄若閑雲之返岫 則汨汨如我輩 得無羨乎心耶 雖然僕亦老矣 亦豈不能豁然長往 陪杖屨於白雲靑嶂之側耶 餞席有賦詩以寵者 老居士以序也

金紫光祿大夫守大尉門下侍郎同中書門下平章事上將軍修文殿大學士修國史判禮部事趙公誄書

嗚呼 貞祐八年秋九月三日 大尉平章事趙公感疾薨 仍殯于私第 以是月二十八日 葬于某山之麓 禮也 公諱冲 字湛若 橫川人也 考諱永仁 仕至門下侍中 時號名宰相

公自幼嗜學 工屬文 年二十 擢進士第 以相門子 早踐仕途 召入內侍 自始官至三品 尙不離內廷幾三十年矣 貞祐六年 拜國子監大司成寶文閣學士知制誥 復兼翰林學士 凡侍臣例不居星官 公喜曰 吾歷位多矣 未嘗得文翰之任 綴班蛾眉 今日之授 實符吾志 於是益專精經史 力於爲文 凡高文大冊 皆出其手 俄遷禮部尙書 進拜樞密院副使翰林學士承旨 上以公有文虎之才 特除上將軍 文臣兼上將之任 自文相國克謙始 而中間遂寢 至公洒復矣 是時契丹犯境 上命滎陽相國鄭公爲元帥 以公副之 往屯江西 未幾元帥以持軍無狀見劾 公亦例免 實非其罪也 明年復起爲守司空左僕射政堂文學修文殿大學士

虜日熾 官軍懦弱 不能制 朝廷復授公斧鉞 敦促遣之 軍令嚴明 秋毫不犯 虜褫氣 入江東自固 時韃靼與東眞國 大擧兵入境 以破契丹救我爲名 然韃靼於夷狄最凶悍 且未嘗有與我通好之舊 以是中外震駭 疑其非實 朝議亦依違未報 遂稽往犒之禮 公獨量其勢可勿疑 馳聞不已 達旦怒其緩 呵責甚急 公隨勢從宜 輒和解焉 久迺得朝廷之報矣 達旦俗好以銛刃擧肉饟啗人 往復不容瞥 我人皆有難色 彼帥之於公亦爾 公獨偃肆自若 承迎如宿慣者 彼帥又善飮 將與公校優劣 約不勝者罰之 公引滿輒釂 雖至許多爵 略無醉色 及闋擧一杯不飮曰 非不能飮 若勝而如約 則公必受罰矣 寧我見罰耳 主人而罰客可乎 彼重其言而大悅 由是深加挹敬 其遇東眞之帥及我軍之巨官大將也 狎弄戲謔 無所不爲 至見公 雖愛且昵 不得陵犯 約以公爲兄 俾居its右 公雖託以意所難者 輒曰吾兄命之 敢不承稟 及訣 執公手泣下嗚咽 實誠而非貌也 東眞國帥頗知人 謂我人曰 爾國帥奇偉非常人也 爾國有此帥 天之賜也 公嘗被酒 枕其膝而睡 東眞帥恐其驚寤 略不得動 其左右請易以枕 帥終不肯 嗚呼異哉 古之眞人 有能馴猛虎擾毒蛇者 達旦禽獸也 其惡不啻若猛虎毒蛇 而公能制服之如此 豈其忠義恩信之能感動異類 若古之眞人者乎 虜平 入拜守大尉門下侍郞平章事修國史 卒享年五十

公爲人魁梧 外莊重內寬和 博聞強記 諳練典故 早縮銀黃 揚歷淸要 三掌文衡所得皆當世聞人 凡遇士無貴賤 愉愉然不施敊級 士有造謁 輒置酒盡歡 率以爲常一時之士爭歸之 宰相之好客 當世莫若也 平時莅事 未嘗露稜角 故世徒知寬厚豁達長者 而未窺蘊蓄之幾許 及持大兵臨大事 然後乃知有蓋天塞地磊落不常之器矣 然此亦公之細也 若小盆으壽 則焉知不有奇功異迹之萬倍此者乎 上聞訃震悼 命官庀喪事 輟視朝三日 贈諡曰文正公 仍命小臣誄以發揚

其詞曰 石門鐵鎖 城堅且峙 重扉複戶 宮室嚴邃 斯謂國耶 子曰非是 有賢言言如我大尉 矩步廟堂 謨謀論議 不爾出將 令嚴籌祕 叱咤羗戎 使之風靡 於以鎭安然後曰國 山有猛虎 人莫採藿 國有賢人 鄰敵自却 烈烈我公 邦之柱石 黃鉞紅旗威震西北 達旦剛戾 如角狼虎 一忤其意 翻覆踐躪 公以仁信 披示肺腑 獸心知感號泣愛慕 微公之力 魚肉吾民 公實活之 賜首與身 三韓之業 公復創新 天胡不弔大命奄臻 哀哀我公 棄世太早 來旣爲民 去何之暴 搢紳工庶 癡童駿老 聚手彈指莫不相弔 股肱云違 帝意彌悼 寵終豐縟 寵羅有光 仍命小臣 誄以發揚 臣拜稽首招掇遺芳 綴玆鄙詞 焜耀無疆

京山府副使禮部員外郎白公墓誌銘

歲甲申月孟秋 京山府守白公卒于理所 夫人至京師 旣襄事而將葬也 知予於君 爲舊執 使其孤希諗叔明等 來泣乞銘 予於是論次而識之云
君爲人敦篤謹愿 不抗以自高 不婉而苟順 實醇厚正 直君子也 少力學工屬文 年十九 擧省試中之 是戊午夏之五月也 至六月又擧春官擢第 大抵連月再捷 士所難得 而君又年少 故人益異焉 泰和六年 籍屬內侍 居近密者 十有九載 以幹事貞固稱 我朝成例 凡禪敎選席 使近臣之能文者主之 故上以曹溪之選委君焉 君精汰遴揀 所得皆一時各衲子 後多爲法王宗匠 騰踔叢林者 又西海經契丹寇擾 凋弊尤甚 上遣君爲蘇復使 君以便宜賑貸所活不可數 民於是幾骨而復肉矣 凡閱官自句覆院判官歷政校補祕書省校書郎衛尉寺注簿少府寺丞 五遷至閤門祗侯 未幾 以禮部員外郎賜紫金魚袋 拜宣州防禦副使 病不克赴 間一年 復出守京山府 到官數月 病復作遂不起 享年四十六 以是年九月某日 葬于某山
嗚戲 以君之聰明才幹 得官爵壽命止於此 而文章不得以潤色皇猷 道德不得以康濟時用 是尤可惜者已 君諱賁華 字無咎 淸州藍浦郡人也 故朝議大夫判祕書省事翰林學士知制誥諱光臣之子 而故大僕卿贈三重大匡諱司淸之孫也 娶尙書左僕射林諱惟謙之女爲配 凡生二男 曰希諗 祝髮爲浮屠 曰叔明 甫冠未仕 君晚喜禪法 自號參禪居士云
銘曰 嗚戲白君 止此而已耶 束髮飛騰 意在千里 孰云暴顚 齎志入地 宅兆孔寧 維子孫之祉

登仕郞檢校尙書戶部侍郞行尙書都官員外郞賜紫金魚袋尹公墓誌銘

予爲文 至碑碣銘誌 苟不誠其人信其實 固拒而不受 心竊道曰 南山之石 其有何辜 忍雕損貞姿 書溢美之辭耶 及尹公之卒也 旣得誠其人 又得其實 故不可以

不敍

　公諱承解 字子長 樹州守安縣人也 三韓功臣內史令明義公尹逢之七世孫也 曾祖檢校大子詹事諱衡 皇祖大樂署丞諱壽 皇考檢校戶部尙書行尙書戶部郞中賜紫金魚袋諱裕延 皇公實尙書府君第二子也 少力學 年十八 中司馬試一科 再擧春官不捷 以門蔭從仕 調補知水州事判官 水州號岊阜 率爲人求得 故鮮克淸廉 政皆姑息 吏狃成習 頗緩弛無紀 公到官 一切以法繩之 吏畏憚莫敢正視 凡約束一如條禁 無敢犯者 以政異聞 秩滿 除玄德宮錄事 尋遷左右衛錄事參軍事 俄出爲珍島縣令 淸約一如水州所理 威愛則加焉 縣在海中 腥陋有蠻獠風 凡應對賓客 不似沿路他郡 奉使者苦之 公悉更革 使如巨官大邑 又民恃魚鹽 不甚力農 公督令歸畝 始也民有懼色 及得其入 然後顧樂趨之 雖歲儉不匱 入爲神虎衛錄事參軍事 癸巳歲輦下兵起 衣冠搢紳 無不逃竄 公獨守官確固 神色自若 上聞而嘉之 召見面獎曰 昔聞若之忠勇 今見其實 改授神虎衛別將 公以虎職非本情 故不受 後拜閤門祇侯 旋擢監察御史 出爲西北道分臺

　先是成州豪儻 擅殺官妓 前後奉使者 初欲窮理其狀 延及平民 無不械縛 闔郡騷擾 未幾置而不問 由是常爲貨賂之藪 公入州 鞫按詳審 得首謀與手殺者誅之 餘悉不理 一州安之 內外俱慶 入爲尙食奉御 賜緋魚袋 又遷尙書都官員外郞 賜金紫 上嘗遣諫官宋端南方 採訪十年來前後典郡者之政績優劣 水州以公所理擧爲最 凡三十年矣 宋公曰 朝旨以十年爲界 此甚遼遠 恐違詔條之意 吏民曰 天子所以遣使臣 第求異政耳 尹公遺愛 至今未嘗去民心 尙如前日 故擧之 豈論遠近耶 皆伏地叩頭 其請至痛切 宋公頷而奏之 上益嘉嘆 有司亦不敢訾焉

　某年月日 得疾卒于第 年若干 某月日 葬于某山 夫人張氏 大府卿諱忠義女也 生子男二人 曰松筠 曰松竹 松筠嘗倅密城 以淸苦嚴毅聞 松竹尙爲散官 女一人 未適人 公爲人資端直敢言 所至率淸素 家無甔石之儲 凡不問家事 怡怡如也 旦夕但以奉官守職爲志 眞朝廷之正人也 而官不過員郞 惜哉

　子松筠等 敍公之世系官爵 因人之與予有舊者 來請銘於予 予不敢拒者 以予先君嘗與公同寮 每見訪衰衰接話言 予雖未測淵源 頗窺畔岸 又所書遺迹 則皆播在人口 而非其嗣之列以來請者 是非誠其人信其實者耶 故執筆而銘之云

　遺子百金 惟禍之召 公獨以淸 萬世之寶 有鬱斯岡 竊安宅兆 公保於此 洒子孫之保 刻銘納窆 爲後之考

新序詳定禮文跋尾

夫帝王之政 莫先於制禮 其沿革也損益也 宜一定之 以淑人心 以齊風俗矣 安可因循姑息 不卽立常典 使之紛然異同哉
本朝自有國來 其禮制之損益 隨代靡一 病之久矣 至仁廟朝 始勅平章事崔允儀等十七臣 集古今同異 商酌折中 成書五十卷 命之曰詳定禮文 流行於世 然後禮有所歸 而人知不惑矣 是書跨歷年禩 簡脫字缺 難於攷審 予先公洒令補緝 遂成二本 一付禮官 一藏于家 其志遠也 果於遷都之際 禮官遑遽 未得齎來 則幾若已癈 而有家藏一本得存焉 予然後益諳先志 且幸其不失
遂用鑄字 印成二十八本 分付諸司藏之 凡有司者 謹傳之勿替 毋負予用志之痛勤也 月日某跋

新集御醫撮要方序

夫有生之所重者 身與命而已矣 雖死生壽夭皆關乎天 若因節宣失適 爲疾恙所寇 而無良方妙藥以理之 則其間豈無橫失其命者耶 是古聖賢所以著本草千金門聖惠諸方 以營救萬生之命者也 然部秩繁浩 難於省閱 其若寢疾彌留 勢可淹延時日 則謁醫可也 搜諸書求其方 亦可也 至如暴得重病 蒼皇危急 則又何暇謁醫搜書之是爲也 不若採菁撮要 以爲備急之具也
國朝有茶房所集藥方一部 文略效神 可濟萬命 以歲久脫漏 幾於廢失矣 今樞密相公崔諱宗峻 見而惜之 思欲摹印以廣其傳 以此聞于上 上遂欣然領可 公於是分爲二卷 又添附諸方之最要者 使人繕寫 名之曰御醫撮要 承制勅送西京留守官彫印 使流播於人間 是亦聖朝視民如赤子之仁政也 抑又士君子所以汎濟含生之意也
噫 有善不可蓋者 予守也 公又命之爲序 則其可避乎 敢再拜略書梗槪耳
時丙戌四月日序

全州牧新雕東坡文集跋尾

夫文集之行乎世 亦各一時所尙而已 然今古已來 未若東坡之盛行 尤爲人所嗜者也 豈以屬辭富贍 用事恢博 滋液之及人也 周而不匱故歟 自士大夫至于新進後學 未嘗斯須離其手 咀嚼餘芳者皆是

其摹本舊在尙州 不幸爲虜兵所焚滅 了無孑遺矣 完山守禮部郞中崔君址 好學樂善君子人也 聞之慨然 方有重刻之志 時胡騎倏來忽往 間不容毫 州郡騷然 略無寧歲 則似若未遑於文事 而太守以爲古之人 尙有臨戎雅歌 投戈講藝者 文之不可廢如此 以是邑之大也 此一段幺麽事 咄嗟可辦 而若以彼區區戎醜之故 將姑息以俟太平 庸詎知後之來者 又因循姑息 便不成吾志耶 遂直斷聞于上 上亦好文欣然允可 於是當虜之未來 間農之未作 使之雕鏤 不日迺畢 費不煩而力有餘矣 非夫幹事貞固 綽有餘裕者 孰於此時成大事如此其敏耶 其爲政之大體 亦可知已

君於予爲門人 故託以標識 予亦嘉君之以他邑之亡書 以爲私憂 移之其邑 汲汲於補益學子 是以粗書本末 以跋其尾云

時龍集柔兆灘辜月日 金紫光祿大夫參知政事修文殿大學士監修國史判戶部事太子太保臣李奎報序

二度乞退表

云云 昨具表乞還官政 蒙降敎書不允者 匹夫告勞 許釋兩肩之負 老馬方倦 可停千里之行 臣欲退安 義與此類 卑情自訴 兪詔尙稽(中謝)

伏念臣學本空疎 性惟褊躁 歷四朝而至我代 始參奉引之聯 登兩制者無幾年 驟擢論思之地 以章句浮虛之伎 居朝廷機要之司 其在平時 尙難堪處 方國家厭虜之際 是廟堂料敵之時 書檄不能曉無知之戎 智略不得施制勝之策 虛提寸管 何益前籌 況復過歸老之齡 夫豈欠冒居之恥 然無功而妄食則甘受衆責 其滿限而未去則亦非本情

蓋陛下前以臣政簿誤年勅留 而臣不得違忤故爾 今伏奉詔旨 又如前諭 而申以不病不老及之 病豈僞稱 臥已更於百日 老非自飾 年正屆於七旬 雖聖度有所示寬 顧人言亦豈無懼 其已聞者足矣 又可使之多歉 退也已遲 雖或廢本朝之成例 今而得謝 猶不違禮典之明 文勢誠迫於玆時 詔何淹於日可 前旣未遂其請 今又不解而歸 非獨一時之譏 亦爲萬世之笑

伏望云云 憫耄衰之甚 憐號訴之勤 俾脫牽拘 得從頤養 皇恩所庇 苟延壙壑之期 天鑑斯臨 曷怠戀軒之念云云

甲午年禮部試策問

問 我國家因狼子之難 率民遷都 得完社稷 則此雖聖天子賢宰相之妙算長策也 亦莫非天之所佑然也 果必爲天之所佑 則必有興復之期矣 坐而俟之可乎 必勤修人事 以應天心然後可乎 所謂人事者 施德化安人民 務稼穡備水旱之類是已

然以今之勢觀之 列郡殘民之流移不得土着者皆是 安集之要 當在何道 田疇蕪廢而地之閑曠者多矣 興農之計 亦在何術 其水旱所備 德化所施 何者爲最 諸生明於古今理體 宜悉陳之無隱也

答東眞別紙

云云 夫所謂蒙古者 猜忍莫甚 雖和之 不足以信之 則我朝之與好 非必出於本意 然如前書所通 越己卯歲於江東城 勢有不得已 因有和好之約 是以年前其軍馬之來也 彼雖背盟棄信 肆虐如此 我朝以爲寧使曲在彼耳 庶不欲效尤 故遂接遇如初 以禮遣之 今國朝雖遷徙都邑 當其軍馬之來 則猶待之彌篤 而彼尙略不顧此意 橫行遠近外境 殘暴寇掠 與昔尤甚 由是四方州郡 莫不嬰城堅守 或阻水自固 以觀其變 而彼益有吞啖之志 以圖攻取 則其在列郡 豈必拘國之指揮 與交包禍之人

自速養虎被噬之患耶 於是非特入守而已 或往往有因民之不忍 出與之戰 殺獲官人及士卒 不爲不多矣

至今年十二月十六日 水州屬邑處仁部曲之小城 方與對戰 射中魁帥沙打里殺之 俘虜亦多 餘衆潰散 自是褫氣 不得安止 似已廻軍前去 然不以一時鳩集而歸 或先行或落後 欲東欲北 故不可指定日期 又莫知向甚處去也 請貴國密令偵牒可也 云云

원래 제목으로 찾아보기
이규보 작품집 2 조물주에게 묻노라

시

ㄱ

가야금인풍자명加耶琴因風自鳴 171
강상우음江上偶吟 148
개국사지상작開國寺池上作 146
게시후관憩施厚館 144
견려도생침방남헌지방 유작見穭稻生
　寢房南軒之旁 有作 71
경중감영鏡中鑑影 191
고한苦寒 75
고한음苦寒吟 111
구묵죽求墨竹 269
구사진求寫眞 271
궁재상窮宰相 67
규정閨情 22
근유누공지탄 인부지近有屢空之歎 因
　賦之 60
금롱실솔金籠蟋蟀 110
기김학사창寄金學士敞 252

기화낙천십오수시　인서집배旣和樂天
　十五首詩 因書集背 190

ㄴ

난돌暖垵 173
노상기아路上棄兒 33
논시論詩 222
누창한좌漏窓寒坐 169

ㄷ

대별미인代別美人 27
대인답代人答 66
도사평유작 渡沙平有作 30
도임진渡臨津 132
독도잠시讀陶潛詩 245
독서讀書 255
독이백시讀李白詩 238
독임춘시讀林椿詩 247
동당시원東堂試院 109

동야산사소작冬夜山寺小酌 178
등가원망해유작登家園望海有作 77
등북악망도성登北岳望都城 101

ㅁ

막태우행莫笞牛行 104
만성漫成 79
명일방주부도 순류동하 주거여비~
  明日放舟不棹 順流東下 舟去如飛~
  141
명일우제明日偶題 276
모춘강상송인후유감暮春江上送人後
  有感 154
모춘병기暮春病起 112
문동당방방聞東堂放牓 107
문적선행 증내한이미수 좌상작聞謫
  仙行 贈內翰李眉叟 坐上作 241
미인원美人怨 24
민상시령부쌍마도閔常侍令賦雙馬圖
  260

ㅂ

박군현구가 부쌍로도朴君玄球家 賦雙
  鷺圖 266
반관난反觀難 50

발주유작시전객發州有作示餞客 58
방양연사 부소축백학도訪養淵師 賦所
  蓄白鶴圖 264
범소선泛小船 127
범주泛舟 134
병신원일丙申元日 94
병중삼절病中三絶 185
병중유작病中有作 192
부로답태수父老答太守 56
부유서교초당復遊西郊草堂 123
부자상시벽復自傷詩癖 230
분고焚藁 228

ㅅ

삼마시三魔詩 232
삼월이십일남헌우음三月二十日南軒
  偶吟 183
상마목相磨木 37
소금素琴 42
소병素屛 44
소정희작沼井戲作 96
수기작주睡起酌酒 188
숙사평진宿沙平津 133
숙쌍령宿雙嶺 116
시락詩樂 225
시벽詩癖 226
시월십구일유소방 이우미과 우성十

月十九日有所訪 以雨未果 偶成 158
신묘칠월복경후유제辛卯七月復京後
 有題 93
신유오월초당단거무사 이원소지지
 가 독두시 용성도초당시운 서한적
 지락辛酉五月草堂端居無事 理園掃
 地之暇 讀杜詩 用成都草堂詩韻 書閑
 適之樂 85

ㅇ

앵계초당우제鸎溪草堂偶題 119
억구경삼영憶舊京三詠 150
억오덕전憶吳德全 153
여연로구이제색욕 유미거지주 시주
 단유시우흥이이 불의성벽 성벽즉
 마 여우지구의 점욕소성 선작삼마
 시이견지이予年老久已除色慾 猶未
 去詩酒 詩酒但有時寓興而已 不宜成
 癖 成癖卽魔 予憂之久矣 漸欲少省 先
 作三魔詩以見志耳 232
여사유감 차고인운旅舍有感 次古人韻
 138
연수좌방장관정득공소화어족자淵首
 座方丈觀鄭得恭所畵魚簇子 258
연지시硯池詩 280
연파硯破 283
영망詠忘 156

영필관詠筆管 279
오월이십삼일제가천五月二十三日題
 家泉 160
옥무屋蕪 69
올좌자상兀坐自狀 236
옹로擁爐 73
옹로유감擁爐有感 40
외부畏賦 205
우거천룡사유작寓居天龍寺有作 84
우견기구 인우의偶見氣毬 因寓意 203
우고寓古 201
우병중질승又病中疾蠅 177
우유산중 서벽상偶遊山中 書壁上 129
우음偶吟 167
우음이수유감偶吟二首有感 82
우이장편이수 구묵죽여사진又以長篇
 二首 求墨竹與寫眞 269
우인견화부차운又人見和復次韻 275
우차절구육수운又次絶句六首韻 90
우치통又齒痛 175
우하음객사서랑유작寓河陰客舍西廊
 有作 194
울회유작鬱懷有作 235
원일조회 퇴래유감元日朝會 退來有感
 179
위심시희작違心詩戱作 80
유가군별업서교초당遊家君別業西郊
 草堂 120
유영통사遊靈通寺 135

유월십사일초입상주六月十四日初入
　尙州 125
을유년감시고열차유작乙酉年監試考
　閱次有作 108
음주유작시좌객飮酒有作示坐客 204
응벽지凝碧池 277
이계시증우인二誡詩贈友人 48

ㅈ

자조自嘲 182
적의適意 164
전의유감 시최군종번典衣有感 示崔君
　宗藩 61
정월칠일수록正月七日受祿 52
제전주효자리입석題全州孝子里立石
　31
조이도사嘲李道士 106
좌이초롱左耳稍聾 68
주행舟行 139
주행舟行 139
중유북산重遊北山 199
집서세오월일 장유황려초출동문 마
　상유작執徐歲五月日 將遊黃驪 初出
　東門 馬上有作 114

ㅊ

차운김수재회영次韻金秀才懷英 103
차운백낙천노래생계시次韻白樂天老
　來生計詩 181
차운윤국박위견여시문 이시기지 기
　서목여위적선 여거지次韻尹國博威
　見予詩文以詩寄之 其序目予爲謫仙
　予拒之 248
차운윤학록춘효취면次韻尹學錄春曉
　醉眠 165
차운이시랑수부화울회시次韻李侍郎
　需 復和鬱懷詩 249
차운전이지유안화사次韻全履之遊安
　和寺 251
차운진한림제묘정자대은루재시변차
　韻陳翰林題苗正字大隱樓在市邊 99
찬수좌방장소축화로송병풍 사여부
　지璨首座方丈所蓄畫老松屛風使予賦
　之 256
천수사문외음天壽寺門外吟 35
초당우중수草堂雨中睡 162
초입황려初入黃驪 117
칠석영우七夕詠雨 28

ㅌ

태수시부로太守示父老 54

투화풍妬花風 46

ㅍ

팔월십오일탄금유작八月十五日彈琴
　有作 168
풍백시諷百詩 196

ㅎ

행과낙동강行過洛東江 136
행원중유감行園中有感 97
화괴거공관和塊居空館 137
화송객호상和送客湖上 157
효증내객曉贈來客 189

산문

ㄱ

갑오년예부시책문甲午年禮部試策問
　480
경산부부사예부원외랑백공묘지명京
　山府副使禮部員外郎白公墓誌銘 464
경설鏡說 383

계양망해지桂陽望海志 417
계양자오당기桂陽自娛堂記 419
광변狂辨 376
구시마문驅詩魔文 305
국선생전麴先生傳 351
금자광록대부수태위문하시랑동중서
　문하평장사상장군수문전대학사수
　국사판예부사조공뇌서金紫光祿大
　夫守太尉門下侍郎同中書門下平章事
　上將軍修文殿大學士修國史判禮部事
　趙公誄書 457
기명설忌名說 395
기오동각세문논조수서寄吳東閣世文
　論潮水書 336

ㄴ

남행월일기南行月日記 407
노극청전盧克淸傳 357
논시설論詩說 293
논시중미지약언論詩中微旨略言 295
논일엄사論日嚴事 393
논주필사약언論走筆事略言 316
뇌설雷說 385

ㄷ

답동진별지 答東眞別紙 482
답석문 答石問 359
답전이지논문서 答全履之論文書 299
당사살간신론 唐史殺諫臣論 334
당서두보전사신찬의 唐書杜甫傳史臣
　贊議 332
두목전증렬사박 杜牧傳甑裂事駁 344
등사랑검교상서호부시랑행상서도관
　원외랑사자금어대윤공묘지명 登仕
　郎檢校尙書戶部侍郎行尙書都官員外
　郎賜紫金魚袋尹公墓誌銘 467

ㅁ

명반오문 命斑獒文 367
문조물 問造物 361
문토령 問土靈 364

ㅂ

박추부유가당기 朴樞府有嘉堂記 430
백운거사어록 白雲居士語錄 401
백운소설 白雲小說 287

ㅅ

산해경의힐 山海經疑詰 324
서백낙천집후 書白樂天集後 323
서한유논운룡잡설후 書韓愈論雲龍雜
　說後 346
소금각배지 素琴刻背志 400
송동년노생환전거서 送同年盧生還田
　居序 440
송이사관부관거제서 送李史館赴官巨
　濟序 445
송전우군봉사관동서 送全右軍奉使關
　東序 447
송종상인남유서 送宗上人南遊序 449
송찬수좌환본사서 送璨首座還本寺序
　453
송최선배하제서유서 送崔先輩下第西
　遊序 451
승오사의 承誤事議 318
신서상정예문발미 新序詳定禮文跋尾
　472
신집어의촬요방서 新集御醫撮要方序
　474

ㅇ

여김수재회영서 與金秀才懷英書 319
여동년노생수간 與同年盧生手簡 439

여박시어서서與朴侍御犀書 443
여유시랑승단수간與兪侍郎升旦手簡 442
오덕전극암시발미吳德全戟巖詩跋尾 314
완격탐신설堍擊貪臣說 391
왕문공국시의王文公菊詩議 312
용풍慵諷 378
윤공묘지명尹公墓誌銘 467
위앙전론衛鞅傳論 330
위조조설원론爲鼂錯雪冤論 341
이도걸퇴표二度乞退表 478
이산보시의李山甫詩議 310
이상자대異相者對 372
이옥설理屋說 388

ㅈ

전주목신조동파문집발미全州牧新雕東坡文集跋尾 476
접과기接菓記 398
조공뇌서趙公誄書 457
주뢰설舟賂說 387
주서문呪鼠文 370
지지헌기止止軒記 421

ㅊ

천인상승설天人相勝說 381
초당이소원기草堂理小園記 396
칠현설七賢說 389

ㅌ

태재기泰齋記 427
통재기通齋記 424

ㅎ

한신전박韓信傳駁 327
혁상인능파정기赫上人凌波亭記 433
현종원중창기懸鐘院重創記 436

이규보 작품집 1 동명왕의 노래

ㄱ

가포육영家圃六詠 211
갈우渴雨 65
갈우渴雨 203
감흥感興 137
강남봉고인江南逢故人 478
강두모행江頭暮行 346
강상월야망객주江上月夜望客舟 339
견아동농지유작見兒童弄枳有作 330
견인가양잠유작見人家養蠶有作 216
경복사노상작景福寺路上作 340
경인십일월이십일일 장류위도~庚寅十一月二十一日 將流猬島~ 140
계관화만원성개 자하지추계 애이부지 잉요이백전학사동부鷄冠花滿苑盛開 自夏至秋季 愛而賦之 仍邀李百全學士同賦 273
고열苦熱 161
고열재성중작苦熱在省中作 513
고우苦雨 159
고우가苦雨歌 252

고한苦寒 242
과송림현過松林縣 225
과연복정過延福亭 532
관롱환유작觀弄幻有作 522
관성 치주박생원 전양평주공로 득황자관성 置酒朴生園 餞梁平州公老 得黃字 406
관진생공도이원 취동파시운증지觀晉生公度理園 取東坡詩韻贈之 455
관청충상벽화접觀菁蟲上壁化蝶 297
구연래舊鸞來 299
구연래舊鸞來 370
구월고우九月苦雨 383
구월육일문로병래둔강외 국인불능무경 이시해지九月六日聞虜兵來屯江外 國人不能無驚 以詩解之 56
금중소衾中笑 93
기묘사월일득계양수 장도조강유작己卯四月日得桂陽守 將渡祖江有作 149
기미오월일 지주사최공댁천엽류화성개 세소한견 특환이내한인로 김내한극기 이유원담지 함사직순급

576 | 조물주에게 묻노라

여 점운명부운己未五月日 知奏事崔公宅千葉榴花盛開 世所罕見 特喚李內翰仁老 金內翰克己 李留院湛之 咸司直淳及予 占韻命賦云 278

기박학사환가야금기朴學士還加耶琴 453

기상서댁부노원기상서宅賦怒猿 301

기상서퇴식재용동파운부일절기상서退食齋 用東坡韻賦一絶 357

김군걸부소음녹자배용백공시운동부 金君乞賦所飲綠瓷杯用白公詩韻同賦 534

김내한신정휴주내방 즉석주필사지金內翰莘鼎携酒來訪 即席走筆謝之 469

ㄴ

노기老妓 525

노무편老巫篇 182

노방이영路傍二詠 374

노상봉고인구호路上逢故人口號 426

노상영설路上詠雪 266

노장老將 86

농중조사 망강남령籠中鳥詞 望江南令 153

누식주리屢食朱李 336

ㄷ

단오견추천여희端午見鞦韆女戲 508

대농부음代農夫吟 190

도박생아 겸서몽중사悼朴生兒 兼書夢中事 529

도소녀悼小女 504

도앵부陶甖賦 537

도적성강渡赤城江 344

도휴어稻畦魚 209

독본초讀本草 115

동명왕편東明王篇 22

동문외관가東門外觀稼 193

동백화冬柏花 287

두동자조頭童自嘲 109

두문杜門 132

득선명도得蟬鳴稻 195

득흑묘아得黑猫兒 316

ㅁ

마암회빈우 대취야귀 기소견 증향교제군馬巖會賓友 大醉夜歸 記所見 贈鄕校諸君 444

막도위주락莫道爲州樂 124

만망晚望 268

망남가음望南家吟 174

명일대우부작明日大雨復作 205

모춘등하북사루暮春燈下北寺樓 150
무술정월십오일대설戊戌正月十五日
　大雪 72
문관군여로전첩聞官軍與虜戰捷 59
문국령금농향청주백반聞國令禁農餉
　淸酒白飯 100
문군수수인이장피죄聞郡守數人以臟
　被罪 96
문달단입강남聞達旦入江南 50
문동년한추밀훙聞同年韓樞密薨 436
문비직승범계피형 이시희지聞批職僧
　犯戒被刑 以詩戱之 98
문앵聞鸎 310
문운제현위대수소표聞雲梯縣爲大水
　所漂 218
문호종입강동성자보재성중작聞胡種
　入江東城自保 在省中作 52

ㅂ

박최이군견화 부차운답지朴崔二君見
　和 復次韻答之 483
방선부放蟬賦 390
벽한서辟寒犀 176
병중사김학사인경견방病中謝金學士
　仁鏡見訪 427
복고가 희우인독음腹鼓歌戱友人獨飮
　441

부차운김군견화復次韻金君見和 462
불평不平 62

ㅅ

사계화四季花 281
사문생조렴우유원지가야금래황사門
　生趙廉右留院持加耶琴來貺 472
사문선로혜미여면謝文禪老惠米與綿
　420
사양교감국준송앵도謝梁校勘國峻送
　櫻桃 327
사원흥창통판김군휴량주견방謝元興
　倉通判金君携糧酒見訪 404
사월십구일문야우四月十九日聞夜雨
　202
사월유한四月猶寒 210
사월이십사일대우四月二十四日大雨
　200
사월칠일우음四月七日又吟 163
사최천원종번혜양파궤병모謝崔天院
　宗藩惠羊䍧饋病母 495
산석영정중월山夕詠井中月 243
삼월유한三月猶寒 363
상구탄孀嫗嘆 74
상수마傷瘦馬 360
서광鼠狂 106
서금주창벽상書衿州倉壁上 64

석화惜花　269

선蟬　296

설영雪詠　358

설중방우인불우雪中訪友人不遇　479

성취초醒醉草　381

손한장부화 차운기지孫翰長復和 次韻寄之　79

송송좌승순절제새북送宋左丞恂節制塞北　417

송우인지남전거送友人之南田居　434

송춘送春　239

송춘음送春吟　361

송화松花　376

숙갑군대명일장발유작宿甲君臺明日將發有作　146

시야우작是夜又作　67

시월전十月電　55

시월팔일오경대설十月八日五更大雪　207

시일차운전군유작 겸증박군是日次韻全君有作 兼贈朴君　477

시자질示子姪　491

시통판정군示通判鄭君　423

식증해食蒸蟹　321

신곡행新穀行　192

신묘정월구일기몽辛卯正月九日記夢　155

신청新晴　258

신축삼월삼일송장자함이홍주수지임 유작辛丑三月三日送長子涵以洪州守之任有作　487

십이월십구일 피참견체 발주일유작 十二月十九日 被讒見替 發州日有作　120

십이월이십육일장입위도범주十二月二十六日將入猬島泛舟　142

십이월이우보안현이진사한재가 사향교제생휴주래위 좌상작十二月移寓保安縣李進士翰材家 謝鄕校諸生携酒來慰 坐上作　447

십일일우음十一日又吟　158

ㅇ

아삼백음주兒三百飮酒　502

안혼유감 증전이지眼昏有感 贈全履之　169

앵무鸚鵡　303

야문즙주성夜聞汁酒聲　527

야제夜霽　256

억이아憶二兒　498

영계詠鷄　304

영국詠菊　288

영국詠菊　294

영동詠桐　373

영서반화詠黍飯花　272

영설詠雪　262

영설詠雪 264
영설詠雪 358
영안詠鴈 389
오군견화부차운吳君見和復次韻 429
오덕전동유불래 이시기지吳德全東遊不來 以詩寄之 468
옥매玉梅 372
옥야현객사 차운판상채학사보문이화시沃野縣客舍 次韻板上蔡學士寶文梨花詩 280
왜송矮松 388
외손해아학배外孫孩兒學拜 490
우고寓古 177
우구월육일문로병래둔강외 국인불능무경 이시해지又九月六日聞虜兵來屯江外 國人不能無驚 以詩解之 58
우누상관조 증동료김군又樓上觀潮 贈同寮金君 350
우독산곡집차운·우사우讀山谷集 次韻雨絲 260
우문관군여로전첩又聞官軍與虜戰捷 61
우용백공운 부문장로초리又用白公韻賦文長老草履 519
우제불사의방장又題不思議方丈 517
우중관경자 증서기雨中觀耕者 贈書記 196
우차신채초옥시운又次新債草屋詩韻 165

우화유월삼일이시랑수김장원신정내방화가천시음석차운又六月三日李侍郞需金壯元莘鼎來訪和家泉詩飮席次韻 480
우화초당여제우생치주 취왕형공시운 각부지又和草堂與諸友生置酒 取王荊公詩韻 各賦之 134
원일희작元日戲作 228
원중문선園中聞蟬 312
월야문자규月夜聞子規 380
유견猶犬 319
유동년충기견화 차운답지劉同年沖祺見和 次韻答之 416
유북산遊北山 354
유어游魚 311
유원柳怨 365
유월십칠일방김선달철 용백공시운부지六月十七日訪金先達轍 用白公詩韻賦之 411
유월이십일구우홀청 여객행원중기소견六月二十日久雨忽晴 與客行園中記所見 347
유진游塵 524
유취민판관광효가 주인걸시 주필증지留醉閔判官光孝家 主人乞詩 走筆贈之 459
율시栗詩 324
음가원장미하 증전이지飮家園薔薇下

증全履之 431
이병시理病詩 76
이십구일입광주증진서기공도二十九
 日入廣州贈晉書記公度 122
이월문로병유재남二月聞虜兵猶在南
 54
이월초일일二月初一日 53
이월향만유한二月向晚猶寒 229
이진사대성요음 석상주필증지李進士
 大成邀飮 席上走筆贈之 481
인기가화희작隣妓家火戲作 526
임수재구금전화이재林秀才求金錢花
 移栽 286
입도작入島作 147

ㅈ

자남원도원수사일숙 환지남원 입인
 월역 차벽상시운自南原到源水寺一
 宿 還指南原 入印月驛 次壁上詩韻
 343
자답自答 148
자순창군향전주 입갈담역 용판상제
 공운自淳昌郡向全州 入葛覃驛 用板
 上諸公韻 114
자이잡언自貽雜言 116
자조自嘲 123
자책自責 172

작소鵲巢 314
잡국개진 견명국지구월향회성개 애
 이부지雜菊皆盡 見名菊至九月向晦
 盛開 愛而賦之 277
장미薔薇 371
장부전주막부 이중민견증 차운답지
 재왕선사방장작將赴全州幕府 李中
 敏見贈 次韻答之 在王禪師方丈作
 413
장향남원오수역누상 차벽상시운將向
 南原獒樹驛樓上 次壁上詩韻 342
전주객사야숙서편회全州客舍夜宿書
 褊懷 112
절구絶句 232
절화음折花吟 270
정유유월십팔일대우 표인물가호 자
 탄위상무상 시동료이상丁酉六月十
 八日大雨 漂人物家戶 自嘆爲相無狀
 示同寮李相 70
제박연題朴淵 516
제봉두사題鳳頭寺 356
제석천題石泉 349
제포구소촌題浦口小村 345
제함교감자진자석연題咸校勘子眞子
 石硯 510
조강별처아환경祖江別妻兒還京 493
조명풍釣名諷 90
조취승야기작빙嘲醉僧夜起嚼氷 521
종화種花 283

좌상주필 사이첨사등제공 대설연견
    위坐上走筆 謝李僉事等諸公 大設筵
    見慰 449
주망蛛網 307
주필사대왕사문사송탄走筆謝大王寺
    文師送炭 475
주필사문선로혜탄走筆謝文禪老惠炭
    430
주행舟行 144
죽순竹笋 108
중구일영국重九日詠菊 293
중동우仲冬雨 259
증문장로贈文長老 425
증오제憎烏啼 306
지상영월池上詠月 257
진화가치주상화 취후주필陳澕家置酒
    賞花 醉後走筆 290

ㅊ

차운김장원신정견화채종시내방증지
    次韻金壯元莘鼎見和菜種詩來訪贈之
    465
차운노동년휴주견방유시次韻盧同年
    携酒見訪有詩 414
차운박환고남유시십일수次韻朴還古
    南遊詩十一首 484
차운백낙천춘일한거次韻白樂天春日

閑居 237
차운이백전학사부화계관화시次韻李
    百全學士復和鷄冠花詩 275
차운정비감부화사력감이시次韻丁祕
    監復和謝曆柑二詩 463
차운조유원화전시래정次韻趙留院和
    前詩來呈 470
차운화최상국선화황낭중제박내원가
    분중사영次韻和崔相國詵和黃郞中題
    朴內園家盆中四詠 377
차운황려현재유경로견기次韻黃驪縣
    宰柳卿老見寄 84
책묘責猫 298
초당여제우생치주 취왕형공시운 각
    부지草堂與諸友生置酒 取王荊公詩
    韻 各賦之 133
초당영우草堂詠雨 385
초당즉사草堂卽事 338
초몰草沒 387
초식주리初食朱李 334
촉제자囑諸子 489
촌가村家 223
추곡고승선최종번追哭故承宣崔宗蕃
    438
추송김선배상제환향秋送金先輩上第
    還鄉 433
춘감春感 235
춘망부春望賦 395
춘일우흥春日寓興 234

춘일잡언春日雜言 230
취가행醉歌行 352
칠월삼일문운제현 위대수소표七月三日聞雲梯縣 爲大水所漂 218
칠월삼일식림금七月三日食林檎 332
칠월삼일영풍七月三日詠風 241
칠월칠일우七月七日雨 245

화요花妖 382
황려여사유작黃驪旅舍有作 151
후수일유작後數日有作 104
흥천사강상우음興天寺江上偶吟 250
희우喜雨 68
희우喜雨 197

ㅌ

탁목조啄木鳥 136
탄협가彈鋏歌 180
퇴공무일사退公無一事 127

ㅍ

팔월이십일제능가산원효방八月二十日題楞迦山元曉房 514

ㅎ

하일즉사夏日卽事 248
한식일유풍무우寒食日有風無雨 368
한천견관전旱天見灌田 199
해당海棠 284
홍작약紅芍藥 285

글쓴이 이규보

1168년에 태어나서 1241년까지 일흔네 해를 살았다.
고려 오백 년 역사에서 가장 뛰어난 시인이다.
호탕하고 생기 있는 시 작품으로 당대 사람들에게 많은 영향을 주었던 명문장가며, 몽고가 침입했을 때 예순이 넘은 나이에 전쟁터로 나설 만큼 기개가 높았다.
당나라와 송나라 고문 형식을 그대로 따르지 않고, 스스로의 체험을 진솔하게 담는 시를 썼다. 자유 분방하고 독창적인 시풍으로, 당시의 닫힌 세계관에서 벗어나 참신한 작품으로 새로운 문학의 길을 열었다.
고구려 건국 신화를 장쾌하게 읊은 '동명왕의 노래'를 비롯, 민족의 주체성을 드높인 시, 시인 자신의 일상을 자세히 그려 낸 시, 농민들의 삶을 살아 있는 언어로 쓴 시, 풀과 벌레를 생생하게 묘사한 시 등, 두루 빼어난 시를 많이 썼다. 8천여 수의 시를 썼는데, 그 가운데 2천여 수가 남아 있다.
이규보는 시에서 중요한 것이 무엇인지를 묻는 등 문학관을 논하는 글도 써서 주위에 영향을 미쳤다. 시 평론 '백운소설'을 썼으며, 가전체 작품 '국선생전', 기행 산문 '남행월일기' 등도 남겼다.
작품은 《동국이상국집》에 잘 갈무리되어 있다.

옮긴이 김상훈, 류희정

김상훈은 김일성 종합 대학 교수를 지냈고, 〈조선고전문학선집〉 가운데 《가요집》과 《한시집》을 엮었다.
류희정은 남쪽에 알려진 것이 없다.

겨레고전문학선집 6

조물주에게 묻노라

2005년 6월 1일 1판 1쇄 펴냄 | 2014년 5월 30일 1판 3쇄 펴냄 | **글쓴이** 이규보 | **옮긴이** 김상훈, 류희정 | **펴낸이** 윤구병 | **편집부** 김성재, 김은주, 남우희, 심명숙, 천송희 | **교정** 전현미 | **감수** 안대회 | **디자인** bemine | **제작** 심준엽 | **영업 홍보** 백봉현, 안명선, 양병희, 이옥한, 정영지, 조병범, 최민용 **경영지원** 유이분, 전범준, 한선희 | **누리집** 위희진 | **제판** 아이·디 | **인쇄·제본** (주)미르인쇄 | **펴낸곳** (주)도서출판 보리 | **출판 등록** 1991년 8월 6일 제 9-279호 | **주소** 경기도 파주시 직지길 492 우편 번호 413-756 | **전화** 영업 (031)955-3535 홍보 (031)955-3673 편집 (031)955-3676 | **전송** (031)955-3533 | **홈페이지** www.boribook.com | **전자 우편** bori@boribook.com

ⓒ 보리, 2005 | 이 책의 내용을 쓰고자 할 때는, 보리 출판사의 허락을 받아야 합니다. | 잘못된 책은 바꾸어 드립니다. | 값 25,000원

ISBN 89-8428-203-0 04810
      89-8428-185-9 04810(세트)

이 책의 국립중앙도서관 출판시도서목록(CIP)은 e-CIP 홈페이지 (http://www.nl.go.kr/cip.php)에서 볼 수 있습니다. (CIP 제어 번호: CIP2005000791)